乡村振兴法治文库　　卢代富　总主编

国家社会科学基金项目“土地经营权入股的风险管控与制度构造研究”（19BFX148）
中国博士后科学基金面上资助项目“农村土地经营权抵押的地方实践与法律构造”（2019M653324）
重庆市社会科学规划项目“‘三权分置’背景下农村土地经营权流转制度重构研究”（2017QNFX42）

农村土地经营权流转法律制度研究

谭贵华／著

法律出版社 LAW PRESS · CHINA ｜ 北京

图书在版编目(CIP)数据

农村土地经营权流转法律制度研究 / 谭贵华著. --
北京：法律出版社，2024
ISBN 978-7-5197-7899-6

Ⅰ. ①农… Ⅱ. ①谭… Ⅲ. ①农村土地承包法-研究
-中国 Ⅳ. ①D922.324

中国国家版本馆 CIP 数据核字(2023)第 092250 号

农村土地经营权流转法律制度研究
NONGCUN TUDI JINGYINGQUAN LIUZHUAN FALÜ ZHIDU YANJIU

谭贵华 著

策划编辑 陈 妮
责任编辑 陈 妮 张思婕
装帧设计 汪奇峰

出版发行 法律出版社
编辑统筹 法治与经济出版分社
责任校对 李慧艳
责任印制 吕亚莉
经 销 新华书店

开本 710 毫米×1000 毫米 1/16
印张 15.75 **字数** 273 千
版本 2024 年 2 月第 1 版
印次 2024 年 2 月第 1 次印刷
印刷 固安华明印业有限公司

地址：北京市丰台区莲花池西里 7 号(100073)
网址：www.lawpress.com.cn
投稿邮箱：info@lawpress.com.cn
举报盗版邮箱：jbwq@lawpress.com.cn
销售电话：010-83938349
客服电话：010-83938350
咨询电话：010-63939796

书号：ISBN 978-7-5197-7899-6
定价：96.00 元
凡购买本社图书，如有印装错误，我社负责退换。电话：010-83938349

作 者 简 介

谭贵华

1984年生，湖南郴州人，法学博士、博士后。西南政法大学经济法学院副教授、硕士生导师，经济法基础理论与房地产法教研室主任，重庆市人文社科重点研究基地中国农村经济法制创新研究中心研究员，重庆市法学会乡村振兴法治研究会常务理事、民法经济法研究会理事。

主要研究方向为经济法、农村经济法治。出版个人专著2部，合作出版教材、著作4部；在《农业经济问题》《法学论坛》《民商法论丛》等期（集）刊发表学术论文20余篇；主持国家社科基金项目、中国博士后科学基金面上资助项目等省部级以上课题6项，主研国家社科基金重点项目等省部级以上课题10余项，参与《重庆市反不正当竞争条例》《重庆两江新区管理办法》《广东省市场监管条例》制定或修订研究起草等横向课题多项。

获重庆市优秀博士、硕士学位论文，西南政法大学“锦上添花”教学新秀奖，贵州省社会科学院优秀科研成果奖等荣誉。

“乡村振兴法治文库”总序

党的二十大报告深刻指出，“全面建设社会主义现代化国家，最艰巨最繁重的任务仍然在农村”。为全面实施乡村振兴战略，促进农业全面升级、农村全面进步、农民全面发展，加快农业农村现代化，我国于2021年制定了《中华人民共和国乡村振兴促进法》，为乡村产业振兴、人才振兴、文化振兴、生态振兴、组织振兴等活动提供了制度框架和制度保障。

习近平总书记指出，要“坚持把解决好‘三农’问题作为全党工作重中之重，举全党全社会之力推动乡村振兴”。如何落实习近平总书记的殷殷嘱托？从法学理论工作者的角度来看，一方面，要认真总结我国乡村振兴中的成熟做法，坚持理论从实践中来，基于本土化的实践总结出中国经验、中国理论和中国制度，从而真正实现传统农村与现代市场的对接以深度推进乡村振兴的政策宏旨；另一方面，要坚持马克思主义的基本立场、基本方法，坚持辩证唯物主义和历史唯物主义，不唯书、不唯洋，只唯实，适时适度加以创新，从而真正解决困扰农村发展的“钱从哪里来、地该怎么用、人到哪里去”问题，激活发展农村的内生性资源禀赋和条件。

西南政法大学经济法学科长期关注农村问题，致力于农村法治研究。早在20世纪80年代初，以李昌麒教授为代表的学科团队就针对“农业生产承包合同的法律性质”等前沿性问题展开探讨，并于1999年应邀为中央领导同志开展主题为“依法保障和促进农村的改革、发展和稳定”的法制讲座。2000年，西南政法大学在经济法学科的基础上，组建了中国农村经济法制创新研究中心，实现了此类基地省部级重点研究基地“零”的突破。在此背景下，为推进乡村振兴法治理论及法律制度的学术研究，为全面乡村振兴提供智力支持，西南政法大学经济法学院、经济法学科及中国农村经济法制创新研究中心共同推出了“乡村振兴法治文库”。秉持优中择优、宁缺毋滥的遴选原则，“乡村振兴法治文库”面向校内外师生及实务工作者征集乡村振兴法治研究书稿，计划每年资助2～3部作品出版。欢迎各界朋友不吝赐教、踊跃赐稿！

“文章乃经国之大业，不朽之盛事。”我们真诚地期待，“乡村振兴法治文库”能够以简洁但不简单的文字、深入却不深奥的文风，为我国乡村振兴的伟业添砖加瓦：因为农业农村农民问题是一个中国问题，是我们这个时代面临的真正的问题，也是中国式现代化进程中无法回避的问题。愿“乡村振兴法治文库”纳百川、上层楼，美美与共，回首灯火阑珊处！

西南政法大学经济法学院
西南政法大学经济法学科
中国农村经济法制创新研究中心
2023年5月20日

序　一

党的十八大以来实施的农村承包地“三权分置”改革使农村土地上的权利从“所有权—承包经营权”二元格局转化为“所有权—承包(经营)权—土地经营权”三元格局,并使土地经营权成为可自由流转的具备充分市场品格的土地权利,从而使其成为实现农村土地资源市场化配置的基本手段。2018 年修订的《中华人民共和国农村土地承包法》着力落实承包地“三权分置”的改革精神,确立了土地经营权的独立地位,按照市场配置农地资源的要求,设计了完整的土地经营权流转规则。2020 年通过的《中华人民共和国民法典》对《中华人民共和国农村土地承包法》“三权分置”的制度安排再度进行了确认。

土地经营权的独立地位和流转规则体系的确立,有力地推动了土地经营权市场的形成,为实现农业规模经营,发展现代农业奠定了良好的法律基础。但是,作为农村土地制度安排上的一项“新型”权利,土地经营权构造的一些基础性问题尚未完全厘清,仍需凝聚共识;细节层面上的土地经营权流转规则如何设计,仍有诸多问题值得深入研究。是故,作者选择就农村土地经营权流转法律制度展开专门研究,应该说具有十分重要的理论价值和现实意义。也正因为如此,在作者提出围绕该主题开展博士后研究工作时,作为其博士后合作导师,我给予了充分肯定。

在本书中,作者首先立足理论回顾和立法阐释,就承包地“三权分置”背景下土地经营权的基本制度构造进行了较细致的剖析,厘清了土地经营权及其流转规则构造上的一些基础性问题。在此基础上,以土地经营权流转方式为基本主线,以问题为导向,围绕土地经营权出租、入股、抵押制度构造与实践中面临的突出问题进行了系统、深入的研究,提出了不少颇具新意和启示性的认识。

尤其值得肯定的是,作者重视开展实证或者经验分析,使本研究很接地气。作者通过实地调研或权威数据库收集了不少一手资料,包括法院判决书、基层探索规范性文件、典型案例等,在此基础上深入挖掘,努力客观揭示土地经营权流转制度的现实运行、建设情况,找准“真问题”展开研究。例如,作者随我参加 2019 年重庆市政府参事室“乡村振兴背景下我市农村耕地撂荒治理的问题与对策”的调研课题,先后前往重庆市永川区、梁平区、垫江县,浙江省慈溪市,贵州省平塘县开展实地调研;2021 年又与我参加了重庆市法学会、西南政法大学、重庆市律师协会、重庆市法治报社联合组织的重庆市乡村振兴法治护航活动,前往重庆市武隆区、彭水县开展实地调研,在此过程中收集了不少一手资料,并应用到研究中。

作者长期关注和研究“三农”问题,近年来着重聚焦农村土地问题,踏实耕耘,先后获国家社科基金、中国博士后科学基金面上资助等项目支持,取得了一系列高质量研究成果。当然,“三农”问题,包括农村土地问题,本身非常复杂,涉及政治、经济、社会、历史等诸多因素,作者的研究更多着眼法学视角,尚有不少问题值得进一步深入探究。希望作者能够继续脚踏实地,潜心研究,产出更多更高质量的研究成果。

许明月*

2024 年 1 月于重庆

---

* 许明月,西南政法大学教授、博士生导师,中国法学会经济法学研究会常务理事,重庆市民法、经济法研究会和国际经济法研究会会长。

序　二

党的十八大以来，立足新时代农村发展需要，我国逐步推行承包地“三权分置”改革，这被誉为我国农村改革的又一次重大创新。承包地“三权分置”的一项核心举措是在土地承包经营权基础上分置出一项新型权利——土地经营权，进而通过“放活土地经营权”，促进农地资源优化配置，助力农业适度规模经营，推进现代农业发展。

正如新生事物通常伴随质疑，承包地“三权分置”特别是土地经营权这项新型权利提出后也一度饱受争议。随着中央政策的推动和国家立法的跟进，承包地“三权分置”的制度安排相继被《中华人民共和国农村土地承包法》《中华人民共和国民法典》等基本立法确认，争论的重心转向如何深化认识、凝聚共识以及优化、细化制度安排。客观而论，尽管我国以农村土地承包乃至民事基本立法的形式确立了土地经营权的独立地位和流转规则体系，但是各界对土地经营权的立法设计包括生成与表达、法律性质等基础问题并没有完全达成一致认识，土地经营权流转规则也还有很多细节层面的问题需要深入研究。本书以问题为导向，立足实证分析，对农村土地经营权流转法律制展开系统研究具有十分重要的意义。

本书是在作者的博士后出站报告的基础上修改而成的。作为作者的博士后合作导师，我以为该项研究扎实，在研究材料、方法、内容和观点等方面具有较强的新颖性，可为该领域的理论研究和实务工作提供重要的启示和参考。

首先，研究材料和方法方面。在开展博士后研究过程中，我特别强调

“三农”问题研究一定要注重实证,多深入田野调研,尽可能掌握和应用一手资料,研究现实中的真问题。作者在这方面努力践行,通过实地调研或数据库收集了不少一手资料,如土地经营权出租纠纷的案例判决书、土地经营权入股实践的典型案例、土地经营权抵押探索的地方规范性文件,在此基础上着力开展实证分析,使本研究具有很强的现实回应性。

其次,研究内容和观点方面。本书着力围绕承包地“三权分置”框架下的土地经营权流转制度展开较为系统的专门研究,这在既有的研究成果中具有较强的拓补性,加之作者收集和切实应用了诸多鲜活素材,内容方面具有较强的新颖性,而这也包括在一些微观上的观点具有一定的新意。

最后,研究成果的质量方面。本书写作规范严谨,加之研究材料、方法、内容和观点等方面具有较强的新颖性,有力保障了该项研究成果的质量。该书的部分内容作为阶段性成果在《农业经济问题》《北方法学》等期刊发表,获乡村振兴与精准扶贫全国博士后论坛一等奖,贵州省社会科学院优秀科研成果二等奖,重庆市法学会、西南政法大学和重庆法治报社联合举办的“乡村振兴法治保障研讨会”青年优秀论文二等奖等奖项,这反映出该成果获得了较广泛的认可。

当然,正如学无止境,研究同样没有“止境”。农村土地问题本身又非常复杂,即便是聚焦某项具体制度、某个具体问题,也远不是一篇文章、一本书能够研究得清楚、透彻的。作者虽然强化了实证分析方法的运用,但从更高标准来看,实地调研、实证分析仍显不足,一些地方的探讨论述也不够深入,值得今后不断深化研究。希望作者能够再接再厉,在农村土地乃至“三农”问题研究上“更上一层楼”。

*

2024 年 1 月 1 日于贵阳甲秀楼

* 吴大华,中国法学会常务理事、中国世界民族学会副会长,贵州省社会科学院原党委书记、原院长,第三届全国十大杰出中青年法学家。

序　三

土地经营权是承包地"三权分置"改革中提出的用以替代以往土地承包经营权并作为实现农地资源市场化配置基本手段的一项新型农地权利。2018 年修订的《中华人民共和国农村土地承包法》确认了承包地"三权分置"的基本制度安排,其中一个重要内容是,确立了土地经营权的独立地位,着重以"土地经营权"为重心构建相应的"土地经营权流转"法律制度体系。对于这项改革,2020 年制定的《中华人民共和国民法典》进一步予以确认。从承包地"两权分离"下的"土地承包经营权流转"规则体系到"三权分置"框架下的"土地经营权流转"制度体系演变,这不仅是概念的简单变换,而且是蕴含着更深层次的理念更新、制度调适的重大改革,由此也衍生出诸多亟待深入探讨的法律问题。本书聚焦理论上尚未达成普遍共识、实务上困扰制度实践的突出问题,就农村土地经营权流转法律制度展开系统研究,具有重要的理论意义和实践价值。

本书是在作者的博士后出站报告基础上修改而成的,一定意义上也可以说是作者沿着其博士学位论文研究主题"农村双层经营体制的法律制度完善"进一步探究的延伸性成果。作为作者攻读硕士、博士学位阶段的导师,我一直期待他能够对农村经营体制改革的深化及其法治保障展开与时俱进的研究。本书能够出版,令人欣慰。

作者的博士学位论文虽被评为重庆市优秀博士学位论文,算是获得了一定认可,但是也存在诸如实证研究方法运用不足等问题。对此,作者在之后的研究中有意努力改进。从实际效果看,本书明显强化了实证分析色彩;作者通过实地调研或数据库收集了翔实的实证资料，包括裁判文书、基层实践探索的规范性文件、典型案例，并将其作为发现问题、分析问题和解决问题的重要素材，由此使该成果具有明显的务实性、回应性特点。

“农村双层经营体制法律制度”是一个宏大的话题，对其展开宏观研究固然必要，但当前乃至未来，最需要展开迫切研究的是其中涉及的具体法律问题和具体法律制度。基于此，本书虽然是作者博士学位论文研究的延续，但也具化了研究主题。申言之，本书聚焦农地流转这个相对较小的领域，而且在研究内容的安排上突出问题意识，着重立足实证研究，选取既有理论和立法尚未很好解决的真问题、突出问题展开探讨，进一步增强了研究的现实回应性。其中，本书对以下问题的研究尤其具有针对性：土地经营权出租与转让如何界分；乡镇政府、村委会作为流转受让方是否适格；农业结构调整与改变土地农业用途、农用与非农用的边界在哪里；部分改变土地的农业用途时不予解除合同的情况如何认定和处理。此外，针对土地经营权入股和抵押方兴未艾但又面临着不少制度挑战，实践中呈现出诸多变通处理方式的现实，本书展开了理性评价，并就其制度回应作了积极有益的探讨。本书对这些问题的探讨中所总结出的理论观点及提出的制度完善建议，应当说具有明显的参考价值。

当然，本书仍存在一些值得改进的地方。例如，研究土地经营权流转法律制度的终极目标是什么，如何使各项具体制度安排及微观问题上的探讨更好地服务于这个终极目标，本书对此尚有进一步强化的空间。又如，“土地经营权流转法律制度”虽然属于一个法学领域的话题，但实际上其涉及经济学、政治学等诸多学科的理论和知识，本书主要从法学视角展开研究，对于其他学科的研究成果吸收、转化尚显不够，这由此也会影响有关论述的厚重感、说服力。期待作者在后续研究中能够不断改进，拿出更多更高质量的研究成果。

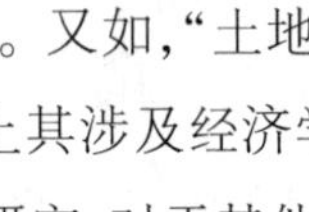*

2024 年 1 月

---

* 卢代富，西南政法大学经济法学院院长，教授、博士生导师，全国高校黄大年式教师团队——西南政法大学经济法教师团队负责人，中国法学会经济法学研究会副会长。

前　言

农村“土地经营权流转”是承包地“三权分置”框架下的一个新生法律概念,同时也是一项新型制度设计。20 世纪 70 年代末农村改革以后,我国农村承包地逐步确立了“所有权—土地承包经营权”两权分置的基本制度框架,简称承包地“两权分置”或“两权分离”。在该框架下我国以“土地承包经营权”为基础概念构建了相应的“土地承包经营权流转”法律制度体系。[1]

2012 年党的十八大以后,立足新时期农村发展需要,我国逐步推行承包地“三权分置”改革,[2]这被誉为我国农村改革的又一次重大创新。[3] 根据中央有关政策文件的表述,承包地“三权分置”是“将土地承包经营权分为承包权和经营权,实行所有权、承包权、经营权分置并行”。[4] 党的十九大进一步明确提

---

〔1〕 参见《农村土地承包法》(2002 年)第二章“家庭承包”之第五节“土地承包经营权的流转”;原《物权法》(2007 年)第十一章“土地承包经营权”。我国《农村土地承包法》于 2002 年 8 月 29 日通过和公布,自 2003 年 3 月 1 日起施行,2009 年第一次(小幅)修正,2018 年第二次(大幅)修正。本书以“《农村土地承包法》(2002 年)”指向 2018 年修订前的法律,以“《农村土地承包法》(2018 年)”指向 2018 年修订后的法律。原《物权法》于 2007 年 3 月 16 日通过和公布,随着《民法典》自 2021 年 1 月 1 日起施行而废止。

〔2〕 在中央政策文件中,存在“三权分置”“‘三权’分置”等不同表述。党的十九大报告提出“完善承包地‘三权’分置制度”,2020 年《中共中央　国务院关于新时代加快完善社会主义市场经济体制的意见》(2020 年 5 月 1 日)提出,“完善农村承包地‘三权分置’制度”。为行文方便,本书原则上统一使用“三权分置”这一表述,但有时也根据语境需要使用其他表达。此外,我国起初仅针对承包地推行“三权分置”改革,一般所谓“三权分置”便特指承包地“三权分置”;但之后,我国又在宅基地领域推行“三权分置”改革,从而存在承包地“三权分置”与宅基地“三权分置”之分。为了行文简洁,若无特别说明都特指承包地“三权分置”。

〔3〕 参见韩长赋:《土地“三权分置”是中国农村改革的又一次重大创新》,载《农村工作通讯》2016 年第 3 期。

〔4〕 参见 2016 年中共中央办公厅、国务院办公厅《关于完善农村土地所有权承包权经营权分置办法的意见》(以下简称《完善三权分置意见》)。

出“深化农村土地制度改革，完善承包地‘三权’分置制度”[1]。2018年修正的《农村土地承包法》和2020年通过的《民法典》先后以法律形式确立了承包地“三权分置”制度。

承包地“三权分置”的核心要义和目标，是在农地权利分置基础上“放活土地经营权”，从而促进农地资源高效利用，助力农业适度规模经营，推动现代农业发展。[2] 为此，在承包地“三权分置”框架下，我国对以往“两权分置”框架下的土地承包经营权流转制度体系进行了重构，在原则上保留“土地承包经营权互换、转让”制度构造的基础上，着重以“土地经营权”为基本概念构建了相应的“土地经营权流转”法律制度体系。[3]

从承包地“两权分置”到“三权分置”，从“土地承包经营权流转”到“土地经营权流转”，不仅仅是表面概念的变换，更蕴含深层次的理念变迁、制度变革，由此也衍生出诸多问题需要深入探讨，本研究正是基于此种背景而展开。

就既有研究而言，以实行承包地“三权分置”为时间节点，大体可从以下两个方面来认识：

其一，置于承包地“两权分置”架构下围绕“土地承包经营权”流转展开的研究非常多，但新提法、新要求需要开展新研究。一方面，以往研究可为探讨“三权分置”背景下的土地经营权流转制度提供宝贵的理论支持、经验镜鉴。但另一方面，“三权分置”框架下的“土地经营权”流转制度与“两权分置”框架下的“土地承包经营权”流转制度必然有所差异，如涉及概念体系转换、性质重新界定、法权结构变革、政策突破与立法跟进等系列复杂问题。

其二，置于承包地“三权分置”框架下围绕“土地经营权”流转制度的探讨总体尚处初期阶段。一方面，土地经营权流转制度的重构，需以厘清“三权分置”的一些基础性问题为前提，包括土地经营权的生成路径、法律表达和性质界定等。对于这些问题，人们的认知可谓众说纷纭，即便经由《农村土地承包

---

[1] 参见习近平：《决胜全面建成小康社会 夺取新时代中国特色社会主义伟大胜利——在中国共产党第十九次全国代表大会上的报告》，载《人民日报》2017年10月28日，第1版。

[2] 参见吴晓佳：《“三权分置”的核心要义是放活土地经营权》，载《农村经营管理》2016年第12期；2014年中共中央办公厅、国务院办公厅《关于引导农村土地经营权有序流转发展农业适度规模经营的意见》。

[3] 参见《农村土地承包法》(2018年)第二章“家庭承包”之第四节“土地承包经营权的保护和互换、转让”、第五节“土地经营权”。

法》修正而达成了一定的妥协,仍存在一定的歧义。另一方面,仅就土地经营权流转制度本身而言,立足新的制度架构和农村经济社会发展而开展的研究,尤其是系统性研究尚较为欠缺。

基于以上认知,本书尝试立足实证分析和规范分析,围绕"三权分置"框架下的土地经营权流转制度展开相对系统的专门研究。总体上,土地经营权流转制度是以土地经营权的存在为前提的,土地经营权制度如何设计直接影响土地经营权流转制度的设计,而涉及土地经营权的一些基础性问题尚未完全厘清。鉴于此,本书首先就承包地"三权分置"背景下土地经营权的基本制度构造展开剖析。其后,以土地经营权流转方式为切入点和基本主线,围绕政策立法和实践重点关照的土地经营权出租、入股和抵押这三种流转方式,分设专章进行探讨。最后,2018 年修正的《农村土地承包法》针对工商企业等社会资本通过流转取得土地经营权,特别新增确立了一项"资格审查、项目审核和风险防范"制度,但规定具有原则性,各界认知也莫衷一是,诸多细节问题需要厘清,其中的焦点和难点又在于资格审查和项目审核。是故,本书专设一章就土地经营权流转审查审核进行研究。

基于上述思路,本书共设置五章针对有关具体问题展开探讨,基本内容如下:

第一章,土地经营权的基本制度构造。针对歧义众多的理论主张和改革实践,立足实证分析和成本效益分析,结合 2018 年修正的《农村土地承包法》有关"三权分置"的基本制度安排,审视"三权分置"的整体法律表达方案,就土地经营权的生成与表达、土地经营权的性质界定、土地经营权的流转方式、土地经营权流转的基本准则等展开评析。总体上,《农村土地承包法》从形式上确立了所有权、土地承包权、土地承包经营权和土地经营权"四权并立"的承包地权利体系。在此权利体系中,土地经营权的创设路径大体有两条,进而有两种含义。其一,对于家庭承包的土地,土地经营权原则上基于流转而创设,可解释为由土地承包经营权人为他人(受让人)设置的一项权利。但是,这种理解也只能是原则上的解读,其在某些场合也面临一定的困境,需要予以灵活解释。其二,对于其他方式承包的土地,土地经营权基于承包而创设,只是这里的"承包"限于招标、拍卖、公开协商等家庭承包以外的方式。由于对土地经营权的设置与表达持不同观点,人们对土地经营权的性质界定也莫衷一是,主要有“债权说”“物权说”“债权、物权二元说”三种观点。应当坚持物权性流转和债权性流转二元划分，并在此基础上，根据实践中土地经营权的生成路径或者说流转方式，以“二元论”思维来界定土地经营权的性质。立足稳定土地承包经营权和放活土地经营权的政策要求，《农村土地承包法》确立了“土地承包经营权互换、转让”和“土地经营权流转”并立的制度架构。如此架构的出发点并无不妥，但一些具体制度（条文）设计，或是在立法技术层面，或是在实质内容层面，值得进一步优化。

第二章，土地经营权出租法律制度。立足对司法案例的检视，以实践中呈现出的问题为导向，着重选择在土地经营权出租纠纷中具有较强代表性且既有立法、司法解释尚不能很好回应的三个突出问题——土地经营权出租的界定、主体资格和土地用途管制展开探讨。其一，土地经营权出租的界定，主要涉及出租与转包、转让的界分。从法律层面而言，转包的性质实质上就是出租，《农村土地承包法》中的“出租（转包）”表述欠妥，我国《民法典》统一使用“出租”这一概念更值得肯定。从一般语义和法律条文规定来看，出租与转让的区别明显，但司法实践中，二者并非泾渭分明，常成为案件争议焦点。就此，需要基于实质而非形式进行认定，综合考虑合同是否约定原土地承包关系延续（终止）、是否经得发包方同意、对价（流转费用）情况、法效果、交易习惯和常理等因素来判断。其二，土地经营权出租的主体资格。主要探讨乡镇政府、村民委员会（以下简称村委会）能否作为受让方。就此，司法实践中呈现质疑、默许与明确认可三种态度。从“是以行政主体（自治组织）还是民事主体身份参与农地流转活动”“以民事主体身份参与农地流转是否为履行职能所需要”“是否具有农业经营能力或资质”等角度加以综合分析，乡镇政府不能成为土地经营权流转的受让方、村委会可以有条件地成为受让方，即若村级层面成立了农村集体经济组织，就不宜再以村委会的名义开展土地经营权流转和生产经营活动。其三，土地经营权出租的用途管制。在认定是否改变土地农业用途层面，需要进一步优化解决土地实际上已不可农用时，究竟是坚持规划至上还是尊重现实的问题，进一步厘清农业结构调整与改变土地农业用途、农用与非农用的边界。在改变土地农业用途的法律后果层面，需要进一步明确合同约定改变土地农业用途时的效力以及如何把握“合同约定改变”，进一步厘清合同履行过程中部分改变土地的农业用途时不予解除合同的边界。

第三章,土地经营权入股法律制度。在对土地经营权入股的实践探索与典型模式加以考察的基础上,着重围绕土地经营权入股的作价出资、利益分配和成员退出或土地股份组织解散时的土地经营权处置等理论和实践较为关注的主题展开研究。现实中土地经营权入股的实践探索不断兴起,基于入股对象和路径、股权设置和经营形式、利益分配方法等不同视角形成了不同的模式,也面临着一些制度困境。其一,土地经营权入股的作价出资。一方面,土地经营权入股面临土地经营权因不能依法转让而不符合作价出资条件的障碍,就此可采取回避、模糊处理与制度再造等多元手段化解。另一方面,需要健全土地经营权的评估作价规则,既要使实践操作不过于复杂,又必须保障评估结果尽可能准确。其二,土地经营权入股的利益分配。"保底分红"的分配方式面临"分红以有可分配利润为前提"的制度障碍。不过,土地经营权入股采用何种利益分配机制,总体上是当事人自主选择的结果,需要尊重。虽然土地经营权入股有其特殊性,但在制度设计上仍应尽可能兼顾一般意义上的入股理论与基本制度框架,其中也包括分红制度。可以通过合适的概念体系,设计出具有兼容性的制度安排。其三,成员退出时的土地经营权处置。成员退出时直接要求退回土地经营权的期许,面临土地股份组织传统制度构造和稳定经营需要的双重制约。总体而言,在土地经营权入股时,事先约定并在章程中载明社员或股东退出时不退回用以出资的土地经营权,而是通过向其他成员流转土地经营权或是以调换地块的方式实现退出,这是一个较好的办法。其四,土地股份组织解散时的土地经营权处置。土地股份组织解散时,土地经营权是退回原承包方还是作为清算财产,相应的组织法和土地承包法之间存在明显的冲突。着眼于土地经营权入股的可持续发展,需要遵循这一基本立场,即入股土地经营权应作为合作社、公司的责任财产。在此基础上,可引入相应的土地经营权灵活处置机制和土地经营权入股风险管控机制。

第四章,土地经营权抵押法律制度。立足地方出台的土地经营权抵押规范性文件的收集和类型化梳理,着重围绕抵押当事人(表述与资格限制)、抵押财产范围与条件、抵押权设立(设立程序和登记效力、部门)和抵押权实现方式等四个方面展开探讨。其一,土地经营权抵押的当事人。关于抵押人,需在区分承包方抵押和受让方抵押两种情形的基础上科学设定抵押人的资格条件。关于抵押权人,在土地经营权抵押立法中宜参照《农村土地承包法》直接规定抵押权人为金融机构即可;至于实践中哪些金融机构能够开展抵押融资业务,按照金融监管部门的规定和自身所具备的资质条件和业务能力、范围来确定。其二,土地经营权抵押财产的范围与条件。土地经营权抵押专门立法时,可规定:地上附着物一并抵押,地上农作物是否一并抵押由当事人自主约定。至于土地经营权作为抵押财产的条件,宜区分承包方抵押和受让方抵押这两种情形来设置相应的条件,涉及土地经营权本身应具备的条件、土地经营权权属凭证、土地是否改变农业用途、土地经营权的存续(流转)期限、家庭承包农户是否只能以部分承包地上的经营权抵押、土地规模(下限)和生产能力等。其三,土地经营权抵押权的设定规则。在承包方抵押情形中,不应要求须经发包方同意,但应经抵押物共有人同意。在受让方抵押情形中,不应要求须经发包方同意,不过,须经承包方同意,同时应告知发包方抵押事宜具有合理性,只是在制度设计上可以优化安排。土地经营权抵押登记宜采登记生效(要件)主义;宜将土地经营权抵押登记部门和土地承包经营权登记颁证部门统一,确立农业(林业)行政主管部门为土地经营权抵押登记部门。其四,土地经营权抵押权的实现方式。结合我国2018年修正的《农村土地承包法》有关承包地经营权抵押、流转的制度安排,承包地经营权抵押权的实现在很大程度上无法适用我国《民法典》规定的折价、拍卖、变卖等抵押权实现的传统方式,而是更多时候需要采取创新的实现方式。可以将出租(转包)、入股等流转方式和托管确立为承包地经营权抵押权实现的创新方式。在承包地经营权抵押专门立法中,借助农村土地制度的概念体系来构造承包地经营权抵押权实现方式的相应规则,是一种较为可取的做法。

第五章,土地经营权流转审查审核法律制度。针对工商企业等社会资本流转取得土地经营权需进行资格审查、项目审核这一制度安排,首先回顾土地经营权流转审查审核的政策推动背景,以此理解制度设计的缘起;其次考察地方探索实践情况,审视实务困惑;再次结合《行政许可法》的规定,就本书所持的制度定位立场进行分析;最后立足这个定位,探讨土地经营权流转审查审核具体制度的构建。2018年修正的《农村土地承包法》规定县级以上地方人民政府应当建立社会资本通过流转取得土地经营权的资格审查、项目审核制度。该法对审查审核的性质未予明确,官方态度亦不清晰,这不利于制度细则的构建与实践。立足政策推动和探索实践情况,结合《行政许可法》有关“可以设定”和“可以不设”行政许可的规定加以综合分析,将土地经营权流转审查审核设定为行政许可是妥适和务实的选择。不过,将土地经营权流转审查审核确立为行政许可,也会衍生一些问题,如可能影响社会资本投入农业的积极性,不利于放活土地经营权,同时会大幅提高行政成本。就此,需要本着尽可能在“强化风险管控”与“用活土地经营权”之间求得平衡这一精神,以《行政许可法》确立的行政许可制度框架为指引,就审查审核(许可)的实施机关、内容(条件)、程序和期限、效力等予以科学设置。在审查审核机关方面,既有制度安排存在可能会给当事人寻求救济带来更高成本的问题,在实践操作中需要尽量降低此种运行成本。在审查审核内容(许可条件)方面,尚需着重对照《行政许可法》有关规章“对行政许可条件作出的具体规定,不得增设违反上位法的其他条件”这一要求进行调整、完善。在审查审核程序和期限方面,需要进一步明确分级审查审核的具体标准及相应的受理部门、审查审核主体以及宜预留可延长审查审核时限的空间。至于审查审核的效力,当事人未经审查审核而径行签订流转合同,开展流转活动的,可依法给予行政处罚、认定合同无效。

目录

第一章　土地经营权的基本制度构造

土地经营权流转制度是承包地“三权分置”背景下围绕新设的“土地经营权”构建的一项制度安排。土地经营权流转制度乃以土地经营权的存在为前提,土地经营权的基本制度构造直接影响土地经营权流转制度的具体安排。我国2018年修正的《农村土地承包法》从法律层面确认了承包地“三权分置”特别是土地经营权的基本制度安排,2020年通过的《民法典》也在一定程度上予以了确认。尽管如此,针对有关制度构造的认知分歧、不解、困惑乃至质疑并未完全消除,凝练共识和制度建设工作都还需继续推进。综上,厘清土地经营权的基本制度构造对于探索土地经营权流转制度建设无疑具有重要的基础性意义。为了较为全面地揭示进而助益厘清土地经营权的基本制度构造,本章首先就承包地“三权分置”改革政策提出后有关土地经营权法律构造的理论方案、争点与困境加以梳理回顾,进而立足《农村土地承包法》《民法典》等法律文本,对土地经营权制度的立法设计情况予以考察评析。

一、土地经营权法律构造的理论方案

20世纪70年代末以后,我国农村逐步实行家庭联产承包责任制,总体上形成了集体土地所有权和土地承包经营权“两权分离”的制度框架。随着经济社会的发展,“两权分离”的制度缺陷不断显现,特别是不利于承包地流转和充分利用,难以顺应发展适度规模经营的时代要求。着眼于解决现实问题,2012年党的十八大以后中央提出了承包地“三权分置”的改革举措,即在“两权分离”的基础上，把土地承包经营权分为承包权和经营权，实行土地所有权、承包权、经营权分置并行，这是我国农村改革的又一次重大创新。[1]

不过，自承包地“三权分置”被提出以来，其便引发了诸多论争。随着其成为我国的既定政策，争论逐步聚焦到政策如何贯彻落实上，特别是如何在法律中体现和落实“三权分置”的要求。一个突出问题是如何将中央政策文件提出的“三权分置”权利体系特别是新增的“土地经营权”在法律上表达出来。

早在一些政策起草部门专家基于党的十八届三中全会通过的《中共中央关于全面深化改革若干重大问题的决定》作出对农地权利实行所有权、承包权、经营权“三权分离”的“官方”解读时，便有学者指出，这种解读“溢出了严谨的法律规则范畴，属于以政治语言代替法律术语的臆断”；[2]“三权分离”理论虽然对于农地流转具有较好的说明价值，但其经济逻辑不符合法律逻辑，据此构建农地产权结构，无法在法律上得以表达。[3] 随着中央陆续发文，明确推行“三权分置”，学界迎难而上着力提出落实方案，但众说纷纭，分歧很大。总体而言，较具代表性的方案就有六种，而且在一些方案内部，不同学者的主张还不尽相同。

1. 所有权—承包权—经营权

“所有权—承包权—经营权”方案在形式上体现为所有权、承包权和经营权“三权并立”，但又有两种不同建构思路：

一种思路主张直接将政策上的权利架构和称谓移植到立法中，把土地承包经营权拆解为承包权和经营权，从而形成所有权、承包权、经营权“三权分置”。根据2016年中共中央办公厅、国务院办公厅印发的《完善三权分置意见》，“三权分置”是“将土地承包经营权分为承包权和经营权，实行所有权、承包权、经营权分置并行”。这种设计不仅为有关政策部门专家所倡，[4]法学界亦有学者呼应。例如，张力教授等认为，承包权和经营权再分离有深厚的实践

---

〔1〕 参见韩长赋：《土地“三权分置”是中国农村改革的又一次重大创新》，载《农村工作通讯》2016年第3期。

〔2〕 陈小君：《我国农村土地法律制度变革的思路与框架——十八届三中全会〈决定〉相关内容解读》，载《法学研究》2014年第4期。

〔3〕 参见高圣平：《新型农业经营体系下农地产权结构的法律逻辑》，载《法学研究》2014年第4期。

〔4〕 参见冯海发：《对十八届三中全会〈决定〉有关农村改革几个重大问题的理解》，载《农业经济问题》2013年第11期。

基础和理论支撑,实施"再分离"后,经营权必须成为一项独立物权;承包权亦是一项独立的物权,性质也为用益物权。[1]

另一种思路则主张,"三权分置"并不是土地承包经营权拆分为承包权和经营权,而是重构农民集体所有权实现的新体制,即实行农民集体所有权、土地承包权和土地经营权"三权分置"的新体制。其核心是,所有权仍保留在农民集体手中,但土地不再直接发包给农户直接占有使用,而是将农户承包权改造为集体土地的份额权利,将土地的实际占有使用权交给专业农业经营者。[2]

2. 所有权—成员权—农地使用权(土地承包经营权)

"所有权—成员权—农地使用权(土地承包经营权)"方案的实质是坚持"所有权—土地承包经营权"两权分置架构,在此基础上通过完善农村集体(经济)组织成员权制度和土地承包经营权流转制度来实现"三权分置"的政策目标。陈小君教授较早提出了此种主张,[3]之后,一些学者如高飞、吴义龙等跟进。其中,高飞教授在予以发展的基础上,明确提出"所有权、成员权、农地使用权三权并立"说。[4]

高飞教授认为,"'三权分置'的农村土地权利结构实为集体土地所有权、成员权、农地使用权三权并立"。其指出,承包权是农村集体经济组织成员初始取得承包地的资格,实为成员权或社员权;法律意义上的承包权应被包含于集体土地所有权主体制度中,无法从土地承包经营权中分离出来;在土地承包经营权的法律建构中,能够充分实现试图从其中分离出来的经营权拟实现的制度功能。此外,他从推进"农村土地(农地)使用权制度的体系化构建"出发,提出将集体建设用地使用权、宅基地使用权与土地承包经营权一并纳入"农地使用权"范畴,以期在"三权分置"背景下整合农地使用权体系以促使包括土地承包经营权在内的各种农地使用权制度的完善。

吴义龙博士指出,实行承包权与经营权分置,建立所有权、承包权、经营权

---

〔1〕 参见张力、郑志峰:《推进农村土地承包权与经营权再分离的法制构造研究》,载《农业经济问题》2015 年第 1 期。

〔2〕 参见高富平:《农地"三权分置"改革的法理解析及制度意义》,载《社会科学辑刊》2016 年第 5 期。

〔3〕 参见陈小君:《我国农村土地法律制度变革的思路与框架——十八届三中全会〈决定〉相关内容解读》,载《法学研究》2014 年第 4 期。

〔4〕 参见高飞:《农村土地"三权分置"的法理阐释与制度意蕴》,载《法学研究》2016 年第 3 期。

三权并行分置的农地权利体系的“三权分置”论面临诸多困境:“法律逻辑颠倒了,政策阐释有疑问,实践中也引发了不少问题。”在此基础上,其提出了一种“所有权—土地承包经营权”两权分置框架下的制度替代方案:完善土地承包经营权物权性质的权能,使之成为真正的财产性权利;在集体土地所有权框架下充实成员权应有属性,使之成为可靠的保障性基础;同时积极跟进配套保障制度。[1]

3. 所有权—土地承包经营权—土地承包经营权(次级土地承包经营权)/耕作经营权(耕作权)

“所有权—土地承包经营权—土地承包经营权(次级土地承包经营权)/耕作经营权(耕作权)”方案总体上主张不触动土地承包经营权,亦认同承包权实为成员权,这与前一方案相通。但有所区别的是,它未将承包权或是成员权作为一种独立的土地权利类型呈现,同时提出在土地承包经营权之外创设一项新的权利对接中央文件提出的“经营权”。不过,对于这项新创设的权利用何称谓,又有不同观点。

例如,朱广新教授提出了“所有权—土地承包经营权—土地承包经营权(次级土地承包经营权)”说。[2] 他认为,“土地承包权只是集体经济组织成员权在土地分配上的一种特定化,不是一种独立的权利类型”。“土地承包权与经营权分离政策的意蕴是,在稳定土地承包经营权的前提下,使实际经营土地者可以获得一种具有物权效力和抵押功能的财产权。”而这根本无须在物权法定原则制约下再创设一种被称为土地经营权的用益物权。土地经营权只是一个经济学概念,它实际上是指物权法上的土地承包经营权。可“将土地承包经营权之上设定的以经营土地为目的的用益物权仍然称作土地承包经营权”,这“不仅在我国《物权法》现有体系结构上完全不存在任何障碍,而且不必因为承认这种土地承包经营权而需对《物权法》或者《农村土地承包法》作更多修改或补充”。不过,其亦提出可“将基于土地承包经营权产生的实际经营土地的权利规定为一种具有抵押功能的次级土地承包经营权。次级土地承包经营权的名称可通过解释《物权法》第125条获得正当性”。

---

〔1〕 参见吴义龙:《“三权分置”论的法律逻辑、政策阐释及制度替代》,载《法学家》2016年第4期。
〔2〕 参见朱广新:《土地承包权与经营权分离的政策意蕴与法制完善》,载《法学》2015年第11期。

又如,孙宪忠教授提出了“所有权—土地承包经营权—耕作经营权(耕作权)”说。[1] 其认为,“三权分置”的核心是在农民的土地承包经营权之上建立另外一个“经营权”。“所谓三权,就是农村耕作地之上的所有权、土地承包经营权、经营权这三种权利。所谓分置,其实就是这三种权利由不同的民事主体享有。”其不仅强调“在推行‘三权分置’时,立法必须坚持不得妨害现有农民的土地承包经营权的原则”,而且“希望另外确定经营权的法律名称”,认为“如果在立法上确定为物权,可以命名为‘耕作经营权’或者‘耕作权’”。

4. 所有权—承包权—土地承包经营权

“所有权—承包权—土地承包经营权”方案的核心观点是,将承包权从土地承包经营权中分离出来并作为一项独立权利,同时沿用“土地承包经营权”概念指称中央文件提出的“经营权”。丁文教授的主张可谓其中代表。[2]

丁文教授认为,“‘三权分离’的关键是土地承包权与土地承包经营权的分置”,问题在于“如何分离”。其指出,“土地承包经营权应包含土地承包权的观点和做法,既缺乏理论依据,又会造成一系列的不利后果”,“两者本身就应该是各自独立的不同类型的权利”,应当而且必须分离。土地承包权分置后,一方面,可通过修改《农村土地承包法》或物权的法律规定,将土地承包权作为一项独立的权利加以规定;另一方面,土地承包经营权回归真正的用益物权并以现有名称对接中央文件中所说的“经营权”。

之所以沿用“土地承包经营权”称谓较为妥当,丁文教授提出了三点理由:其一,“土地承包经营权”这一概念已得到立法的确认,尤其是随着原《物权法》的颁布实施,作为表称用益物权的“土地承包经营权”概念已深入人心。其二,不沿用“土地承包经营权”而采用“经营权”的新表述,需要大面积修改现行法律,不仅改动过大,而且经过法律确认业已形成的农地上的用益物权观念将荡然无存,并且还可能诱发理论上的争论(如经营权的性质等问题),进而影响新法的实施;若不修改现行法律,则有违“物权法定”的基本原则,缺乏理论支撑。其三,“经营权”概念缺乏法律依据。[3]

---

〔1〕 参见孙宪忠:《推进农地三权分置经营模式的立法研究》,载《中国社会科学》2016年第7期。

〔2〕 参见丁文:《论土地承包权与土地承包经营权的分离》,载《中国法学》2015年第3期。

〔3〕 参见丁文:《论土地承包权与土地承包经营权的分离》,载《中国法学》2015年第3期。

5. 所有权—土地承包经营权—经营权

“所有权—土地承包经营权—经营权”方案的核心是，将经营权从土地承包经营权中分离出来，同时沿用“土地承包经营权”概念指称中央文件提出的“承包权”。蔡立东、李国强等学者总体上均持此类观点。

蔡立东教授等认为，承包权与经营权分置是土地承包经营权的行使和实现方式；经营权是设定于土地承包经营权之上的用益物权，承包权则为其行使受到经营权限制的土地承包经营权的代称。承包权与经营权相分置的物权法效果表现为，在土地承包经营权之外创设具有物权效力的经营权。土地承包经营权人在其权利上设定经营权这一用益物权后，其依然享有土地承包经营权，经营权的设定只是其行使并实现土地承包经营权的方式。[1]

李国强教授认为，分置后的经营权是土地承包经营权的派生权利，而承包权在现行法治的意义上仍是土地承包经营权，只是因承包经营权的部分权能让渡于经营权而产生新的权利内容，并非单纯承包土地这样一种权利资格。换言之，承包权和经营权是在土地承包经营权发生流转的情况下，将发生“权能分离”的土地承包经营权概括为承包权，将因流转而产生的新的权利概括为经营权。[2]

6. 所有权—承包权—土地承包经营权—经营权

“所有权—承包权—土地承包经营权—经营权”方案的基本要点是在法律上实行所有权—承包权—土地承包经营权—经营权“四权并立”，以落实“三权分置”的政策精神，而非机械套用政策话语体系。

例如，楼建波教授指出，“在坚持农村土地集体所有的前提下，促使承包权和经营权分离，形成所有权、承包权、经营权三权分置”的“三权分置论”在法律上解释和实现均面临障碍；回归政策本意，在法律上可以“四权”实现“三权分置”。其提出，承包权和经营权并不取代流转前的承包经营权。承包权作为一种身份权利，其表现形式是农民的集体组织成员身份。集体土地所有权和承包经营权作为土地物权，有《不动产登记暂行条例》等的规范。经营权作为一

---

〔1〕 参见蔡立东、姜楠：《承包权与经营权分置的法构造》，载《法学研究》2015 年第 3 期。

〔2〕 参见李国强：《论农地流转中“三权分置”的法律关系》，载《法律科学(西北政法大学学报)》2015 年第 6 期。

种债权,受流转合同的保护,同时可以集体经济组织的备案乃至在承包经营权的登记中将经营权作为一种负担加以记载来强化对其的保护。依此思路,所有权、承包权、承包经营权、经营权四种权利的不同组合为农地流转、抵押提供了两权分离所不能提供的灵活性,又为法律上表彰各种权利提供了便利。[1]

卢代富教授主持、笔者作为主研人员参与的2015年中国法学会重点委托课题"农村土地'三权分置'的法治保障研究",在2016年形成的研究报告中,亦提出了所有权—承包权—土地承包经营权—经营权"四权并立"的主张。[2]

二、土地经营权法律构造的争点与困境

总体来看,"三权分置"中土地经营权法律构造所面临的争点和困境,既有其自身层面的,也牵涉土地承包经营权和土地承包权如何构造的问题,需要将这三者结合起来加以系统审思。

(一)土地经营权法律构造的面上争点与困境

综合审视,关于"三权分置"中土地经营权如何进行法律构造的问题,基于对"现行法(既有立法)[3]上的土地承包经营权是否包含承包权"所持不同认知,大体衍生出两种观点和思路,但细节上又有分歧:

其一,土地承包经营权不包含承包权,在此基础上,土地承包经营权即是经营权,可以改称"经营权",或是根本不用改名。不过,学者们即便都赞同不应触动土地承包经营权,但对于农地流转时在土地承包经营权之上设定的实际经营土地的权利该如何表达,也有分歧。如朱广新教授主张仍可称为土地承包经营权或是称"次级土地承包经营权";[4]孙宪忠教授则主张应另外确定新的名称,如"耕作经营权"或是"耕作权"。[5]

其二,土地承包经营权包含承包权,在此基础上,可将经营权分离出来,并

---

〔1〕参见楼建波:《农户承包经营的农地流转的三权分置——一个功能主义的分析路径》,载《南开学报(哲学社会科学版)》2016年第4期。

〔2〕笔者为这部分内容初稿的执笔人,该研究报告的节略版2018年发表于《中国农村法治论坛》(第6卷)。参见卢代富、谭贵华、杨青贵:《农村土地"三权分置"的法理解读、问题解析与法治保障》,载吴大华主编:《农村"三变"改革法治保障研究》,法律出版社2018年版,第30页。

〔3〕根据语境,这里的"现行法"指的是2018年《农村土地承包法》修正前的相关立法。

〔4〕参见朱广新:《土地承包权与经营权分离的政策意蕴与法制完善》,载《法学》2015年第11期。

〔5〕参见孙宪忠:《推进农地三权分置经营模式的立法研究》,载《中国社会科学》2016年第7期。

命名为“经营权”(土地承包经营权概念可不变,用以指称承包权,或是改名为“承包权”);或者将承包权分离出来,土地承包经营权概念改名为“经营权”;抑或继续沿用土地承包经营权概念指称经营权。

不过,再进一步审视,可以发现,要回应土地经营权的法律构造问题,首先需要厘定土地承包经营权是否保留、其是否包含承包权等基础性问题,进而在统一筹划下明确土地经营权如何表达、性质如何界定等具体事项。这客观上增加了求解“土地经营权如何生成与表达”这一问题的难度;而这同时也反映出,在探求“三权分置”中土地经营权的法律构造时,需要遵循这样一条逻辑主线,即明确土地承包权经营权是否保留,接着厘清承包权是否本就独立于土地承包经营权而规定在既有立法中,进而在此基础上确定土地经营权如何生成与表达的问题。

(二)土地经营权法律构造的衍生争点与困境

承上所述,“三权分置”中土地经营权的法律构造并非一个孤立的问题,而是与土地承包经营权和土地承包权的法律构造问题紧密勾连。在某种程度上,正是由于土地承包经营权和土地承包权之法律构造的分歧,催生了土地经营权构造的争点与困境。

1. 土地承包经营权何去何从

根据《完善三权分置意见》,“三权分置”是“将土地承包经营权分为承包权和经营权,实行所有权、承包权、经营权分置并行”。由是观之,土地承包经营权似乎不再保留。不过,无论是理论界还是实务界对此均有不同看法。

在理论界,既有学者赞同将土地承包经营权拆解为承包权和经营权而不再保留,也有不少学者主张应保留土地承包经营权,后者在法学界甚至可以说占据着主流地位。而与此同时,即便认为应保留土地承包经营权,不同学者对于其走向也有不同观点,有主张在既有制度框架下强化其物权属性,亦有主张以其指称中央文件提出的承包权或是经营权(详见前文)。

在实务界,在中央提出“三权分置”改革之后到 2018 年《农村土地承包法》修正之前,中央及有关部门发布的文件对有关土地承包经营权去留的态度也不尽清晰。例如,2014 年和 2015 年中共中央办公厅、国务院办公厅先后印发的《关于引导农村土地经营权有序流转发展农业适度规模经营的意见》和《深化农村改革综合性实施方案》还分别强调要“用 5 年左右时间基本完成土地承包经营权确权登记颁证工作”“明确和提升农村土地承包经营权确权登记颁证的法律效力”。2016 年、2017 年的中央一号文件[1]则通篇未见“土地承包经营权”字眼，就农地确权登记事宜，使用的是“继续扩大农村承包地确权登记颁证整省推进试点”“加快推进农村承包地确权登记颁证，扩大整省试点范围”这类表述。这是否可以解读为中央已经在为推行“三权分置”而有意淡化土地承包经营权的提法？不过，同时值得关注的是，2016 年 3 月中国人民银行等 5 部门联合印发的《农村承包土地的经营权抵押贷款试点暂行办法》（以下简称《承包地经营权抵押办法》）仍以“土地承包经营权”为基础设计了一种类型的经营权抵押规则。[2] 2017 年通过的《民法总则》（已失效）亦沿用了“农村土地承包经营权”的概念。[3]

可以说，土地承包经营权是否保留，是厘定“三权分置”法律表达方案以及明确土地经营权如何构造所需要明确回应的起点问题，而这也确为一个不好抉择的问题。如果不保留，对长期实行的农村土地承包制度触动太大，带来的改革成本极为高昂。除非有显见的必要性和效益，否则不宜作出如此大的变动。而如果保留土地承包经营权，似乎又与中央文件字面上的要求不符。

2. 土地承包权如何生成与表达

土地承包权如何生成与表达的分歧给承包权本身进而给土地经营权等其他农地权利的法律构造带来了极大困扰，关于该问题的分歧主要集中在以下三个层面：

第一个层面，承包权从何处分出来。其关键在于，承包权是否包含于既有立法上的土地承包经营权中。根据《完善三权分置意见》的表述和有关政策部门专家的解读，承包权包含在土地承包经营权中，是从中分离出来的。但与此

---

〔1〕 2016 年中央一号文件，即中共中央、国务院《关于落实发展新理念加快农业现代化实现全面小康目标的若干意见》（2015 年 12 月 31 日）；2017 年中央一号文件，即中共中央、国务院《关于深入推进农业供给侧结构性改革　加快培育农业农村发展新动能的若干意见》（2016 年 12 月 31 日）。

〔2〕 《承包地经营权抵押办法》第 5 条规定：“符合本办法第六条、第七条规定条件、通过家庭承包方式依法取得土地承包经营权和通过合法流转方式获得承包土地的经营权的农户及农业经营主体（以下称借款人），均可按程序向银行业金融机构申请农村承包土地的经营权抵押贷款。”第 6 条规定：“通过家庭承包方式取得土地承包经营权的农户以其获得的土地经营权作抵押申请贷款的，应同时符合以下条件……（三）依法拥有县级以上人民政府或政府相关主管部门颁发的土地承包经营权证……”

〔3〕 参见原《民法总则》第 55 条、第 56 条。例如，第 55 条规定：“农村集体经济组织的成员，依法取得农村土地承包经营权，从事家庭承包经营的，为农村承包经营户。”

同时,不少学者认为,承包权应包含于集体土地所有权主体制度或者说包含于所有权中,即便要分离也是由此分离出来。如果站在前一立场上,将承包权分离出来,意味着"土地承包经营权"概念不应保留,而这又回归前文所述之问题。更为重要的是,前一立场实际上还面临《农村土地承包法》的法解释学困境。相较而言,后一立场更能从既有立法中获得支持,但现有主张也并不周延,没有考虑在"其他方式的承包"中非集体经济组织成员亦有承包权这一情况,而这关系到对后续有关问题的理解与应对,不应忽视。

第二个层面,承包权是否需要作为一项独立的权利呈现。根据一些学者的观点,承包权实为成员权或社员权,不是一种独立的权利类型,也没有必要将其作为一项独立的权利加以规定。更有学者主张将农户承包权改造为集体土地的份额权利,土地不再直接发包给农户直接占有使用。无论在前述第一个层面持何种立场,如果承包权不作为一项独立权利呈现,这无疑与中央文件要求不符。将其改造为份额权利实际上意味着不再实行家庭承包经营,这更是动摇了农村基本经营制度的基石,显然不妥。如果承包权作为一项独立权利呈现,又如何阐释成员权与承包权的关系?又该以什么概念表达承包权?对于这些问题,人们的认知可谓莫衷一是,并不统一。

第三个层面,如果将承包权独立出来,用什么概念来表达。对于这一问题,即便均持"承包权包含于土地承包经营权中"这一立场,亦存有分歧。如丁文教授主张将承包权从中分离出来并以"承包权"表达;蔡立东、李国强等学者则主张,将经营权从中分离出来,继续沿用"土地承包经营权"指称承包权。当然,如果将"承包权实为成员权,可以成员权替代承包权"亦理解为把承包权独立出来,那么,用"成员权"概念表达承包权,则又是一种方案。总体来看,以"承包权"表达最契合中央文件要求,但若以"承包权包含于土地承包经营权中"为立场,则又面临承包权分离出来后,土地承包经营权何去何从的困境。而无论以"土地承包经营权"还是以"成员权"表达承包权,又都表现为没能落实中央文件要求。这些问题交织在一起,给人以千头万绪之感,不得不认真回应。

三、土地经营权的生成与表达

虽然在"三权分置"的农地权利体系的法律构造问题上歧异众多,但亦有共识,如对中央政策的落实重在落实政策精神,不应拘泥于字眼;应在尽可能照顾既有农地权利概念体系的基础上架构起对接政策上所提的"三权并立"体系。基于此种务实精神和折中思维,就"三权分置"的法律表达,一方面,应积极与中央政策衔接,而非故步自封,严守传统"两权分置"的概念体系;但另一方面,也须考虑既有法律制度的稳定性,以尽可能低的改革成本来落实"三权分置"政策。

进一步审视理论界提出的各种方案,虽然相较政策上的提法多少有些调整,但大多数都是在"三权"框架下进行设计。在笔者看来,若因政策上提出的是"三权分置",那么法律上也只能设置三项权利,这种思维仍显教条化,不利于调和制度稳定与政策创新之间的张力。在法律层面落实"三权分置",应该跳出"三权"框架的束缚。总体上言之,在法律上以土地所有权、土地承包权、土地承包经营权和土地经营权"四权并立"落实"三权分置"是顺势而为的最佳选择。[1]

《农村土地承包法》(2018年)明确将土地所有权、土地承包权、土地承包经营权和土地经营权载入法条,由此至少从形式上确立了"四权并立"的承包地权利体系。《农村土地承包法》(2018年)之一大亮点是,不仅在总则中确立了"三权分置"的基本制度安排,[2]还在第二章"家庭承包"中专门设置一节"土地经营权",就土地经营权的设立、流转等作出规定,在很大程度上重构了承包地流转制度。不过,各界对有关立法设计褒贬不一,也尚存不少疑问。本部分在前文梳理的基础上,进一步结合修法情况,着重对土地经营权的生成与表达进行体系化解读。

诚如前述,作为一项系统工程,在探求"三权分置"中土地经营权的法律构造时,需要遵循这样一条逻辑主线,即首先明确土地承包权经营权是否保留,接着厘清承包权是否独立于土地承包经营权而存在,进而在此基础上确定土地经营权如何生成与表达。本部分亦循此进路对修法后所确认的制度安排予以审视。

---

〔1〕 参见谭贵华:《农村土地"三权分置"的法律表达》,载《北方法学》2018年第5期。

〔2〕《农村土地承包法》(2018年)第9条规定:"承包方承包土地后,享有土地承包经营权,可以自己经营,也可以保留土地承包权,流转其承包地的土地经营权,由他人经营。"

(一)土地承包经营权保留作为"三权分置"法权体系构造的前提

尽管政策话语中提出将土地承包经营权分为承包权和经营权,由此似乎意味着不再保留"土地承包经营权"概念,但是主流观点坚持主张,土地承包经营权概念应当保留。

一方面,现实中农地并不都会流转,没有必要一律对土地承包经营权再行权利分置。按照有关专家观点,"三权分置"是在农地流转的情形下,对土地承包经营权进行"承包权"和"经营权"分权设置,即承包者将土地的经营权流转给他人而自己仍保有承包权,形成所有权、承包权、经营权"三权并行分置"的农地权利制度。[1] 即便认同这种权利分置思路,现实中农地也并不都会发生流转而是由承包户自己经营,而此时也就没有了将土地承包经营权予以拆解的必要。进一步来讲,即便在农地流转时有必要设置一项经营权以表彰承包人以外其他主体实际经营农地的权利,也应在土地承包经营权之外创设,而不宜触动土地承包经营权概念,如将其改称为承包权。毕竟我国绝大多数农村还是承包户依据土地承包经营权自己经营土地,若径行将土地承包经营权改称为承包权,那么这些农户的经营权何在?这难免会引发农民不安,并有诸多其他因小失大的弊端。[2] 此外,若认为土地承包经营权并不包含承包权,其实为经营权,可否将其改称"经营权"对接中央文件提法?诚然,从理论上讲,这不失为一种方案,但结合现实的改革成本考量,亦有因小失大的弊端,不如通过"增量改革",即在土地承包经营权之外另行创设经营权的方式来落实。

另一方面,弃用"土地承包经营权"概念的成本太高,可谓得不偿失。例如,导致政策法律改动成本极高。"土地承包经营权"这一概念已经存在和使用30余年,不仅深入人心,更是为巨量政策法律所采用,包括2017年通过的《民法总则》(已失效)仍沿用了这一概念。可以想见,如果弃用这一概念,需要大面积修改法律,修法成本极为高昂,同时也会造成政策上的混乱。又如,徒增确权登记颁证工作成本。从确权登记颁证角度,无论在不动产统一登记层面,还是在专项性质的土地承包经营权确权登记颁证层面,我国政策立法与实

---

〔1〕 参见冯海发:《对十八届三中全会〈决定〉有关农村改革几个重大问题的理解》,载《农业经济问题》2013年第11期。

〔2〕 参见孙宪忠:《推进农地三权分置经营模式的立法研究》,载《中国社会科学》2016年第7期。

践都使用“土地承包经营权”这一概念。尤其是,我国不少地方已经完成农村土地承包经营权确权登记颁证工作,[1]登记簿上记载的是“土地承包经营权”,颁发的权证是农村土地承包经营权证,这些工作已经投入大量的人力物力成本;如果弃用“土地承包经营权”这一概念,势必要重新登记和换证,而这将导致大量的资源浪费。

《农村土地承包法》(2018 年)最终保留了土地承包经营权概念,并以此为基础构造了“三权分置”的权利体系。2020 年通过的《民法典》物权编亦专设“土地承包经营权”一章(第十一章),吸收和确认了《农村土地承包法》的有关制度成果。

不过,值得关注的是,《农村土地承包法》(2018 年)在沿用土地承包经营权概念的同时也作了一些调整,即对于以其他方式承包的土地,[2]将承包方以“其他方式承包”取得的土地权利名称和流转的土地权利名称均由“土地承包经营权”修改为“土地经营权”。[3]

经此修改,从法律层面来讲,只有家庭承包的承包方(本集体经济组织的农户)通过家庭承包方式承包土地所取得的土地权利才能称为“土地承包经营权”;亦可以说,只有家庭承包的承包方才能取得“土地承包经营权”。[4] 此举进一步强化了“土地承包经营权”的身份属性,也彰显了进一步稳定土地承包关系和放活土地经营权的政策精神。以此为“三权分置”制度构造的逻辑起点,新法不仅使土地经营权在不同语境下具有不同的意涵,还区分设计土地承包经营权转让、互换制度和土地经营权流转制度,确立了“对带有身份关系性

---

[1] 据原农业部 2015 年的统计,全国先后有 2215 个县(市、区、旗)开展了试点工作,涉及 1.9 万个乡镇、30.2 万个村,完成确权登记面积 2.6 亿亩。参见张晓山:《关于农村土地承包经营权确权登记颁证的几个问题》,载《上海国土资源》2015 年第 4 期。

[2] 《农村土地承包法》规定了两种承包类型:一是“家庭承包”(第二章);二是“其他方式的承包”(第三章)。以其他方式承包的土地,指的是“不宜采取家庭承包方式的荒山、荒沟、荒丘、荒滩等农村土地”;其他方式承包,指的是“通过招标、拍卖、公开协商等方式承包”。

[3] 参见《农村土地承包法》(2018 年)第三章“其他方式的承包”。例如,其第 49 条规定,“以其他方式承包农村土地的,应当签订承包合同,承包方取得土地经营权”。第 53 条规定:“通过招标、拍卖、公开协商等方式承包农村土地,经依法登记取得权属证书的,可以依法采取出租、入股、抵押或者其他方式流转土地经营权。”《农村土地承包法》(2002 年)第 49 条规定的是“通过招标、拍卖、公开协商等方式承包农村土地,经依法登记取得土地承包经营权证或者林权证等证书的,其土地承包经营权可以依法采取转让、出租、入股、抵押或者其他方式流转”。

[4] 根据《农村土地承包法》(2018 年)的规定,即便是本集体经济组织成员以“其他方式承包”本集体经济组织的土地,其取得的土地权利也称为“土地经营权”。

质的传统农村土地承包关系和基于现代农业要求的农村土地经营关系进行分别调整的基本理念"[1]。

(二)土地承包权应作为独立于土地承包经营权的一项权利

置于一个权利体系中,对于土地承包权的认知不仅关系其自身,也会影响土地经营权等其他权利的制度构造、理解和实施。"三权分置"中的土地承包权,究竟是按文义理解为农村集体经济组织成员取得土地承包的资格(承包资格说),还是理解为土地承包经营权或是派生出土地经营权的土地承包经营权的简称(承包经营权说),在学界一直存在争议。

总体而言,理论界对于承包地"三权分置"中土地承包权的法律构造的分歧,很大程度上源于对土地承包权的语义持不同理解。在《农村土地承包法》(2018 年)中,将土地承包权解释为土地承包资格进而定性为成员权,不仅符合文义解释、体系性解释的逻辑要求,而且同样能够实现相关制度安排的政策目标,还能避免增加理解上的负担,可谓是最佳的选择。[2]

1. 土地承包权的语义歧义问题

无论是承包资格说还是承包经营权说的持有者,基本都认同"土地承包权"这一概念,就文义而言,是指本集体经济组织成员依法承包土地的资格。在此意义上,《农村土地承包法》(2002 年)第 5 条即已经规定了此种权利,尽管其没有明确使用"土地承包权"的概念。[3] 2017 年 11 月 7 日全国人大常委会发布的《农村土地承包法修正案(草案)》第 6 条第 2 款也曾经对土地承包权进行界定:"土地承包权是指农村集体经济组织成员依法享有的承包土地的权利。"不过后续的修改方案中又将其删除,最终版本亦未予以明确界定。《农村土地承包法》(2018 年)第 5 条延续了旧法的规定,[4]就此,全国人大常委会法工委专家组织编写的法律释义明确指出,该条的一项基本含义是"每个农村集

---

〔1〕 许明月:《论农村土地经营权市场的法律规制》,载《法学评论》2021 年第 1 期。

〔2〕 谭贵华:《承包地"三权"分置中土地承包权的法解释》,载刘云生主编:《中国不动产法研究》2019 年第 2 辑,社会科学文献出版社 2019 年版,第 95 页。

〔3〕 参见丁文:《论"三权分置"中的土地承包权》,载《法商研究》2017 年第 3 期;高圣平:《农地三权分置视野下土地承包权的重构》,载《法学家》2017 年第 5 期;高海:《"三权"分置的法构造——以 2019 年〈农村土地承包法〉为分析对象》,载《南京农业大学学报(社会科学版)》2019 年第 1 期。

〔4〕 《农村土地承包法》(2002 年、2018 年)第 5 条规定:"农村集体经济组织成员有权依法承包由本集体经济组织发包的农村土地。任何组织和个人不得剥夺和非法限制农村集体经济组织成员承包土地的权利。"

体经济组织的成员都享有土地承包权”[1]。

总体来看，各方的分歧在于是否需要对“三权分置”中的土地承包权进行重新界定或者说赋予其新的含义。在探讨政策转化为法律规则的构造论中，一派观点主张，土地承包权理应是独立于土地承包经营权的一种权利类型，应将其作为一种独立的权利予以法律构造。[2] 而另一派观点则主张，政策中的“土地承包权”不同于《农村土地承包法》(2002年)等立法规定的土地承包权，也不是“三权分置”后新生的一种权利，实际上对应的是法律上的“土地承包经营权”，[3]或者说，它“只是发生了土地经营权流转的土地承包经营权的简称”，不过，无须也不宜重新确定其名称，沿用“土地承包经营权”概念予以指称较为妥当。[4] 另有学者虽然认为政策上的承包权应理解为土地承包经营权，或者说特指派生出经营权的土地承包经营权，[5]但指出为便于区分，“分置出土地经营权的土地承包经营权称为土地承包权”。[6]

《农村土地承包法》(2018年)第9条在确认“三权分置”的法律表达时，将“土地承包权”与“土地承包经营权”并行规定其中。[7] 就此，究竟是将二者理解为相互独立的权利类型，还是将土地承包权解读为土地承包经营权的简称或代称？有学者指出，“这里的‘土地承包权’，就是派生出土地经营权之后的土地承包经营权的简称，并不表明承包地产权结构中还存在一个土地承包权。否则，法典中应当对土地承包权的性质和内容作出规定”[8]。全国人大常委会法工委专家组织编写的法律释义没有直接、明确回应土地承包权的含义问题，

---

〔1〕 黄薇主编：《中华人民共和国农村土地承包法释义》，法律出版社2019年版，第25页。

〔2〕 参见高飞：《土地承包权与土地经营权分设的法律反思及立法回应——兼评〈农村土地承包法修正案(草案)〉》，载《法商研究》2018年第3期；丁文：《论“三权分置”中的土地承包权》，载《法商研究》2017年第3期；丁文：《论土地承包权与土地承包经营权的分离》，载《中国法学》2015年第3期。

〔3〕 例如，有学者指出，《完善三权分置意见》中的土地承包权“已不仅仅是一种身份性资格，(而是)不断实体化，实际上取代了土地承包经营权之地位”。参见刘云生、吴昭军：《政策文本中的农地三权分置：路径审视与法权建构》，载《农业经济问题》2017年第6期。

〔4〕 参见高圣平：《农地三权分置视野下土地承包权的重构》，载《法学家》2017年第5期；高圣平：《承包地三权分置的法律表达》，载《中国法学》2018年第4期；李国强：《论农地流转中“三权分置”的法律关系》，载《法律科学(西北政法大学学报)》2015年第6期。

〔5〕 参见蔡立东、姜楠：《农地三权分置的法实现》，载《中国社会科学》2017年第5期。

〔6〕 参见蔡立东：《土地承包权、土地经营权的性质阐释》，载《交大法学》2018年第4期。

〔7〕 《农村土地承包法》(2018年)第9条规定：“承包方承包土地后，享有土地承包经营权，可以自己经营，也可以保留土地承包权，流转其承包地的土地经营权，由他人经营。”

〔8〕 高圣平、王天雁、吴昭军：《〈中华人民共和国农村土地承包法〉条文理解与适用》，人民法院出版社2019年版，第45～46页。

但指出,之所以规定承包方流转土地经营权后“保留土地承包权”,是为了消除承包农户“担心流转期限或者承包期限届满后是否还享有土地承包经营权”的顾虑。[1] 这似乎暗指《农村土地承包法》(2018 年)第 9 条中的土地承包权应理解为土地承包经营权。全国人大农业与农村委员会专家组织编写的法律释义亦基本上作出了类似的阐释。[2] 不过,从另一个层面来看,这些带有官方背景的法律释义并未态度鲜明地将《农村土地承包法》(2018 年)第 9 条中的土地承包权界定为土地承包经营权或者说是派生出土地经营权之后的土地承包经营权的简称(代称),在某种程度上也反映出立法部门专家的内心纠结,以至有意作模糊化处理。

另有学者基于“体系化解释”明确指出,《农村土地承包法》(2018 年)确立了两种土地承包权:一是蕴含于第 5 条中的成员权性承包权;二是规定于第 9 条的用益物权性承包权。之所以《农村土地承包法》(2018 年)第 9 条规定的“土地承包权”不应理解为承包资格,而是指实际取得承包地的权利,是承包方流转土地经营权后剩余的土地承包经营权的简称或代称,主要有两点理由:其一,成员权性承包权基于成员资格享有或丧失,不因土地经营权流转而受影响,不需要立法特别强调;其二,《农村土地承包法》(2018 年)第 44 条规定承包方流转土地经营权后,其与发包方的承包关系不变,表明其仍然享有土地承包经营权,这即对应“保留土地承包权”。[3]

从当前各方的认知来看,土地承包权在《农村土地承包法》(2018 年)这一语境中至少在一定程度上被人们主观地赋予了一种新的含义,使其成为一个不确定的法律概念,出现了语义歧义,即一个法律概念与多种不同的语义发生关联,而且属于“在同一语境中拥有不同的意义”的“不连贯”情形。在此情形下,不同的受众在同一语境中可以不同的方式来运用同一个概念,而它们之间又彼此不相容,从而造成逻辑矛盾。[4] 可以说,有关制度设计被批评存在“整体逻辑体系有失严谨,制度表述中背离常理”的问题,很大程度上也正是因为如此。

---

〔1〕 参见黄薇主编:《中华人民共和国农村土地承包法释义》,法律出版社 2019 年版,第 44 页。

〔2〕 参见何宝玉主编:《〈中华人民共和国农村土地承包法〉释义》,中国民主法制出版社 2019 年版,第 28 ~ 29 页。

〔3〕 参见高海:《“三权”分置的法构造——以 2019 年〈农村土地承包法〉为分析对象》,载《南京农业大学学报(社会科学版)》2019 年第 1 期。

〔4〕 参见雷磊:《法律概念是重要的吗》,载《法学研究》2017 年第 4 期。

2. 基于法律逻辑厘定土地承包权的法律构造

总体来看，在立法构造论中，承包资格说和承包经营权说的分歧源于认知依据和解释路径差异。大体上，前者侧重通过法律解读找依据，并立足已有立法规定，尽可能降低修法成本进行构造；后者则主要从政策解读找依据，并试图进行重构。例如，作为承包经营权说的代表，高圣平教授一方面认可《农业法》（2012 年）和《农村土地承包法》（2002 年）规定的土地承包权指的是承包土地的资格；但另一方面指出，根据《深化农村改革综合性实施方案》《完善三权分置意见》等文件的表述，政策上的土地承包权"绝不仅仅是《农业法》和《农村土地承包法》意义上的'土地承包权'，不仅蕴含着本集体成员所拥有的承包土地的资格，而且是具有'使用、流转、抵押、退出承包地等各项权能'的财产权"，由此提出政策上的土地承包权对应的并不是现行法（既有立法）[1]上的土地承包权，而是土地承包经营权。[2]

事实上，根据上述两个政策文件的相应表述，并不能当然得出其中的土地承包权"明显就是'土地承包经营权'"的结论。例如，就高教授援引的《深化农村改革综合性实施方案》中"稳定农户承包权，就是要依法公正地将集体土地的承包经营权落实到本集体组织的每个农户"这一表述，从文义来看，"落实"一词表明从"承包权"到"承包经营权"有一个实现的过程，即农户基于享有承包权而有权依法取得土地承包经营权，发包方有义务依法将承包地发包给农户。由此，将土地承包权解读为承包土地的资格更为恰当。至于《完善三权分置意见》指出的"土地承包权人对承包土地依法享有占有、使用和收益的权利"，同样可以解读为，土地承包权人在依法取得承包地后享有相应的权利，这里亦有一个从"承包权"到"承包经营权"的转化过程，相应的占有、使用和收益权利应归入土地承包经营权的范畴。

进一步来看，即便可对有关政策表述作出不同的解读，或者承认一些政策文件确实在土地承包经营权意义上使用土地承包权这个概念，但在《农村土地承包法》中予以落实时仍应尊重法律的逻辑，而不是通过对土地承包权进行重新界定的方式硬植入立法中，即不宜在《农村土地承包法》（2018 年）中明确引

---

〔1〕 根据语境，这里的"现行法（既有立法）"指的是 2018 年《农村土地承包法》修订前的相关立法。
〔2〕 参见高圣平：《农地三权分置视野下土地承包权的重构》，载《法学家》2017 年第 5 期。

入另赋含义的“土地承包权”概念,形成承包地产权的复杂结构。[1] 当下,既然《农村土地承包法》(2018 年)第 9 条已经明确规定了“土地承包权”,从法解释学的角度,就宜努力将其解释为承包资格,与第 5 条蕴含的土地承包权一致。应当说,作出此种理解,不仅可以避免逻辑矛盾,减少理解困难,而且同样能够契合政策目标。

概念的塑造和使用应尽可能清晰和方便地说明制度设计的逻辑关系,同时也减轻思维者的工作负担。[2] 一个概念在不同语境中拥有不同语义并无不可,但在同一语境中则应避免此种情形,否则会造成逻辑矛盾。[3] 《农村土地承包法》(2002 年)出台以前,理论界与实务界很多时候使用“土地承包权”指称今日所谓之“土地承包经营权”。《农村土地承包法》(2002 年)等立法确立“土地承包经营权”这一表述后,虽然受惯性影响,这种概念混用情况并未完全消失,[4] 但至少在立法层面,这二者的区分基本为各界共识。事实上,明确区分土地承包权和土地承包经营权,并以前者指称承包资格,而以后者概括指称权利人享有承包地占有、使用、收益和流转等权利,这更符合语义逻辑和人们理解习惯。《农村土地承包法》(2002 年)对于土地承包权和土地承包经营权的立法构造,很大程度上反映了此种考量。若现在于《农村土地承包法》(2018 年)中又重新赋予土地承包权指称土地承包经营权的含义,将出现同一部立法中有两个不同表征和含义的土地承包权、土地承包经营权,这反而会增加理解上的混乱。

按前述有关学者的解释,承包资格本来就不因土地经营权流转而受影响,没有必要规定“保留(成员权性)土地承包权”来特别强调,它真正要表达的是承包方流转土地经营权后依然享有土地承包经营权,以打消农户的后顾之忧。[5]

---

〔1〕 参见高圣平、王天雁、吴昭军:《〈中华人民共和国农村土地承包法〉条文理解与适用》,人民法院出版社 2019 年版,第 44 页。

〔2〕 参见黄茂荣:《法学方法与现代民法》(第 5 版),法律出版社 2007 年版,第 73 页。

〔3〕 参见雷磊:《法律概念是重要的吗》,载《法学研究》2017 年第 4 期。

〔4〕 例如,邓大才:《家庭土地承包权当前所面临的困难》,载《农业经济问题》1999 年第 2 期;陈小君等:《农村妇女土地承包权的保护和完善——以具体案例的解析为分析工具》,载《法商研究》2003 年第 3 期;陈忠明、姜会明:《从耕者有其田到耕者耕其田——基于土地承包权的流转》,载《新疆社会科学》2019 年第 1 期。这些研究中的“土地承包权”实为今日所谓的“土地承包经营权”。

〔5〕 参见高海:《“三权”分置的法构造——以 2019 年〈农村土地承包法〉为分析对象》,载《南京农业大学学报(社会科学版)》2019 年第 1 期。

循此逻辑，立法不如直接表述为“保留土地承包经营权”更能清晰和方便地说明意图。诚然，如其所言“不强调亦不丧失成员权性承包权”，[1]但这同样也适用于土地承包经营权。正如所有权人为承包方设定土地承包经营权并不意味着丧失所有权，土地承包经营权人为他人设定一项土地经营权，并不意味着丧失土地承包经营权。析言之，“不需要特别强调”不意味着不可以强调。只是，既然可以将立法规定“保留土地承包权”理解为旨在特别强调某种政策精神，我们同样可以解释为，旨在强调承包方不因流转土地经营权而丧失承包资格，流入方更不因取得土地经营权而取得承包资格，这无疑亦有助于进一步明确相关主体权利义务关系。

将《农村土地承包法》(2018 年)第 9 条中的土地承包权理解为承包资格，不仅能够对接第 5 条的规定，而且能够衔接第 44 条有关“承包关系不变”的规定。[2] 农村集体经济组织成员享有土地承包权(资格)，意味着土地承包关系限定在集体和成员之间，非成员与集体不能构成“承包关系”。析言之，承包方流转土地经营权并不影响其与集体的承包关系，其仍基于此种“承包关系”而对集体享有相应权利、承担相应义务，同时受让方并不因流转取得土地经营权而与集体建立承包关系。

再进一步来看，将土地承包权解释为承包资格，同样能够契合相应的政策目标。“三权分置”改革特别提出“稳定农户承包权”。就稳定农户承包权可从静态和动态两个层面来理解。

在静态层面，稳定农户承包权的意涵与《农村土地承包法》(2018 年)第 5 条规定是契合的，即有权承包本集体经济组织发包土地的是本集体经济组织成员(以家庭为单位)；由于每个集体经济组织成员在本集体经济组织中均享有成员权，每个成员都享有土地承包权，任何组织和个人不得剥夺和非法限制农村集体经济组织成员承包土地的权利。[3] 就此，2018 年农业农村部等 6 部门联合印发的《关于开展土地经营权入股发展农业产业化经营试点的指导意

---

〔1〕 高海：《“三权”分置的法构造——以 2019 年〈农村土地承包法〉为分析对象》，载《南京农业大学学报(社会科学版)》2019 年第 1 期。

〔2〕 《农村土地承包法》(2018 年)第 44 条规定：“承包方流转土地经营权的，其与发包方的承包关系不变。”

〔3〕 参见黄薇主编：《中华人民共和国农村土地承包法释义》，法律出版社 2019 年版，第 24～25 页。

见》也重申了类似的意思,其指出"严格保护农户承包权,任何组织和个人都不能取代农民家庭的土地承包地位,都不能非法剥夺和限制农户的土地承包权"。

在动态层面,稳定农户承包权的根本意涵是,无论承包地怎么流转,土地承包权都属于集体成员内部的农户。[1] 若将土地承包权理解或塑造为财产权或者用益物权,按照通行理解,理应强化其可流动性而不是稳定性。我国有关土地经营权抵押的制度安排,如抵押客体是土地经营权而非土地承包经营权或土地承包权,抵押权实现须以"保证农户承包权"为前提,[2]亦体现了将土地承包权作为成员权而非财产权对待的精神。在2014年1月22日国务院新闻办公室就全面深化农村改革加快推进农业现代化举行的发布会上,时任中央农村工作领导小组副组长、办公室主任陈锡文同志即指出:"承包权大家都知道,什么样的农民可以承包本集体的土地呢?就是本村的农户才可以承包,所以它是一个成员权,成员权怎么去抵押呢?"[3]

将土地承包权界定为成员权,更多是要强调其身份性和非流转性,并不否定作为成员权,其权利主体得基于自益权受领或享受财产利益。[4] 诚然,纯粹从理论上讲,若以权利标的物为标准,基于土地承包权而取得土地承包经营权等财产权益,这亦体现出土地承包权具有财产权属性。但是,这种财产权属性更多是基于成员权的权利内容而体现出来,在位阶上具有次要性。更为重要的是,在现实语境下,人们将土地承包权塑造为财产权,往往内含了增强其流转性的要求,而这与"稳定"农户承包权的政策精神并不契合甚至相悖。综合来看,从土地承包权的形成逻辑、规范表达和稳定农户承包权的制度意蕴等方面综合考量,宜将土地承包权的性质界定为成员权,或者按有关学者的说法可界定为具有财产性的成员权。

(三)土地经营权原则上作为承包地流转时创设的一项权利

从理论层面讲,基于土地承包权理应是独立于土地承包经营权的一种权

---

[1] 参见张红宇、李冠佑:《准确把握农业农村经济运行新动向——对相关重要问题的分析与判断》,载《农业经济问题》2012年第7期。

[2] 参见《农村土地承包法》(2018年)第47条;国务院《关于开展农村承包土地的经营权和农民住房财产权抵押贷款试点的指导意见》(国发〔2015〕45号)。

[3] 参见国务院新闻办公室:《国新办就全面深化农村改革、加快推进农业现代化举行发布会》,载中国网,http://www.china.com.cn/zhibo/2014-01/22/content_31249745.htm? show=t。

[4] 参见王泽鉴:《民法总则》(增订版),中国政法大学出版社2001年版,第188页。

利类型，土地承包经营权并不包含承包权，其实际上即土地经营权（通过行使承包权取得的经营权），维持现行土地权利制度框架，就以土地承包经营权对接中央文件提出的“经营权”（土地经营权）[1]可以说是最佳方案。一方面，改革成本低；另一方面，通过强化土地承包经营权的物权属性，完善其流转制度，即可实现“放活经营权”的政策目标。[2] 不过，从现实层面看，这套方案已不可行。中央已经在顶层设计中明确提出了设置土地经营权的改革要求，而且围绕土地经营权的制度建设和实践已经铺开。[3] 可谓“开弓没有回头箭”，不可能也不宜再“折腾”回去。立法上更为可取的做法无疑是探求妥适的折中方案。

若基于土地承包权理应是独立于土地承包经营权的一种权利类型，土地承包经营权并不包含承包权，其实际上即土地经营权，那么将土地承包经营权直接改称为土地经营权，又当如何？诚然，这种做法在理论上亦具有逻辑自洽性，而且在形式上又贯彻了政策上有关“实现所有权、承包权、经营权三权分置”的要求，因而亦具有一定的可取性。[4] 但是，若完全采用这种方案，对现有的制度基础触动太大——“土地承包经营权”概念不再保留，有因小失大的诸多弊端（见前文），实非妥适的折中方案。

作为一项妥适的折中方案，应既维系既有制度基础的稳定，又能落实中央文件的精神，推进制度的改良。在土地承包经营权之外创设一项土地经营权，用于表征通过流转取得的经营土地的权利，应是顺应改革需要的最佳方案。它兼顾了前述两点要求，既避免了触动土地承包经营权概念会带来的诸多弊端，又落实了设置经营权的改革要求；而且据此方案创设一项经营权，对于细

---

〔1〕 中央文件根据语境需要混用“经营权”“土地经营权”等概念。对于这项权利在法律上如何命名，理论界也有过讨论，但总体来看，主流观点和用法是，在完整意义上使用“土地经营权”，在简称意义上使用“经营权”。

〔2〕 参见陈小君：《我国农村土地法律制度变革的思路与框架——十八届三中全会〈决定〉相关内容解读》，载《法学研究》2014 年第 4 期。

〔3〕 参见中共中央办公厅、国务院办公厅《关于引导农村土地经营权有序流转发展农业适度规模经营的意见》（中办发〔2014〕61 号），国务院《关于开展农村承包土地的经营权和农民住房财产权抵押贷款试点的指导意见》（国发〔2015〕45 号），中共中央办公厅、国务院办公厅《关于完善农村土地所有权承包权经营权分置办法的意见》（2016 年），原农业部出台的《农村土地经营权流转交易市场运行规范（试行）》（2016 年），中国人民银行等 5 部门联合印发的《承包地经营权抵押办法》（2016 年）等文件。

〔4〕 对于其他方式承包的土地，2018 年修正的《农村土地承包法》实际上便是按照此种方案来设置承包地权利体系，即将土地承包经营权直接改称为土地经营权。

化说明农地流转语境下的土地利用关系、建立更为精细化的流转制度确有助益。

这样一种折中思维最终获得了较多的认可,并在政策、立法中得以体现。2016 年中国人民银行等 5 部门联合发布的《承包地经营权抵押办法》有关两种类型经营权抵押制度设计便在规范性文件层面贯彻了这种思路。[1]《农村土地承包法》(2018 年)亦保留了土地承包经营权这一基本概念,同时又增设了土地经营权概念,并予以专节规定。其第 9 条就"三权分置"作了一个基本规定:"承包方承包土地后,享有土地承包经营权,可以自己经营,也可以保留土地承包权,流转其承包地的土地经营权,由他人经营。"据此,承包方承包土地后,其享有的是"土地承包经营权";发生流转时,分置出一个"土地经营权",由受让方取得该项土地经营权。

不过,值得关注的是,《农村土地承包法》(2018 年)第 9 条规定在"总则"一章。严格来讲,这应对整部法律起到统领作用,相关权利设置思路宜贯穿整个制度设计;但是由于相关制度设计和现实情况复杂多样,且各方争议较大,为了法律顺利出台,《农村土地承包法》有关土地经营权的制度设计存在灵活多样的特点。

这种灵活多样性首先体现在土地经营权的创设方面。根据《农村土地承包法》(2018 年)的规定,土地经营权的创设路径大体有两条,进而有两种含义。

第一种,对于家庭承包的土地,土地经营权原则上基于流转而创设,可解释为由土地承包经营权人为他人(受让人)设置的一项权利。但值得关注的是,这种理解也只能是原则上的解读,其在某些场合也面临一定的困境,需要予以灵活解释。析言之,至少需要对这里的"流转"再予以二元区分:一种是狭义的流转,如出租(转包)、入股等;另一种是抵押、质押。根据《农村土地承包法》(2018 年)第 47 条第 1 款的规定,[2]土地经营权融资担保分为承包方融资担保和受让方融资担保两种类型;而据官方解释,"担保"包含抵押和质押

---

[1] 《承包地经营权抵押办法》规定了"通过家庭承包方式取得土地承包经营权的农户以其获得的土地经营权作抵押申请贷款"和"通过合法流转方式获得承包土地的经营权的农业经营主体申请贷款"两种类型。

[2] 《农村土地承包法》(2018 年)第 47 条第 1 款规定:"承包方可以用承包地的土地经营权向金融机构融资担保,并向发包方备案。受让方通过流转取得的土地经营权,经承包方书面同意并向发包方备案,可以向金融机构融资担保。"

等意涵。[1] 在承包方担保情形中,担保客体是"承包地的土地经营权"。所谓"承包地的土地经营权"究竟是土地承包经营权还是土地经营权,该项土地经营权如何生成?就此理论界存在不同认知。本研究认为,应理解为土地经营权。一般认为,抵押、质押也是一种流转形式,至少属于广义上的流转范畴,可将其解释为特殊的流转形式。由此,承包方办理抵押或质押时,就可以且有必要对土地承包经营权进行权利"分置",即分离出一项土地经营权,以土地经营权设定抵押、质押(详见本书第四章"土地经营权抵押法律制度")。

总体而言,于家庭承包的土地层面,土地经营权在制度和现实层面应具有多元面向:其一,在不发生承包地流转(广义)的情况下,这项权利隐而不显,土地承包经营权与土地经营权主体合一。其二,在承包方采取出租等转移承包地占有的流转方式进行流转(狭义)的情况下,将土地经营权授予他人,由他人经营。其三,在承包方抵押情形下,只是将土地经营权抵押给金融机构,不转移占有,仍由自己经营,但在抵押权实现时可能发生狭义层面的流转,由金融机构以外的他人取得。

第二种,对于以其他方式承包的土地,土地经营权基于承包而创设,且这里的"承包"限于招标、拍卖、公开协商等家庭承包以外的方式。[2]《农村土地承包法》(2018 年)第 49 条规定,"以其他方式承包农村土地的,应当签订承包合同,承包方取得土地经营权"。相较旧法,[3] 该条增加了"承包方取得土地经营权"的规定,由此明确承包方通过其他方式承包取得的权利是"土地经营权"。此外,在以其他方式承包的土地中,流转的土地权利名称也由以往的"土地承包经营权"修改为"土地经营权"。[4]

2018 年修法之所以将通过其他方式承包的承包方取得的权利明确(调整)为"土地经营权",而将"土地承包经营权"限定指称本集体经济组织的农户通

[1] 参见黄薇主编:《中华人民共和国农村土地承包法释义》,法律出版社 2019 年版,第 201 页。

[2] 参见《农村土地承包法》(2018 年)第三章"其他方式的承包"。

[3] 《农村土地承包法》(2002 年)第 45 条规定,"以其他方式承包农村土地的,应当签订承包合同"。

[4] 《农村土地承包法》(2002 年)第 49 条规定:"通过招标、拍卖、公开协商等方式承包农村土地,经依法登记取得土地承包经营权证或者林权证等证书的,其土地承包经营权可以依法采取转让、出租、入股、抵押或者其他方式流转。"《农村土地承包法》(2018 年)第 53 条规定:"通过招标、拍卖、公开协商等方式承包农村土地,经依法登记取得权属证书的,可以依法采取出租、入股、抵押或者其他方式流转土地经营权。"

过家庭承包取得的土地权利，主要是考虑家庭承包方式既具有生产经营性质又具有社会保障性质，而其他方式的承包不涉及社会保障因素，主体不限于本集体经济组织内部成员，权利性质上也不同于土地承包经营权，因此应当加以区分。[1]

进言之，此种安排既进一步彰显“土地承包经营权”的身份属性，又反衬淡化土地经营权的身份色彩，以助益落实“放活土地经营权”的政策目标。从这个角度来看，此种设计有着特别的政策考量，且此种考量不无道理。

但是，诚如前述，《农村土地承包法》(2018 年) 第 9 条规定在“总则”一章，其规定的“承包方承包土地后，享有土地承包经营权”似乎应共通适用于家庭承包和其他方式承包这两种承包方式。从文义解释和体系解释的角度出发，在其他方式承包中，承包方通过其他方式承包土地所享有的似乎也宜称为“土地承包经营权”。然而立法最终改用“土地经营权”概念，这至少在形式逻辑上稍显不足。

四、土地经营权的法律性质

总体上，由于对土地经营权的设置与表达持不同观点，人们对土地经营权的性质界定也莫衷一是，除个别专家持“法人财产权说”[2]“权能说”[3]外，主要有“债权说”“物权说”“债权、物权二元说”三种观点。

大体上，“债权说”认为土地经营权是土地承包经营权流转时由土地承包经营权人设定的一项债权性质的权利，[4]或者说将土地经营权定性为物权化

---

〔1〕 参见黄薇主编：《中华人民共和国农村土地承包法释义》，法律出版社 2019 年版，第 210 页。

〔2〕 “法人财产权说”主张土地经营权属于法人财产权。参见叶兴庆：《从“两权分离”到“三权分离”——我国农地产权制度的过去与未来》，载《中国党政干部论坛》2014 年第 6 期。

〔3〕 “权能说”主张“经营权只是权能，而不是独立的民事权利。经营权的基础，可以来自所有权，可以来自用益物权”。参见申惠文：《农地三权分离改革的法学反思与批判》，载《河北法学》2015 年第 4 期。不过，该文摘要部分亦明确指出“农地经营权本质是债权，是不动产租赁权的重要类型”。对于“权能说”，陈小君教授指出其无法照应“三权分置”政策的制度设计内涵。参见陈小君：《土地经营权的性质及其法制实现路径》，载《政治与法律》2018 年第 8 期。

〔4〕 参见李伟伟：《“三权分置”中土地经营权的性质及权能》，载《中国党政干部论坛》2016 年第 5 期；高圣平：《论农村土地权利结构的重构——以〈农村土地承包法〉的修改为中心》，载《法学》2018 年第 2 期；温世扬、吴昊：《集体土地“三权分置”的法律意蕴与制度供给》，载《华东政法大学学报》2017 年第 3 期。

的债权。[1] “物权说”主要从“放活土地经营权”尤其是土地经营权抵押、转让需具备物权属性出发,主张土地经营权应定性为物权。[2] “债权、物权二元说”总体上主张需要结合土地经营权流转(创设)的类型来相机界定土地经营权的性质:若是基于债权性流转而创设则为债权属性,若基于物权性流转而创设则为物权属性。[3]

从理论上讲,从不同的构造立场出发,不同观点都有其各自的道理。不过,如果站在“土地经营权是土地承包经营权流转时由土地承包经营权人设定的一项独立权利”的立场上,仍不加区分地将土地经营权一律定性为债权或物权,则存在一定的问题。这种做法实际上不承认或是摒弃了区分物权性处分(流转)和债权性处分(流转)的传统理论及现行立法选择。具体来看,同样站在“土地经营权是土地承包经营权流转时由土地承包经营权人设定的一项独立权利”的立场上,持“债权说”者实际上选择了单一的债权性流转路径,而持“物权说”者则选择了单一的物权性流转路径。此种极具颠覆性的设计不仅于理不足,亦会严重破坏现行制度的稳定性,给实践操作徒增困扰。

现实中,物权人可以采用不同形式处分权利,而不同的处分形式将导致不同的法律效果。为了加以区分,理论上将物权的处分划分为物权性的处分和债权性的处分。这种划分不宜摒弃,否则意味着否认物权的处分可以有不同的形式和效果,同时也否认物权人可以不同的形式来处分其权利,而这显然不符合实践的要求。

土地承包经营权流转实为一种对物权进行处分的行为。[4] 根据现实的需要,我国2002年制定的《农村土地承包法》即规定了多种土地承包经营权流转形式供权利人选择。这些形式可分为两种模式:一是物权性流转模式,如转

---

〔1〕 参见高圣平:《承包地三权分置的法律表达》,载《中国法学》2018年第4期。

〔2〕 参见陈小君:《土地经营权的性质及其法制实现路径》,载《政治与法律》2018年第8期;丁文:《论土地承包权与土地承包经营权的分离》,载《中国法学》2015年第3期;孙宪忠:《推进农村土地“三权分置”需要解决的法律认识问题》,载《行政管理改革》2016年第2期;李国强:《论农地流转中“三权分置”的法律关系》,载《法律科学(西北政法大学学报)》2015年第6期;朱广新:《土地承包权与经营权分离的政策意蕴与法制完善》,载《法学》2015年第11期;房绍坤:《〈农村土地承包法修正案〉的缺陷及其改进》,载《法学论坛》2019年第5期。

〔3〕 参见高海:《论农用地“三权分置”中经营权的法律性质》,载《法学家》2016年第4期。

〔4〕 例如,陈小君教授指出,土地承包经营权流转,“其含义与物权法理论中用益物权的处分相近,是指对标的所作的法律上的处分行为”。参见陈小君:《我国农村土地法律制度变革的思路与框架——十八届三中全会〈决定〉相关内容解读》,载《法学研究》2014年第4期。

让、互换;二是债权性流转模式,如出租。不同流转形式(模式)产生不同的法律效果。从流转所让渡出的权利内容来看,物权性流转实际上是将权利彻底让渡他人,流入方取得一种物权性质的权利;而债权性流转让渡的只是一种债权性质的权利,所谓"债权说"实际上便是将土地经营权流转的形式限于债权性流转而将土地经营权定性为债权。如果将土地经营权纯粹定性为债权,则土地经营权抵押这一制度安排无法落实,因为作为抵押财产的土地经营权应当是物权性质的权利;〔1〕而若完全将土地经营权定性为物权,又无必要,毕竟基于短期租赁、临时委托等关系而将承包地交由他人经营的现象应该是永久存在的,在这些情形里,承包地经营者的权利都不可能是一种物权。〔2〕

土地承包经营权的流转能够在现行法制框架下优化,则不应选择彻底重构。若以此为基本立场,应当坚持物权性流转和债权性流转二元划分;并在此基础上,根据实践中土地经营权的生成路径或者说流转方式,以"二元论"思维来界定土地经营权的性质。亦即,若土地承包经营权人以物权性流转方式让渡(设置)土地经营权,土地经营权人将"拥有"较为完整的权能,应将其定性为物权;而以债权性流转方式让渡(设置)土地经营权时,土地经营权人只是"借用"相应的权能,此时应将其定性为债权。〔3〕

2018 年修正的《农村土地承包法》有关土地经营权的构造实际上确立了需要视情形对其性质予以二元界分的方案。一方面,承包方以招标、拍卖、公开协商等"其他方式"承包土地取得的土地经营权,应定性为物权。"其他方式承包"针对的是不宜采取家庭承包方式的"四荒地"等农村土地资源。根据来自立法部门专家的解释,这类土地承包,"由于期限较长,投入又大,双方需要建立一种物权关系,以便更好地得到保护"。基于此种考虑,立法规定,以其他方式承包取得的土地经营权,"应当依法登记,取得权属证书。在此前提下,才具备流转基础"。〔4〕此外,以其他方式承包取得的土地经营权流转,无须向发包方备案或经发包方同意;承包人死亡的,在承包期内,其继承人可以继续承包

〔1〕参见许明月:《农村承包地经营权抵押融资改革的立法跟进》,载《比较法研究》2016 年第 5 期。

〔2〕参见许明月:《农村承包地经营权抵押融资改革的立法跟进》,载《比较法研究》2016 年第 5 期。

〔3〕有关"拥有""借用"的概念使用,参考了李伟伟教授的论述。此外,李伟伟教授从对抗力、存续期间、转让性、权利内容及对价五个方面,对物权和债权进行了辨析。参见李伟伟:《"三权分置"中土地经营权的性质及权能》,载《中国党政干部论坛》2016 年第 5 期。

〔4〕参见黄薇主编:《中华人民共和国农村土地承包法释义》,法律出版社 2019 年版,第 220 页。

[《农村土地承包法》(2018 年)第 54 条]。这样一些制度安排,总体上反映出,以其他方式承包取得的土地经营权,已被赋予较强的物权属性。

另一方面,无论是在家庭承包还是其他方式承包的土地中,基于流转而创设的土地经营权,其究竟属于物权还是债权性质则需要根据该流转的方式和性质来厘定。例如,原则上,如果承包方以出租(转包)的方式流转土地经营权,鉴于出租(转包)是公认的债权性流转方式,该土地经营权原则上宜定性为债权。

但是值得关注的是,由于农地流转的现实情况较为复杂,2018 年修正的《农村土地承包法》既没有就流转方式的性质予以明确界定,也没有简单照搬有关"物权性流转创设物权性土地经营权、债权性流转创设债权性土地经营权"理论公式,而是需要结合实际情况进一步地相机抉择。

例如,《农村土地承包法》(2018 年)第 47 条第 1 款以法律的形式确认了土地经营权"融资担保"的基本制度安排,[1]并没有在字面上直接确立中央政策文件提出的有关土地经营权"抵押"的政策安排。根据官方解释,法律规定的"融资担保"包含了抵押和质押等情形。如此规定,主要考虑到实践中土地经营权抵押担保融资的情况复杂,操作方式多样,同时各方面对土地经营权的性质认识分歧较大,用"融资担保"概念将抵押和质押等情形都包含其中,既可保持与担保法等法律的一致性,又可规避因概念之争影响立法进程。[2]

进言之,鉴于难以且实际上也不宜对土地经营权的性质作出简单划一的界定,需要根据现实情况予以灵活处理,若为债权性的经营权,可采取质押担保的方式;若为物权性的经营权,则可采取抵押担保的方式。鉴于用以抵押的承包地经营权应具有物权性质,需要配套立法进一步"设定物权性经营权的条件和方式,使经营权中的一部分成为物权性质的经营权"。例如,用流转取得的经营权抵押时,该经营权宜要有较长时间的存续期,经规范的书面合同创

---

〔1〕《农村土地承包法》(2018 年)第 47 条第 1 款规定:"承包方可以用承包地的土地经营权向金融机构融资担保,并向发包方备案。受让方通过流转取得的土地经营权,经承包方书面同意并向发包方备案,可以向金融机构融资担保。"

〔2〕参见刘振伟:《进一步赋予农民充分而有保障的土地权利——关于〈中华人民共和国农村土地承包法修正案(草案)〉的说明》,载《农村工作通讯》2017 年第 21 期;刘振伟:《完善农村集体土地"三权"分置制度》,载《中国人大》2017 年第 21 期。

设,经过合法登记机关的登记。[1] 不过,从目前的理论研究和政策立法情况来看,关于受让方流转取得的土地经营权具体需要满足哪些条件才具备物权性质从而能用来抵押,共识尚未完全达成,需要进一步研究。

五、土地经营权流转的制度框架

在承包地"三权分置"框架下,立足土地经营权这样一项权利的创造性构造,若循着以往土地承包经营权流转的理论分类和制度构造,似乎应将传统的土地承包经营权流转制度转换为土地经营权流转制度,亦即在"土地经营权"之名下,规定土地经营权转让、互换、出租(转包)、入股等流转制度。

不过,理论界提出,转让、互换不发生"三权分置"问题,这主要是考虑转让和互换属于物权性流转,这将产生土地承包经营权移转的法律效果,使承包方丧失土地承包经营权,而这不同于仅仅设置一项土地经营权。[2] 基于这样一种考虑,需要对传统意义上的"流转"制度进行区分式重构。

《农村土地承包法》(2018 年)总体上按照这样一种思路进行了相应的制度设计,确立了"土地承包经营权互换、转让"和"土地经营权流转"并行的制度安排。一方面,仅在家庭承包的土地层面,继续保留了土地承包经营权转让、互换制度;另一方面,在家庭承包的土地和其他方式承包的土地层面,均以"土地经营权"为基本概念构建了相应的"土地经营权流转"法律制度。2020 年通过的《民法典》也进一步吸收、确认了《农村土地承包法》的制度成果。本部分立足相关立法规定,就土地经营权流转制度进行整体性解读。

(一)土地经营权的流转方式

1. 土地经营权的流转方式原则上不包括转让和互换

从《农村土地承包法》(2018 年)的条文规定来看,土地经营权的流转方式原则上不包括转让、互换,而主要体现为出租(转包)、入股、抵押等方式。至少在概念使用上,《农村土地承包法》(2018 年)没有将土地承包经营权转让、互

---

[1] 参见许明月:《农村承包地经营权抵押融资改革的立法跟进》,载《比较法研究》2016 年第 5 期。

[2] 参见高圣平:《论承包地流转的法律表达——以我国〈农村土地承包法〉的修改为中心》,载《政治与法律》2018 年第 8 期。

换纳入“流转”范畴,[1]而仅在土地经营权层面使用了“流转”这样一个上位概念。

例如,《农村土地承包法》(2018 年)第 17 条明确规定承包方享有“依法互换、转让土地承包经营权”“依法流转土地经营权”等权利。第二章第四节的标题直接表达为“土地承包经营权的保护和互换、转让”,在有关条文中也使用的是相应的“转让”“互换”等概念。第二章专设一节即第五节“土地经营权”(第 36 条至第 47 条),其中,第 36 条规定“承包方可以自主决定依法采取出租(转包)、入股或者其他方式向他人流转土地经营权……”第 47 条规定了土地经营权融资担保,根据官方解释,其中包含抵押和质押两种情形,按理论上这也属于广义的土地经营权流转范畴。此外,在第三章“其他方式的承包”中,第 53 条规定,通过其他方式承包农村土地,“经依法登记取得权属证书的,可以依法采取出租、入股、抵押或者其他方式流转土地经营权”。

我国《民法典》在条文规定上也大体沿用了《农村土地承包法》的有关表述。[2] 值得关注的是,无论是《农村土地承包法》还是《民法典》,无论是针对家庭承包的土地还是其他方式承包的土地,在对土地经营权的流转方式进行列举规定时,都没有列举转让、互换这两种方式。根据立法部门专家的解释,“本次修改农村土地承包法,家庭承包和其他方式的承包流转土地经营权的方式都发生了变化。互换、转让都不再属于流转的方式。互换、转让的对象仅限于本集体经济组织内部,互换、转让的内容是承包方的土地承包经营权。土地经营权流转不再有互换、转让这两种形式”[3]。

上述解读是否过于绝对?如果这种解读便是立法者的态度,那么此种制度安排又是否妥当?例如,一个较为显见的问题是,土地经营权再流转也不能采用转让、互换的方式吗?笔者认为,针对《农村土地承包法》有关土地经营权

---

〔1〕《农村土地承包法》(2002 年)明确以土地承包经营权“流转”统称土地承包经营权转让、出租、互换、转让、抵押等诸种方式。根据《农村土地承包法》(2018 年)的规定,严格按字面意思来讲,所谓“转让、互换”都不再属于“流转”的范畴。

〔2〕例如,《民法典》第 334 条规定:“土地承包经营权人依照法律规定,有权将土地承包经营权互换、转让。未经依法批准,不得将承包地用于非农建设。”第 339 条规定:“土地承包经营权人可以自主决定依法采取出租、入股或者其他方式向他人流转土地经营权。”第 342 条规定:“通过招标、拍卖、公开协商等方式承包农村土地,经依法登记取得权属证书的,可以依法采取出租、入股、抵押或者其他方式流转土地经营权。”

〔3〕黄薇主编:《中华人民共和国农村土地承包法释义》,法律出版社 2019 年版,第 220 ~ 221 页。

流转方式的规定,总体上更宜解读为:土地经营权的流转方式原则上不包括转让、互换,尤其是家庭承包方不能采用转让、互换的方式流转土地经营权。此种理解主要是立足条文字面规定作出的一种原则性解读,需要结合政策立法精神做进一步精细化地区分审视。

其一,家庭承包的承包方不能采用转让、互换的方式流转土地经营权。立足农村土地承包法并行设置"土地承包经营权互换、转让""土地经营权流转"的立法设计,如果允许家庭承包的承包方采取转让、互换的方式流转土地经营权,将导致丧失土地承包经营权的实质后果,立法上特别保留土地承包经营权互换、转让这一制度安排也将失去意义。

其二,以其他方式承包的承包方应该允许采用转让、互换的方式流转土地经营权。仅从《农村土地承包法》(2018 年)第 53 条的条文规定来看,以其他方式承包的承包方不能采用转让、互换的方式流转土地经营权。全国人大常委会法工委专家编写的法律释义针对该条文特别说明,"本次修改农村土地承包法,家庭承包和其他方式的承包流转土地经营权的方式都发生了变化。互换、转让都不再属于流转的方式……土地经营权流转不再有互换、转让这两种形式。故本次农村土地承包法修改在本条文中不再规定转让为流转的方式之一"[1]。笔者认为,此种制度安排值得商榷。在政策和立法考量上,相对于家庭承包土地,其他方式承包的土地并不负担或者说并未被课以对农民的基本生活保障功能。2018 年修改《农村土地承包法》时特别将通过其他方式承包取得的土地权利名称由"土地承包经营权"修改为"土地经营权",就是考虑"其他方式的承包不涉及社会保障因素,主体不限于本集体经济组织内部成员,权利性质上也不同于土地承包经营权,应当对此加以区分"[2]。析言之,将通过其他方式承包取得的权利调整为"土地经营权"就是要淡化其身份权属性,强化其财产权属性,为"放活土地经营权"奠定制度基础。循此逻辑,在新的农村土地承包法中,对其他方式承包的土地经营权流转的限制应该更少才是。在旧法中,以其他方式承包的承包方尚且可以采用转让这一流转方式,如今却不可以,在某种程度上可以说是一种立法的倒退。结合"放活土地经营权"的改革

---

[1] 黄薇主编:《中华人民共和国农村土地承包法释义》,法律出版社 2019 年版,第 220~221 页。
[2] 黄薇主编:《中华人民共和国农村土地承包法释义》,法律出版社 2019 年版,第 210 页。

精神，特别是考虑其他方式承包土地上的土地经营权流转并不会出现无法保证农户承包权的问题，应当允许这类土地经营权以转让方式进行流转。此外，既然应该允许转让，自然也应允许互换。

其三，土地经营权再流转原则上应该可以采用转让、互换的方式。通过流转取得土地经营权的受让方能否采取转让、互换的方式再流转土地经营权，立法未予明确规定，但结合政策精神，同样有较大解释空间。对于家庭承包土地上的土地经营权，理论上讲，土地经营权再流转并不涉及土地承包关系的变化，不存在无法保证农户承包权的问题，原则上应当准予受让方采用转让、互换的方式进行再流转。至于以其他方式承包的土地，土地经营权再流转更不涉及农户承包权的问题，也应允许以转让、互换方式流转。不过，从实践层面来看，受制于初次流转的形式，尤其是流转期限限制，即便名义上允许以转让、互换等形式实施再流转，又有何实质意义，尚值得观察。

2. 土地经营权流转可区分为初次流转和再流转

在家庭承包土地上，土地经营权初次流转，也可称为创设土地经营权。例如，《农村土地承包法》(2018 年)第 9 条规定："承包方承包土地后，享有土地承包经营权，可以自己经营，也可以保留土地承包权，流转其承包地的土地经营权，由他人经营。"第 17 条规定，承包方享有"依法流转土地经营权"的权利。第 36 条规定："承包方可以自主决定依法采取出租(转包)、入股或者其他方式向他人流转土地经营权，并向发包方备案。"这些条文中的"流转"均是通常所谓之初次流转，即由承包方手中流向他人。但从另一个视角来看，这些条文中的"流转"亦具有创设之义，即承包方向他人流转土地经营权实际上是创设一项土地经营权。按有关学者的解读，土地经营权流转或者说流转土地经营权，可以解释为基于流转才派生出土地经营权。[1] 诚如前述，在承包地不发生流转时并不发生权利分置，承包方享有的土地权利呈现为"土地承包经营权"；当承包地发生流转时，土地承包经营权人为他人设置一项权利——土地经营权。受让方通过流转方式取得土地经营权后，再将该项土地经营权流转给他人，则称为再流转。《农村土地承包法》(2018 年)第 46 条就此作了原则规定并明确

---

〔1〕 参见高海：《"三权"分置的法构造——以 2019 年〈农村土地承包法〉为分析对象》，载《南京农业大学学报(社会科学版)》2019 年第 1 期。

使用了“再流转”概念。[1]

3. 土地经营权流转可区分为物权性流转和债权性流转

根据《农村土地承包法》(2018 年)有关土地经营权流转和土地承包经营权转让、互换区分设置的制度安排,似乎土地经营权流转都属于债权性流转,由此生成的土地经营权均为债权。就此,前已述及,土地经营权的性质不能简单定性为债权或物权,而是需要结合流转方式区别对待。而土地经营权的流转方式,同样需要结合家庭承包和其他方式承包、初次流转和再流转等区分而精细化审视。基于以上认知,土地经营权流转实际上仍可进一步区分为物权性流转和债权性流转。

土地经营权出租(转包)属于债权性流转,应该说并无争议。对于土地经营权入股究竟是债权性流转还是物权性流转,长期存在分歧,可以说至今尚未完全形成共识。[2] 从理论上讲,按照公司法等领域的传统理论,入股属于物权性流转,因为用以作价出资的非货币财产必须“可以依法转让”,也即以土地经营权入股意味着要将土地经营权“转让”给公司。不过,这又面临《农村土地承包法》上的制度障碍。现实中,土地经营权入股很大程度上已经异化,不能简单套用传统的入股理论和制度框架,而是需要结合具体案例加以具体分析。循此,土地经营权入股究竟是债权性流转还是物权性流转,可能也不宜作出绝对化的定性。

此外,在承包方抵押情形中,承包方以承包地的土地经营权抵押,涉及土地经营权创设,诚如前述,可称为特殊的初次流转。鉴于只有物权才能设置抵押,因此宜将其中发生的土地经营权创设(初次流转)定性为物权性流转。

最后,立法没有对土地经营权再流转的方式作出明确规定,是否包括转让、互换等传统意义上物权性流转方式尚有争议。前已述及,从理论上来讲,鉴于再次流转不涉及土地承包关系的变动,不会发生无法保证承包方的土地承包权问题,宜允许采用这些方式进行再流转。在此基础上,土地经营权再流

---

〔1〕《农村土地承包法》(2018 年)第 46 条规定:“经承包方书面同意,并向本集体经济组织备案,受让方可以再流转土地经营权。”

〔2〕参见宋志红:《土地承包经营权入股的法律性质辨析》,载《法学杂志》2010 年第 5 期;高海:《土地承包经营权入股的法律性质探析》,载《法学论坛》2011 年第 3 期;温世扬、张永兵:《土地承包经营权入股之法律性质辨析》,载《河南财经政法大学学报》2014 年第 1 期;王琳琳:《土地经营权入股法律问题研究》,载《中国政法大学学报》2020 年第 6 期。

转也可区分为债权性流转和物权性流转。

(二)土地经营权流转的基本准则

《农村土地承包法》(2018年)第38条专门规定了土地经营权流转应当遵循的原则,包括五项:一是,依法、自愿、有偿,任何组织和个人不得强迫或者阻碍土地经营权流转;二是,不得改变土地所有权的性质和土地的农业用途,不得破坏农业综合生产能力和农业生态环境;三是,流转期限不得超过承包期的剩余期限;四是,受让方须有农业经营能力或者资质;五是,在同等条件下,本集体经济组织成员享有优先权。该规定基本上延续了旧法有关土地承包经营权流转原则的规定,[1]只是在个别地方作了调整,并将其转换为"三权分置"框架下"土地经营权流转"的原则。

基于对土地经营权流转原则的规定进一步审视、提炼,土地经营权流转实质上遵循以下两条基本准则:一是,在坚持市场决定性作用基础上予以适度的国家干预;二是,在尊重当事人基本权益基础上最大限度地实现利益兼顾。这两条基本准则在形式上独立,但在实践运行中相互交织而融为一体。

1. 坚持市场的决定性作用和尊重流转当事人的基本权益

总体来说,承包地"三权分置"改革的初衷,即在保护农民对农村土地既得利益的前提下,强化农地资源市场化配置,保障农地资源的充分利用;为了实现这一目标,本次改革主要是通过赋予土地经营权独立地位和高度流动性,使土地经营权流转成为市场化配置农地资源的基本手段,在此基础上建立一个土地经营权市场,成为市场化配置农地资源的基本形式。[2] 使土地经营权流转成为市场化配置农地资源的基本手段,或者说建立土地经营权市场,首先要树立的一个理念便是党的十八届三中全会通过的《中共中央关于全面深化改革若干重大问题的决定》提出的"使市场在资源配置中起决定性作用"。2021年出台的《乡村振兴促进法》在规定全面实施乡村振兴战略所需要遵循的原则

---

〔1〕《农村土地承包法》(2002年)第33条规定:"土地承包经营权流转应当遵循以下原则:(一)平等协商、自愿、有偿,任何组织和个人不得强迫或者阻碍承包方进行土地承包经营权流转;(二)不得改变土地所有权的性质和土地的农业用途;(三)流转的期限不得超过承包期的剩余期限;(四)受让方须有农业经营能力;(五)在同等条件下,本集体经济组织成员享有优先权。"

〔2〕参见许明月:《论农村土地经营权市场的法律规制》,载《法学评论》2021年第1期。

时,也明确将"充分发挥市场在资源配置中的决定性作用"写入其中。[1]

在土地经营权流转中,坚持市场的决定性作用,核心要义便是充分尊重当事人的基本权益,允许当事人依法自主配置相互之间的权益,任何组织或者个人不得强迫或者阻碍土地经营权的流转。

例如,《完善三权分置意见》把"尊重农民意愿"明确列为完善"三权分置"应当遵循的第一项基本原则。[2]《农村土地承包法》(2018 年)第 38 条规定的土地经营权流转应当遵循的第一项原则就是"依法、自愿、有偿,任何组织和个人不得强迫或者阻碍土地经营权流转"。就此,最高人民法院《关于审理涉及农村土地承包纠纷案件适用法律问题的解释》(以下简称《土地承包纠纷司法解释》)(2020 年修正)[3]第 12 条还特别规定:"发包方胁迫承包方将土地经营权流转给第三人,承包方请求撤销其与第三人签订的流转合同的,应予支持。发包方阻碍承包方依法流转土地经营权,承包方请求排除妨碍、赔偿损失的,应予支持。"

又如,《农村土地承包法》(2018 年)也特别强调了对土地经营权人的权益保护。其第 37 条专门规定:"土地经营权人有权在合同约定的期限内占有农村土地,自主开展农业生产经营并取得收益。"第 42 条专门就土地经营权流转合同单方解除权作出规定,[4]着重通过限制承包方的单方解除权,规范农户随意收回土地经营权的行为,进而保护土地经营权人通过流转合同取得的土地经营权。[5]

此外,《农村土地承包法》(2018 年)第 39 条关于土地经营权流转价款的规

---

[1] 《乡村振兴促进法》第 4 条第 4 项规定:"坚持改革创新,充分发挥市场在资源配置中的决定性作用,更好发挥政府作用,推进农业供给侧结构性改革和高质量发展,不断解放和发展乡村社会生产力,激发农村发展活力。"

[2] 《完善三权分置意见》指出:"尊重农民意愿。坚持农民主体地位,维护农民合法权益,把选择权交给农民,发挥其主动性和创造性,加强示范引导,不搞强迫命令、不搞一刀切。"

[3] 《土地承包纠纷司法解释》于 2005 年 7 月 29 日发布,2005 年 9 月 1 日起实施;2020 年 12 月 23 日最高人民法院审判委员会第 1823 次会议通过《关于修改〈最高人民法院关于在民事审判工作中适用《中华人民共和国工会法》若干问题的解释〉等二十七件民事类司法解释的决定》,并于 2021 年 1 月 1 日起施行。本书以"《土地承包纠纷司法解释》(2005 年)"指向修正前的司法解释,以"《土地承包纠纷司法解释》(2020 年)"指向修正后的司法解释。

[4] 《农村土地承包法》(2018 年)第 42 条规定:"承包方不得单方解除土地经营权流转合同,但受让方有下列情形之一的除外:(一)擅自改变土地的农业用途;(二)弃耕抛荒连续两年以上;(三)给土地造成严重损害或者严重破坏土地生态环境;(四)其他严重违约行为。"

[5] 参见黄薇主编:《中华人民共和国农村土地承包法释义》,法律出版社 2019 年版,第 182 页。

定、第40条关于土地经营权流转合同的规定、第41条关于土地经营权登记的规定、第43条关于土地经营权受让方可以依法投资并获得补偿的规定、第46条关于土地经营权再流转的规定、第47条关于土地经营权融资担保的规定，基本上都体现出了充分尊重当事人意思自治的精神。例如，土地经营权流转的价款应当由当事人协商确定；《农村土地承包法》仅规定了土地经营权流转合同的形式和主要条款，至于具体内容由当事人协商确定，而且代耕可以不签书面合同；土地经营权登记采用自愿登记模式，实行登记对抗主义；[1]经承包方同意，受让方可以依法投资改良土壤，建设农业生产附属、配套设施，并按照合同约定对其投资部分获得合理补偿，等等。

值得特别指出的是，有的制度安排虽然从宏观上看体现为一种干预措施，但在很大程度上恪守了干预的谦抑性，或者说嵌入了充分尊重当事人意思自治的精神。例如，土地经营权登记采用自愿登记模式，实行登记对抗主义，便属于此种类型的制度安排。又如，《农村土地承包法》规定，土地经营权流转需向发包方备案。但是，即便当事人不向发包方备案，国家也并不否定该项流转合同的效力。[2]

2. 国家适度干预与最大限度实现利益兼顾

“市场在资源配置中起决定性作用，并不是起全部作用。”[3]土地经营权市场与其他市场一样，也存在市场失灵问题，而且农地资源承载着诸多特殊的功能，关涉重大社会利益，因此必须予以适度的国家干预。[4]

从广义上讲，凡是国家对经济社会生活的介入，如民事立法，都属于国家干预的范畴。但是，从规范和严格意义上讲，国家干预指向的是国家为了实现个体意思自治难以及时、有效达成的公共目标而对社会生活进行的介入活动。

---

〔1〕《农村土地承包法》(2018年)第41条规定：“土地经营权流转期限为五年以上的，当事人可以向登记机构申请土地经营权登记。未经登记，不得对抗善意第三人。”

〔2〕《土地承包纠纷司法解释》(2020年)第14条规定：“承包方依法采取出租、入股或者其他方式流转土地经营权，发包方仅以该土地经营权流转合同未报其备案为由，请求确认合同无效的，不予支持。”《土地承包纠纷司法解释》(2005年)第14条规定：“承包方依法采取转包、出租、互换或者其他方式流转土地承包经营权，发包方仅以该土地承包经营权流转合同未报其备案为由，请求确认合同无效的，不予支持。”

〔3〕习近平：《关于〈中共中央关于全面深化改革若干重大问题的决定〉的说明》，载《求是》2013年第22期。

〔4〕参见许明月：《论农村土地经营权市场的法律规制》，载《法学评论》2021年第1期。

通常情形下,国家干预主要由政府具体实施,因而也被称为“政府干预”。[1]

首先,从干预主体的角度来看,在土地经营权流转领域,国家干预虽然在某种程度上也主要体现为政府干预,[2]但同时存在一种较为特殊且不容忽视的干预类型——集体干预或者说集体管理。[3] 在一定意义上,也可以说国家综合运用政府干预和集体干预这两种手段对土地经营权流转进行干预,以保障政策立法目标的实现。

例如,农地尤其是耕地用途管制、土地经营权流转登记、社会资本通过流转取得土地经营权的资格审查和项目审核等制度安排,主要体现为政府干预。土地经营权流转、融资担保需向发包方(本集体经济组织)备案;[4]对于社会资本通过流转取得土地经营权,本集体经济组织可以收取适量管理费用[《农村土地承包法》(2018 年)第 45 条第 2 款];在土地经营权人擅自改变土地的农业用途等情形下,若承包方在合理期限内不解除土地经营权流转合同,发包方有权要求终止合同。[5] 这些则属于集体管理范畴。其中,可以较为显见地看到,为了落实农地尤其是耕地保护政策,国家在制度安排上便强而有力地综合运用了政府干预和集体干预的手段。

其次,着眼国家干预的边界来看,从一般意义上来讲,适度干预,是指国家在经济自主和国家统制的边界条件或临界点上所作的一种介入状态。[6] 通俗地讲,便是不多不少、不偏不倚地干预。在市场经济条件中,国家适度干预与市场决定性原则可谓“一体两面”的关系。其主要包括以下基本内涵:其一,优先发挥市场机制的作用,国家干预应局限于市场失灵的边界当中,若不存在市场失灵则不进行干预。其二,即便存在市场失灵,国家干预也要恪守谦抑:一方面,应优先鼓励内嵌于市场机制的干预措施;另一方面,当市场失灵

---

〔1〕 参见卢代富:《经济法中的国家干预解读》,载《现代法学》2019 年第 4 期。

〔2〕 参见《农村土地经营权流转管理办法》第五章“流转管理”。该章共有 13 条,从条文规定便可看到大量政府管理职责的规定。

〔3〕 参见谭贵华:《“三权分置”背景下土地承包经营权转让管理制度的调适》,载刘云生主编:《中国不动产法研究》2017 年第 1 辑,法律出版社 2017 年版,第 196 页。

〔4〕 参见《农村土地承包法》(2018 年)第 36 条、第 46 条、第 47 条。

〔5〕 《农村土地承包法》(2018 年)第 64 条规定:“土地经营权人擅自改变土地的农业用途、弃耕抛荒连续两年以上、给土地造成严重损害或者严重破坏土地生态环境,承包方在合理期限内不解除土地经营权流转合同的,发包方有权要求终止土地经营权流转合同。土地经营权人对土地和土地生态环境造成的损害应当予以赔偿。”

〔6〕 参见李昌麒主编:《经济法学》(第 3 版),法律出版社 2016 年版,第 55 页。

已克服,国家干预手段则应弱化或退出。其三,在经验和理性无法判断某一领域是否市场失灵时,应优先假设市场未发生失灵,而暂不进行国家干预。[1] 应该说,这些原理或理念,为厘定国家干预的边界提供了基本遵循,它们同样适用于土地经营权流转领域或者说土地经营权市场的国家干预活动。

若要进一步具体回应,国家干预的边界究竟止于何处,则可谓见仁见智,且需要具体问题具体分析。例如,有学者基于消费者的选择权对政府干预的边界进行解释,消费者选择权的实现程度是政府干预权力边界的表征。消费者具有完全的选择权意味着政府应远离微观市场,消费者具有限制性的选择权意味着政府的监管以及反行政垄断的任务,而在消费者无选择权的情况下政府干预就没有边界。[2] 这对于探讨土地经营权市场的国家干预边界亦具有启示意义。

在土地经营权流转中,如果说坚持市场决定性作用的核心要义是充分尊重流转当事人的基本权益,允许当事人依法自主配置相互之间的权益,那么国家适度干预的根本旨向便在于最大限度实现利益兼顾。这里所谓要兼顾的利益主要体现为国家利益、社会公共利益、集体利益、集体其他成员利益。当事人意思自治所能达到的利益兼顾程度,可作为国家干预边界的表征。如果当事人意思自治能够实现土地权益合理配置,不产生负外部性,不会损害国家利益、社会公共利益、集体利益、集体其他成员利益,则不需要国家干预;否则,就需要国家干预。当事人意思自治所能达到的利益兼顾程度越高,国家干预的力度就越低。

《农村土地承包法》的有关规定便体现了此种精神。[3] 例如,土地经营权流转不得改变土地的农业用途,不得破坏农业综合生产能力和农业生态环境,

---

〔1〕 参见《经济法学》编写组编:《经济法学》(第2版),高等教育出版社2018年版,第56页。

〔2〕 参见肖顺武:《政府干预的权力边界研究——以消费者选择权为分析视角》,载《现代法学》2013年第1期。

〔3〕 参见《农村土地承包法》(2018年)第38条;《农村土地经营权流转管理办法》第3条规定:"土地经营权流转不得损害农村集体经济组织和利害关系人的合法权益,不得破坏农业综合生产能力和农业生态环境,不得改变承包土地的所有权性质及其农业用途,确保农地农用,优先用于粮食生产,制止耕地'非农化'、防止耕地'非粮化'。"

这项规定旨在保障国家粮食安全,贯彻绿色发展原则,[1]彰显对国家利益和社会公共利益的维护。又如,土地经营权流转、融资担保需向发包方备案;土地经营权流转时,在同等条件下,本集体经济组织成员享有优先权。这些规定旨在保障集体、集体其他成员利益。

最后,从干预的阶段性来看,国家干预也可分为事前干预、事中干预和事后干预。在土地经营权流转中,这三类干预都存在。不过,值得特别关注的是,着眼于风险防范,近年来国家日益重视事前干预,特别是针对工商企业(资本)租赁农地行为。例如,早在2013年中央一号文件《中共中央 国务院关于加快发展现代农业 进一步增强农村发展活力的若干意见》中便明确提出"探索建立严格的工商企业租赁农户承包耕地(林地、草原)准入和监管制度"。《农村土地承包法》(2018年)第45条特别新增规定:"县级以上地方人民政府应当建立工商企业等社会资本通过流转取得土地经营权的资格审查、项目审核和风险防范制度。工商企业等社会资本通过流转取得土地经营权的,本集体经济组织可以收取适量管理费用。具体办法由国务院农业农村、林业和草原主管部门规定。"

其中最受关注的是工商企业等社会资本通过流转取得土地经营权的资格审查、项目审核,究竟是何种法律性质?如何开展?为了落实新修正的《农村土地承包法》(2018年),农业农村部启动《农村土地承包经营权流转管理办法》(2005年)的修订工作,于2019年9月形成了《农村土地经营权流转管理办法(修订草案征求意见稿)》。该文本对社会资本流转取得土地经营权的资格审查、项目审核等作了较为具体的规定。2021年1月,农业农村部正式出台了《农村土地经营权流转管理办法》。相较草案,该办法有关土地经营权流转审查审核的规定更为精练,一些具体规则也更为清晰、合理。

不过,总体而言,既有立法有关土地经营权流转审查审核的规定较为原则,更多是确立了一个基本的制度框架,在不少问题上也未提供清晰无疑的规则。立法之所以如此安排,很大程度上是考虑到各地方差异较大,不宜在全国层面的立法中作出过细而简单划一的规定。同时,在笔者来看,对该制度的定位不够明晰也是一个不容忽视的原因。不论如何,可以肯定的是,既有立法尚

[1] 参见黄薇主编:《中华人民共和国农村土地承包法释义》,法律出版社2019年版,第165页。

不能为各地实践操作提供足够的制度供给，仍需立足实际进一步完善具体规则。《农村土地经营权流转管理办法》第 32 条也明确规定，县级以上地方政府可以结合当地实际制定相应的实施细则。[1]

[1] 《农村土地经营权流转管理办法》第 32 条规定："县级以上地方人民政府可以根据本办法，结合本行政区域实际，制定工商企业等社会资本通过流转取得土地经营权的资格审查、项目审核和风险防范实施细则。"

第二章 土地经营权出租法律制度

无论是在“三权分置”改革前的“土地承包经营权流转”制度框架下，还是在“三权分置”改革后的“土地经营权流转”制度框架下，出租（转包）都是最为典型、常见的流转方式。[1] 总体来看，我国《农村土地承包法》《民法典》等立法直接或间接对土地经营权出租作了不少规定，为此种流转方式确立了较为具体的制度安排。尽管如此，现实中土地经营权出租中的矛盾纠纷仍较为突出，涉及出租的界定（认定）、主体资格、期限、租金、用途管制（土地生态保护）、征地补偿费的分配等不同层面的问题。鉴于实践中呈现的问题具有多样性，本书难以面面俱到，是故着重选择在土地经营权出租纠纷中具有较强代表性且既有立法、司法解释尚不能很好回应的三个突出问题展开探讨。

需要说明的是，即便实行“三权分置”的制度架构后，理论和实践中仍有不少沿用“土地承包经营权出租”或“土地承包经营权转包”等表述的情况，而且《农村土地承包法》和《民法典》在土地经营权出租的概念使用上也不尽相同。为了行文方便和简洁，下文原则上以土地经营权出租进行论述，但有时也照顾语境混用土地经营权出租（转包）、土地承包经营权出租、土地承包经营权转包等概念。

---

〔1〕《农村土地承包法》（2018 年）使用了“出租（转包）”的表述，而《民法典》则仅表述为“出租”；对于这个表述，人们的认知也不同。出于行文简洁的考虑，笔者原则上使用“出租”这一表述，但也根据语境混合使用“出租（转包）”“转包”等概念。

一、土地经营权出租的界定

土地经营权出租究竟具有何种含义？出租与转包是何种关系？“出租（转包）”这一立法表述上的技术处理有何种意义？实践中如何准确认定当事人采取的究竟是出租（转包）还是转让等其他流转形式？针对这些问题，虽然理论与实务界不同程度地作了回应，但仍存在不少疑问。本部分结合立法调整和司法实践情况作进一步探讨。

（一）出租与转包

《农村土地承包法》（2002 年）将“转包”“出租”并列规定为家庭承包领域的土地承包经营权的流转方式。[1] 此种规定方式遭受了不少诟病。主要理由在于，就法律性质而言，转包与出租并无实质区别，将二者并列规定为两种流转方式不符合法律逻辑。

原农业部 2005 年制定的《农村土地承包经营权流转管理办法》（已失效）第 35 条对“转包”“出租”等流转方式的含义作了界定。据其界定，“转包是指承包方将部分或全部土地承包经营权以一定期限转给同一集体经济组织的其他农户从事农业生产经营”。而“出租是指承包方将部分或全部土地承包经营权以一定期限租赁给他人从事农业生产经营”。不过，无论是转包还是出租之后，原土地承包关系都不变，原承包方继续履行原土地承包合同规定的权利和义务。[2] 《农村土地承包法》（2018 年）也特别明确规定，无论承包方采用何种方式流转土地经营权，其与发包方的承包关系不变。

从形式上看，转包与出租呈现一定的差异，核心在于前者的受让方（接包方）限于本集体经济组织的其他农户，而后者则没有此种限制。然而，这种差异在很大程度上是立法技术层面刻意塑造的结果，无论是在制度安排上还是

---

〔1〕 例如，《农村土地承包法》（2002 年）第 32 条规定：“通过家庭承包取得的土地承包经营权可以依法采取转包、出租、互换、转让或者其他方式流转。”对于“其他方式承包”领域的土地承包经营权流转方式，《农村土地承包法》没有同时列举规定“转包”“出租”，而只是规定了其中的“出租”。第 49 条规定：“通过招标、拍卖、公开协商等方式承包农村土地，经依法登记取得土地承包经营权证或者林权证等证书的，其土地承包经营权可以依法采取转让、出租、入股、抵押或者其他方式流转。”

〔2〕 《农村土地承包经营权流转管理办法》（2005 年）第 16 条规定：“承包方依法采取转包、出租、入股方式将农村土地承包经营权部分或者全部流转的，承包方与发包方的承包关系不变，双方享有的权利和承担的义务不变。”

实践操作中并没有什么实质意义。[1]

据有关学者的考证,土地承包经营权“转包”是为了突破或者说规避《宪法》及土地管理规范关于土地使用权“出租”的禁止性规定而创设的用语。[2] 土地使用权“出租”解禁后,相关规范转而承认并允许土地承包经营权“转包”与“出租”并存。[3] 基于路径依赖或者说受惯性影响,《农村土地承包法》(2002 年)在确认土地承包经营权流转基本法律制度时,将“转包”和“出租”并列规定为土地承包经营权的流转方式。很大程度上,为了顺应这种“既成事实”,贯彻者不得不在技术层面刻意对二者的语义作出适当界定。

尽管立法将“转包”“出租”予以并列规定,且赋予不同含义,但是在流转期限、条件、程序和流转管理等具体制度安排上却没有什么实质性的区别设计。即便是名义上抑或说形式上的区分,在实践中也并没有得到很好的遵行。流转当事人通常不会抠字眼,刻意区分转包合同或出租合同。

司法实践中,虽然最高人民法院在民事案件案由层面区分设置了“土地承包经营权转包合同纠纷”和“土地承包经营权出租合同纠纷”,[4] 但具体到个案则并不一定被严格执行,即未根据受让方的身份情况对转包和出租予以严格区分。[5] 例如,在马某某与张某某土地承包经营权转包合同纠纷案中,[6] 判决书将案由定为“土地承包经营权转包合同纠纷”,但是在裁判说理中通篇都是以“出租”“转租”行文,且也未见当事人(受让方)的身份属于本集体经济

---

〔1〕 例如,陈小君教授指出,《农村土地承包法》等法律法规中出现的转包与出租两种方式,事实上存在竞合关系,其实质都是债权性的土地租赁,无论在理论上还是在实践中都没有多大的区分意义。参见陈小君:《我国农村土地法律制度变革的思路与框架——十八届三中全会〈决定〉相关内容解读》,载《法学研究》2014 年第 4 期。

〔2〕 《宪法》(1993 年)第 10 条第 4 款和《土地管理法》(1986 年)第 2 条第 2 款均规定,任何组织或者个人不得侵占、买卖、出租或者以其他形式非法转让土地。

〔3〕 参见魏振华:《土地承包经营权“转包”与“出租”流变考》,载《财经法学》2017 年第 2 期。

〔4〕 参见最高人民法院发布的《民事案件案由规定》(2011 年修改)第 119 条“农村土地承包合同纠纷”之第 1 项和第 6 项。此外,以“经营权转包”“经营权出租”作为关键词,在北大法宝、中国裁判文书网检索,均能检索到大量案件。

〔5〕 也有法官予以细致区分,严格执行。例如,在孙某某、杜某某土地承包经营权出租合同纠纷案中,一审法院特别阐释道:“转包”是指承包方将土地承包经营权在本集体经济组织内部农户之间的流转方式,“出租”是指承包方与本集体经济组织以外的单位或个人流转土地经营权的方式。杜某某、孙某某签订的“承包合同”以及孙某某与念某某(第三人)签订的“转包合同协议书”均实为土地承包经营权出租合同,其合同中的承包费应按租金对待,故本案的案由应为土地承包经营权出租合同纠纷。参见山东省聊城市中级人民法院民事判决书,(2019)鲁 15 民终 3520 号。

〔6〕 参见浙江省嘉兴市中级人民法院民事判决书,(2019)浙 04 民终 1455 号。

组织成员。

虽然理论界也有不少人立足政策立法规定支持并着力论证转包和出租是相互区别的流转方式,[1]但主流观点坚持认为,从法律层面而言,转包的性质实质上就是出租,而且出租是更为妥适、规范的法律表达方式。从这个角度出发,在流转的法律形式上,就"转包""出租"这二者间,只需保留"出租"即可。

《农村土地承包法》(2018年)总体上吸纳了前述主流观点,但又考虑实践中已习惯将集体组织内部成员之间的承包地租赁关系称为转包,[2]因此最终在立法表述中作了一个折中处理,即将原来并列规定的"转包""出租"两种流转方式合并为"出租(转包)"。初看,这种规定方式比之前的规定在表达逻辑上要相对合理些,但是从法律规范层面来看也不多见,其问题主要是,除了法律表达上不够简洁,在法律概念使用上也不够周延,徒增理解和实施中的麻烦,如实施中可能难免又需要适当变通。

具体来看,在"家庭承包"领域和"其他方式承包"领域的土地经营权流转方式中,《农村土地承包法》(2018年)分别使用了"出租(转包)""出租"这两个概念。既然立法上使用不同概念,二者的含义应该有所不同,甚至可能给人造成一种误解,即"出租(转包)"以括号的形式特别备注了一个"转包"应该特指转包意义上的出租,也即本集体经济组织内部成员之间的租赁。然而实际上这些都不符合立法本意。2021年农业农村部出台的《农村土地经营权流转管理办法》第14条第2款对"出租(转包)"特别进行了界定:"出租(转包),是指承包方将部分或者全部土地经营权,租赁给他人从事农业生产经营。"[3]从该界定可以看出,"出租(转包)"的含义与"出租"并无区别,均指一般所谓的租赁。

鉴于《农村土地承包法》(2018年)有关"出租(转包)"的规定仍存有一定的缺陷,我国《民法典》在规定土地经营权的流转方式时作了进一步优化,没有

---

[1] 参见丁关良:《土地承包经营权转包有关法律问题的探讨》,载《南京农业大学学报(社会科学版)》2010年第4期。

[2] 参见黄薇主编:《中华人民共和国农村土地承包法释义》,法律出版社2019年版,第151页。

[3] 《农村土地经营权流转管理办法(修订草案征求意见稿)》(2019年)第17条第4款拟规定,"出租(转包),是指承包方或受让方将部分或全部土地经营权,在一定期限内租赁给他人从事农业生产经营的方式"。

再使用“出租(转包)”的用语,而是统一使用“出租”这一概念。[1] 这无疑是立法技术上的进步。

根据《民法典》等法律规定,2020 年最高人民法院对《民事案件案由规定》亦作了相应修改,其中将原来的第三级案由“农村土地承包合同纠纷”修改为“土地承包经营权合同纠纷”,并在该项下删去了原来的一项第四级案由“土地承包经营权转包合同纠纷”,同时将原来的一项第四级案由“土地承包经营权出租合同纠纷”变更为“土地经营权出租合同纠纷”。[2] 可以想见,此项修改将为相应的案件管理和司法裁判省却麻烦,如不用为了形式上区分出租与转包、出租(转包)与出租而在裁判中就案由进行阐释说理,浪费人力成本。

例如,在王某某与傅某某土地承包经营权出租合同纠纷案中,二审法院特别阐释,根据《农村土地承包法》(2002 年)第 32 条和第 49 条规定,仅通过家庭承包取得的土地承包经营权可以依法转包,通过其他方式承包取得的土地承包经营权无法通过转包的方式流转。该案中,被上诉人系通过家庭承包之外的其他方式取得涉案土地的承包经营权,故诉讼双方间无法建立合法的土地承包经营权转包合同关系。但被上诉人事实上向上诉人转移了涉案土地的占有和使用,并收取了相应对价,符合前述规定的土地承包经营权出租的特征。双方在土地承包经营权出租期间产生纠纷,案由应当确定为土地承包经营权出租合同纠纷。[3] 应当说,在裁判文书中形成这样一段论述多少要耗费一些时间和精力,由此反映出的法官工作细致、认真固然特别值得肯定,但该论述对于案件审理裁判并无实质意义。

此外,为了加强土地经营权流转管理,引导和规范农村土地经营权流转行为,减少合同纠纷隐患,2021 年农业农村部和国家市场监督管理总局联合制定了《农村土地经营权出租合同(示范文本)》。[4] 该示范文本在名称上和条文

---

〔1〕《民法典》第 339 条规定:“土地承包经营权人可以自主决定依法采取出租、入股或者其他方式向他人流转土地经营权。”第 342 条规定:“通过招标、拍卖、公开协商等方式承包农村土地,经依法登记取得权属证书的,可以依法采取出租、入股、抵押或者其他方式流转土地经营权。”

〔2〕参见最高人民法院《关于印发修改后的〈民事案件案由规定〉的通知》(法〔2020〕347 号)。

〔3〕参见山东省滨州市中级人民法院民事判决书,(2017)鲁 16 民终 2037 号。

〔4〕参见农业农村部、国家市场监督管理总局《关于印发〈农村土地经营权出租合同(示范文本)〉和〈农村土地经营权入股合同(示范文本)〉的通知》(农政改发〔2021〕3 号)。

中都只使用了"出租""出租方""承租方""租赁"等措辞，仅在"使用说明"第一条中提及"转包"，即"本合同为示范文本……供农村土地（耕地）经营权出租（含转包）的当事人签订合同时参照使用"。这种实践操作安排，并未拘泥立法上的有关措辞，在不影响意思表达的前提下化繁就简，也特别值得肯定。

（二）出租与转让

从一般语义和法律条文规定来看，出租与转让的区别明显。例如，据《农村土地承包法》（2002 年）第 37 条和《农村土地承包经营权流转管理办法》（2005 年）第 35 条等的规定，土地承包经营权出租和转让至少有以下两点重要区别：(1) 前者只需报发包方备案，无须经发包方同意；后者则须经发包方同意，否则转让合同无效。[1] (2) 前者不导致原土地承包关系终止，后者则导致原土地承包关系终止。[2]

根据《农村土地承包法》（2018 年）和《民法典》等的规定，承包方只能采取出租、入股等方式流转土地经营权，其中不含转让；转让只适用于一种情形，即家庭承包的承包方将土地承包经营权转让给本集体经济组织的其他农户。[3] 除此之外，前述旧法有关土地承包经营权出租和转让的两点区别亦适用于新法中的土地经营权出租与土地承包经营权转让。[4]

但实践中，土地（承包）经营权出租与转让并非泾渭分明，当事人名义上订立转让或是其他形式的合同，从法律层面来看，究竟应认定为出租还是转让或是其他形式的合同有时会成为案件争议的焦点。

案例一：刘某某与关某某等土地承包经营权出租合同纠纷案。[5] 案外人

---

〔1〕《土地承包纠纷司法解释》（2005 年）第 13 条规定："承包方未经发包方同意，采取转让方式流转其土地承包经营权的，转让合同无效。但发包方无法定理由不同意或者拖延表态的除外。"

〔2〕这些规定针对的是承包方流转土地承包经营权（初次流转）这一情形，其中《农村土地承包法》（2002 年）第 37 条还只是针对家庭承包的土地承包经营权流转作出的规定。

〔3〕《农村土地承包法》（2018 年）第 34 条规定："经发包方同意，承包方可以将全部或者部分的土地承包经营权转让给本集体经济组织的其他农户，由该农户同发包方确立新的承包关系，原承包方与发包方在该土地上的承包关系即行终止。"第 36 条规定："承包方可以自主决定依法采取出租（转包）、入股或者其他方式向他人流转土地经营权，并向发包方备案。"

〔4〕《土地承包纠纷司法解释》（2020 年）第 13 条规定："承包方未经发包方同意，转让其土地承包经营权的，转让合同无效。但发包方无法定理由不同意或者拖延表态的除外。"《农村土地承包法》（2018 年）第 44 条规定："承包方流转土地经营权的，其与发包方的承包关系不变。"

〔5〕参见广东省广州市中级人民法院民事判决书，(2019) 粤 01 民再 86 号。

本村村民林某友、林某强承包某村某社约80亩山地。2004年10月25日，某村某社（甲方）、林某友、林某强（乙方）与关某某、李某某（丙方）之间签订《土地承包经营权转让合同》，其中第4条第1款约定："甲方与乙方的承包合同仍然有效。"第5款约定："丙方在接包期内享有将转包合同约定的部分或者全部权利转让给第三者。"2007年6月3日，关某某、李某某（甲方）与欧阳某某（乙方）之间签订《土地承包经营权转让合同》，约定甲方将其承包的某村某社"石圳"约80亩山地转包给乙方，"乙方在接包期内享有将转包合同约定的部分或者全部权利转让给第三者"。2008年1月30日，欧阳某某向刘某某出具赠与书，载明：欧阳某某将其与发包方（李某某、关某某）承包经营的某村某社"石圳"约80亩山地的承包经营权无偿赠与刘某某，并于春节前将转包余款50万元一并交给刘某某，主动放弃与关某某、李某某于2007年6月3日签订的《土地承包经营权转让合同》的权利义务。该赠与作为刘某某先生自愿放弃其某某公司3%股份的补偿。

该案历经一审、二审和再审。法院均认定案涉《土地承包经营权转让合同》虽名为转让实际应为出租。但是就案涉"赠与"行为，法院之间存在两种不同认识：一种认定为转让，另一种认定为出租。

一审法院认为，案涉赠与书的内容为欧阳某某将其与发包方（李某某、关某某）承包经营的上述约80亩山地的承包经营权转让给刘某某。刘某某作为受让人，系案涉山地所属的集体经济组织以外的个人，因无证据证明其为取得涉案土地承包经营权而签订赠与书的行为事先经某村的村民会议2/3以上成员或者2/3以上村民代表的同意，并未报乡（镇）人民政府批准，故认定该赠与书因违反法律、行政法规的强制性规定而无效。

二审法院则认为，赠与书虽约定欧阳某某将其与发包方（李某某、关某某）承包经营的约80亩山地的承包经营权无偿赠与刘某某，但该赠与实际上以刘某某自愿放弃其某某公司3%股份的补偿作为对价，故该赠与书名为赠与亦实为出租。而根据上述《土地承包经营权转让合同》的约定，承租人均可将土地承包经营权的全部权利或部分权利转给次承租人。故刘某某作为次承租人享有相应的土地承包经营的权利，但租赁期不能超过上一手欧阳某某的期限。《农村土地承包法》（2002年）第48条规定的是将农村土地发包给本集体经济组织以外的单位或者个人承包的程序，[1]土地承包经营权的流转并不适用该程序，且该案流转方式采用的是出租，并不以取得发包方某村某社的同意为生效要件。再审法院认可了二审法院的认定。

案例二：孙某某与陈某某土地承包经营权转包合同纠纷案。[2] 孙某某耕种的16.03亩土地的土地承包经营权人系陈某某。2001年12月19日，陈某某以21,000元的价格将三间砖房卖给孙某某。同日，双方签订协议合同书，内容为：因陈某某外出打工搞副业，房屋由孙某某看管，土地由孙某某种，孙某某必须交纳农业税和一切费用。2002年起陈某某外出打工，其分得的16.03亩土地一直由孙某某耕种，粮食直补名字是孙某某。在孙某某耕种17年后，陈某某要求收回土地，由此产生纠纷。孙某某主张陈某某已将土地转让。一审法院认为，从双方签订的协议书内容和实际履行情况看，双方签订的应该是土地转包合同。二审法院亦指出，从合同的内容看，应为土地转包合同，“孙某某主张购买土地的价款隐含在购房款中，因合同没有约定土地价款，其又未提供证据证明，故孙某某主张陈某某已将土地转让的依据不足，本院无法支持”。

总体来看，就土地（承包）经营权流转方式的认定，司法审判中形成了一些共识；但与此同时，一些认定也值得商榷，至少是说理不充分，解释力不足。

1. 基本共识：基于实质而非形式进行认定

不简单地根据合同名称和用语而是基于合同内容尤其是有关权利义务的约定来认定土地经营权的流转方式，这已成为基本共识。《农村土地承包法》（2018年），就出租和转让这两种流转方式，在法律条文上区分设计了“土地经营权出租”和“土地承包经营权转让”的制度安排。例如，根据法律规定，土地承包经营权转让中，受让方限于本集体经济组织的其他农户；土地经营权出租中，受让方（承租方）不限于本集体经济组织的其他农户。尽管如此，在实践中不能简单基于形式来认定是出租还是转让。

例如，承包方与本集体经济组织的其他农户签订一份《土地承包经营权转

---

〔1〕《农村土地承包法》（2002年）第48条第1款规定：“发包方将农村土地发包给本集体经济组织以外的单位或者个人承包，应当事先经本集体经济组织成员的村民会议三分之二以上成员或者三分之二以上村民代表的同意，并报乡（镇）人民政府批准。”

〔2〕参见吉林省通化市中级人民法院民事判决书，（2019）吉05民终1203号。

让合同》。虽然从形式上看,合同名称和受让方身份都契合法律有关转让的规定,但也不能简单据此就认定是转让,而是应根据合同的实质内容来判断,因为承包方也可以向本集体经济组织的其他农户出租土地经营权。

又如,承包方与本集体经济组织以外人员签订一份《土地承包经营权转让合同》,也不能简单因为受让方的身份不符合法律所作的限制性规定,就认定为是不符合法律规定(存在效力瑕疵)的转让合同,该合同也有可能实质上是土地经营权出租合同。如果该合同实际上是出租合同,则自然不违反法律有关不能对外转让的规定。

再如,承包方与本集体经济组织其他成员签订一份《土地承包经营权转让合同》,既不能简单因为法律条文上没有规定"土地经营权转让"这种流转方式就不予以认定转让行为,也不能简单因为合同形式上没有约定"土地经营权出租"就不予以认定出租行为,而是需要根据合同实质内容,进一步判断是土地承包经营权转让还是土地经营权出租。

2. 尚需回应:如何把握出租与转让的实质性区别

抛开形式上的差异,对于法律层面所规定的出租与转让的实质性区别,在实践中究竟该如何把握?特别是,当法律规定的有关流转方式的特征在流转合同中并未清晰呈现时,究竟该站在何种立场上进行取舍和认定?总体来看,司法实践中大体从以下三个维度来区分出租和转让:

其一,根据是否约定原土地承包关系延续或终止来判断。例如,在前述刘某某与关某某等土地承包经营权出租合同纠纷案中,承包方流转土地承包经营权所签订的合同虽然名为《土地承包经营权转让合同》,但其第4条第1款明确约定"甲方与乙方的承包合同仍然有效",[1]加上合同条款中大量使用接包、转包等措辞,法院最终认定案涉《土地承包经营权转让合同》名为转让实为出租。

该认定应当说是妥当的。根据《农村土地承包法》的规定,出租与转让的一项核心区别是,前者不导致原土地承包关系终止,后者则导致原土地承包关系终止。因此,当所谓"转让合同"中约定原土地承包关系存续或体现出此种精神时,应认定实为出租。反之,若所谓"出租合同"中约定原土地承包关系终

---

〔1〕 该合同中的甲方为发包方,乙方为承包方,丙方为受让方。

止或体现出此种精神时，宜认定实为转让，进而再根据有关转让的法律规定判断该转让合同的效力。

其二，根据是否经得发包方同意来判断。例如，在代某某等与王某某土地承包经营权转包合同纠纷案[1]中，一个争议焦点是诉争土地属于转让还是转包。原告（承包农户）主张系转包，合同到期应返还；被告（受让方）则主张为转让。一审法院认为"根据法律规定，土地承包经营权转让给本集体经济组织的其他农户的应当经发包方同意"，但原告"未提交证据证明所谓的'转让'经过了发包方的同意"，因此应认定原告系将诉争土地转包而不是转让给被告。二审法院未特别就此问题作进一步回应，但裁判结果是维持原判。

在笔者看来，仅基于未经发包方同意就认定为转包而非转让，这值得商榷。因为法律及司法解释只是规定，承包方转让土地（承包）经营权须经发包方同意，否则"转让合同无效"。[2] 这明示的是在已经确定流转方式为转让的前提下，必须满足的法律条件以及未满足时的法律后果。如果实际上采用的本就是出租这一方式，自然不适用这些法律要件和后果。当然，也不能因为未经发包方同意就简单认定当事人没有采用转让的方式，而是仍可作为一个选项，即可能是转让，而且转让合同须认定为无效。至于宜认定为转让还是出租，作出哪种抉择更为妥适，还需结合其他因素予以综合考量。

其三，根据对价（流转费用）情况来判断。例如，在前述刘某某与关某某等土地承包经营权出租合同纠纷案中，就案涉"赠与"的性质，一审法院主要基于"赠与""无偿赠与"等表述认定为转让。二审法院则认为，虽然名为无偿赠与，但实际上"以刘某某先生自愿放弃其某某公司3%股份的补偿作为对价，故该赠与书名为赠与亦实为出租"。又如，在孙某某与陈某某土地承包经营权转包合同纠纷案中，二审法院亦指出，从合同的内容看，应为土地转包合同，"孙某某主张购买土地的价款隐含在购房款中，因合同没有约定土地价款，其又未提供证据证明，故孙某某主张陈某某已将土地转让的依据不足，本院无法支持"。从理论上讲，对价（流转费用）的情况可以作为判断是出租还是转让的一个维

---

〔1〕 参见天津市第一中级人民法院民事判决书，(2019)津01民终5241号。

〔2〕 参见《农村土地承包法》(2002年)第37条；《农村土地承包法》(2018年)第34条；2005年通过和2020年修正的《土地承包纠纷司法解释》第13条。

度,毕竟一般而言,出租和转让的对价多少是存在区别的。这两个案件结合对价的情况来认定流转形式,其思路值得肯定,不过在说理上并不充分。

承上而论,当流转合同不能清晰呈现究竟是出租还是转让,或者说,无论是认定为出租还是转让,似乎都可以但又觉得左右为难,该如何作出抉择?就笔者接触的司法裁判来看,大体存在这样的偏向,即当事人提供的证据无法明确证明是转让的情况下,法官一般或者说倾向认定为出租。应当说,从认定结论来看,这是较为务实和妥适的做法,但说理有待加强,至少可从以下两个方面来进一步把握:

第一,从"法效果"层面来看。诚如前述,不能因为未经发包方同意就简单认定当事人没有采用转让的方式,而是仍可作为一个选项,既可能是转让而且转让合同需认定为无效,也可能是转租因而本就不需要经得发包方同意。不过,结合"法效果"视角,认定为出租而非转让可能更有利于提高案件裁判和纠纷处理的效率。如果按转让行为对待,进而认定转让合同无效,根据法律规定,该合同自始无法律约束力,行为人因该合同取得的财产,应当予以返还;不能返还的,则折价补偿;有过错的一方,还得赔偿对方由此所受到的损失。[1]循此路径,受让人不仅须返还土地并恢复原状,还得就占用该土地予以补偿,转让人亦须返还受让人支付的流转费用;此外,还可能涉及当事人过错及相应赔偿的认定。而如果按出租处理,在没有违反法律强制性规定的情况下,一般合同有效。只是若合同对租期没有约定或约定不明,当事人可随时解除合同;[2]合同解除后,通常只需承租人将土地返还给出租人,[3]不用就合同已经履行部分相互返还或补偿。

第二,从交易习惯和常理来看。在当事人不能明确举证证明是转让的情

〔1〕 参见《民法典》第157条;原《合同法》第56条、第58条。

〔2〕 《土地承包纠纷司法解释》(2020年)第16条第1款规定:"当事人对出租地流转期限没有约定或者约定不明的,参照民法典第七百三十条规定处理。除当事人另有约定或者属于林地承包经营外,承包地交回的时间应当在农作物收获期结束后或者下一耕种期开始前。"《民法典》第510条规定:"合同生效后,当事人就质量、价款或者报酬、履行地点等内容没有约定或者约定不明确的,可以协议补充;不能达成补充协议的,按照合同相关条款或者交易习惯确定。"第730条规定:"当事人对租赁期限没有约定或者约定不明确,依据本法第五百一十条的规定仍不能确定的,视为不定期租赁;当事人可以随时解除合同,但是应当在合理期限之前通知对方。"

〔3〕 在特殊情况下,承租人对提高土地生产能力的投入,其可以请求承包方给予相应补偿。参见《土地承包纠纷司法解释》(2020年)第16条第2款。

况下,认定为土地经营权出租也更符合交易习惯和常理。毕竟“转让”将导致转让方彻底失去相应土地权利,受让方则彻底取得相应土地权利,如此关系重大的交易,当事人理应特别谨慎对待。以流转费用(对价)为例,通常而论,出租和转让的对价多少是存在区别的。从这个维度进行认定时,可结合当地的流转费用等情况来分析、判断,以提高认定的说服力。例如,在前述刘某某与关某某等土地承包经营权出租合同纠纷案中,二审法院认为,虽然名为无偿赠与,但实际上“以刘某某先生自愿放弃其某某公司3%股份的补偿作为对价,故该赠与书名为赠与亦实为出租”。该认定缺少进一步说理。如果根据当地的情况,该“3%股份的补偿”的价值远远超出案涉土地的租金,按常理作为转让费来认定更为合适,那么至少不宜简单作出“名为赠与实为出租”的结论。又如,在前述孙某某与陈某某土地承包经营权转包合同纠纷案中,除了合同约定情况之外,在合同签订当日还发生了另外一事,即陈某某以21,000元的价格将三间砖房卖给孙某某。孙某某主张其购买(而非承租)土地的价款隐含在购房款中。对于这项主张,二审法院认定的是“因合同没有约定土地价款,其又未提供证据证明,故孙某某主张陈某某已将土地转让的依据不足,本院无法支持”。应该说,这项认定也稍显简单。

根据笔者在农村的生活经历和调研了解的情况,现实中确实存在以农地换宅基地(或房地一体)或是以宅基地(或房地一体)换农地的情形。应该说,从农地的角度来看,这种操作体现出的实际上便是以宅基地(或房地一体)作为对价转让土地承包经营权。此种操作基本在本集体经济组织成员之间进行,通常因关系较熟又仅以口头约定,绝大多数情形中不会事后出现纠纷。但是,偶尔也可能因某些原因出现事后一方反悔,要求返还或补价格,为了实现相应诉求,便主张当时是租地而非卖地。一般来讲,根据当地的农地流转价格和宅基地(或房地一体)估价情况,基本上可以判断究竟认定为出租还是转让更为合理,至少在老百姓来看“是非曲直,自有公论”。当然,在认定是出租还是转让的过程中,对价情况只是其中的一个考量因素,而且对价本身的认定可能也不容易。

二、土地经营权出租的主体资格

土地经营权出租的当事人包括出租方和承租方。[1] 根据《农村土地承包法》的规定，诸如承租方等通过流转取得土地经营权的一方都统称“受让方”；在初次流转层面，出租方亦即承包方。文中根据语境交叉使用有关概念。

对于出租方，我国当前立法没有特别的资格或者条件限制。在2018年《农村土地承包法》修正之前，出租与转让法律制度的一个重要区别体现为，对承包方出租土地承包经营权没有资格限制，但对承包方转让土地承包经营权则有资格限制，即承包方须“有稳定的非农职业或者有稳定的收入来源”才能转让。[2] 《农村土地承包法》(2018年)删去了承包方须“有稳定的非农职业或者有稳定的收入来源”才能转让的限制性规定。[3] 按一般理解，承包方有权“根据自己的情况自主决定是否转让土地承包经营权，只要依法、自愿，法律不再限制”。[4] 这彰显出进一步尊重和强化承包方经营自主权的政策立法精神。举重以明轻，对于承包方采用出租方式流转土地经营权，更不应设置或变相设置资格限制。

对于承租方，与其他流转方式中的受让方一样，我国《农村土地承包法》规定，“须有农业经营能力或者资质”。[5] 根据立法部门专家解释，要求具备“农业经营能力”主要适用于受让方为自然人情形，要求具备“农业经营资质”则适用于受让方为非自然人的组织情形。[6] 《农村土地经营权流转管理办法》

---

[1] 参见2021年农业农村部和国家市场监督管理总局制定的《农村土地经营权出租合同(示范文本)》。

[2] 《农村土地承包法》(2002年)第41条规定：“承包方有稳定的非农职业或者有稳定的收入来源的，经发包方同意，可以将全部或者部分土地承包经营权转让给其他从事农业生产经营的农户，由该农户同发包方确立新的承包关系，原承包方与发包方在该土地上的承包关系即行终止。”

[3] 《农村土地承包法》(2018年)第34条规定：“经发包方同意，承包方可以将全部或者部分的土地承包经营权转让给本集体经济组织的其他农户，由该农户同发包方确立新的承包关系，原承包方与发包方在该土地上的承包关系即行终止。”

[4] 参见黄薇主编：《中华人民共和国农村土地承包法释义》，法律出版社2019年版，第146页。不过，值得关注的是，2018年修正的《农村土地承包法》仍保留了承包方转让土地承包经营权须“经发包方同意”的限制性规定。在实践操作中，“发包方同意”是否会暗含对于承包方的条件要求，在什么条件下发包方可以不同意，尚未尽可知。

[5] 《农村土地承包法》(2002年)规定的是“受让方须有农业经营能力”；《农村土地承包法》(2018年)修改为“受让方须有农业经营能力或资质”。

[6] 参见黄薇主编：《中华人民共和国农村土地承包法释义》，法律出版社2019年版，第166页。

(2021年)第9条进一步规定:"土地经营权流转的受让方应当为具有农业经营能力或者资质的组织和个人……"这也表明无论是个人还是组织,无论是否为本集体经济组织成员,只要(也必须)具有农业经营能力或资质,都可以成为土地经营权流转的受让方。[1] 只是,根据《农村土地承包法》(2018年)的规定,对外流转土地经营权时,在同等条件下,本集体经济组织成员享有优先权。

现实中的问题是,受让方是否具有农业经营能力或资质,在农地流转实践中并未获得应有的重视甚至被有意忽视。这背后的一个重要原因在于,如何判断受让方是否具有农业经营能力或资质,立法上一直缺乏明确的规则。在承包地"两权分离"背景下的土地承包经营权出租(转包)实践中,便出现一些较为具体的困惑与争点,如乡镇政府、村委会能否作为受让方(承租方)。本部分拟结合有关案例展开探讨。

(一)乡镇政府能否作为受让方

从有关司法案例来看,对于乡镇政府作为流转合同当事人之受让方(承租方),在合同签订之后发生纠纷时,出租方或受让方(承租方)都有可能质疑,以乡镇政府不具备资格条件主张合同无效或解除合同。但无论是出租方还是受让方(承租方)即乡镇政府自身提出疑问,法院都不予接受,而是默示或明示说理乡镇政府可以作为流转合同当事人之受让方(承租方)。

1. 两则案例:质疑、默许与认可

需要特别说明的是,从下文这两则案例来看,乡镇政府作为受让方往往具有一些特殊的背景或情由。纠纷发生后,当事人、法官也多用这些背景或情由来说理、支持自己的主张。为了避免因案例精简而致引述不准确,同时也为了更好地展示当事人、法官是如何理解受让方资格条件的,笔者尽可能原文呈现有关主体内容。

(1)某镇政府与杜某某土地承包经营权转包合同纠纷案[2]

某镇政府与杜某某签订《土地流转合同》,约定杜某某将其8.33亩土地的经营权流转给某镇政府,除就流转期限、流转价格和支付方式等约定外,还约

---

[1] 在这一点上,土地承包经营权转让、互换有所不同。根据《农村土地承包法》(2018年)第33条和第34条的规定,土地承包经营权转让对象只能是"本集体经济组织的其他农户",土地承包经营权互换也限于"承包方之间"。

[2] 参见河南省洛阳市中级人民法院民事判决书,(2019)豫03民终3062号。

定不能改变土地的农业用途。之后,某镇政府将其流转取得的土地流转给某某煤业有限公司某村煤矿(以下简称某村煤矿)。后因某村煤矿被政策性关停,无法向政府支付流转费,致使某镇政府无力向杜某某支付流转金,该镇政府诉请解除流转合同。其主张双方签订《土地流转合同》的背景是杜某某所在村庄因第三人某村煤矿采煤行为造成某某村土地塌陷,对某某村的房屋、耕地造成较大影响,某某村因安全原因启动整体搬迁。为解决群众耕种困难,由某镇政府出面同某某村村民分别签订《土地流转合同》,然后某镇政府将该流转的土地再流转给某村煤矿,以达到最大限度维护群众利益之目的。在此期间,某镇政府分文未取。据此,双方签订合同的目的不是用于某镇政府自我经营,某镇政府也没有农业经营能力,法律也不允许某镇政府进行土地农业经营,某镇政府是为了群众的安全与利益才与第三人转签流转土地承包经营权转包合同。鉴于某镇政府不具备农业经营能力或资质,某村煤矿的开采已经破坏了部分土地的生产能力和农业生态环境,且因其关停无力支付流转费("让政府垫付费用也不是办法"),根据《农村土地承包法》(2002 年)第 38 条等的规定,应解除合同。

一审和二审法院均认为,土地流转合同有效,且未达到解除条件。关于案涉土地流转合同何以有效,在笔者收集的二审判决书中未见一审法院的说理;二审法院也只是简要指出,某镇政府和农户签订的《土地流转合同》系双方自愿,且不违反法律的强制性规定,应为有效。至于某镇政府用以主张解除合同的理由之一——"某镇政府不具备农业经营能力或资质",一审和二审法院都没有直接回应。[1]

(2)周某某与某乡政府、某村委会土地承包经营权出租合同纠纷案[2]

一审法院认定如下事实:某乡政府为提高农业综合生产能力,增加农业生

[1] 一审不支持解除流转合同的理由是:双方所签订合同的主要依据是《农村土地承包法》、《农村土地承包经营权流转管理办法》(2005 年),流转后双方约定不得改变农业用途,农业用途能实现正常耕种,某镇政府以订立合同所依据的国家政策发生重大调整变化及因不可抗力使合同无法履行为由,诉请合同解除理由不成立。二审法院在认定合同有效的基础上,进一步指出:合同签订后,双方订立合同所依据的国家政策和法律并未发生重大调整和变化,且某镇政府与某村煤矿之间的租赁合同与本案不属同一法律关系,故某镇政府在上述合同未到期的情况下,主张因煤矿关停构成情势变更,要求解除合同缺乏事实和法律依据,其上诉请求理由不足。

[2] 参见安徽省宿州市中级人民法院民事判决书,(2019)皖 13 民终 2695 号。

产效益和农民收入，实现传统农业向现代农业转变，促进农业产业化发展，拟对包括某村某组在内的涉及4村11个自然庄约5000亩土地进行流转，用于打造省级高科技示范农业园区。2015年6月20日，周某某与某乡政府、某村委会签订了一份农村土地承包经营权流转合同书，约定：周某某将坐落在营新渠的家庭承包地9.09亩从2015年6月20日至2027年6月20日流转给某乡政府和某村委会用于农业生产，土地流转期间某乡政府和某村委会每年向周某某支付土地流转价款1000元/亩。某乡政府和某村委会于2015年7月30日向周某某支付土地流转金，周某某交付了土地。2016年至2019年某乡政府财政所每年都向周某某支付了土地流转费用。2015年8月某县发改委下发文件，对于某乡现代农业农村土地流转项目进行立项批复，其间某乡政府与某新农村建设投资有限公司签订了某乡现代农业农村土地流转项目合作协议。2015年9月某县政府下发文件，批准某乡政府和某新农村建设投资有限公司合作流转土地。2018年某县政府又引进某投资管理有限公司，2018年6月8日双方签订了某县石梁河田园综合体项目投资建设协议书，项目内容和目标为建设复合功能田园综合体，涉及建设用地按照有关规定执行。周某某流转的土地即位于上述项目范围之内。之后当事人之间因故发生纠纷，2019年1月周某某向一审法院提起行政诉讼，认为某乡政府不具备从事农业生产经营能力，请求确认2015年6月20日签订的流转合同无效，一审法院裁定驳回起诉。周某某又以某乡政府抛荒、改变土地农业用途等理由提起民事诉讼，要求解除上述流转合同并赔偿损失。本案的一个争点是案涉流转合同是否有效，而其核心又在于某乡政府和某村委会是否为适格主体。

一审法院认为，“某村委会作为本集体组织农村土地发包方，某乡政府作为一级政府，为提高农业综合生产能力，增加农业生产效益和农民收入，实现传统农业向现代农业转变，促进农业产业化发展，与农户签订土地承包经营权流转合同，符合法律规定”，因此，流转合同合法有效。

周某某在上诉中进一步提出，某乡政府作为一级政府，不能成为流转合同的当事人。其主要理由是：“作为一级政府，某乡政府行使管理职责或者从事法律活动，应当有明确的法律依据或者授权。”根据我国《地方各级人民代表大会和地方各级人民政府组织法》(2015年修正)第61条的规定,[1]“乡、民族乡、镇的人民政府依法不具有从事农业生产经营的职权”。“再根据《农村土地承包经营权流转管理办法》第25条、第26条、第27条、第28条、第31条之规定,乡、镇人民政府是土地承包经营权流转行为及其流转合同的管理(鉴证)机关,作为公共事务的管理机关,某乡政府不能在同一土地承包经营权流转行为中既担任管理者(行政职权)又担任被管理者(民事权利)。”另外,某乡政府“不能证明其取得了法律法规的授权或上级行政机关的委托可以作为土地承包经营权流转的受让方签订《流转合同书》,虽然行政机关也可以民事主体身份进行民事活动。当行政机关以民事主体身份从事民事活动时,此时其应当是特殊的民事主体,可以从事的民事活动的范围较一般民事主体小。且作为行政机关以民事主体身份从事民事活动,其从事的民事活动应当是为了保障其行政职权(职责)的有效实施,即为了确保其职权的落实”。但是,依据《地方各级人民代表大会和地方各级人民政府组织法》(2015年修正)第61条的规定,“某乡政府以民事主体身份从事土地流转的民事活动与其法定职权之间无关联性,并不是为了保障其行政职权(职责)的有效实施。也即,本案中某乡政府作为行政机关以民事主体身份从事土地流转的民事行为超过了其以民事主体可以进行民事活动的范围,应属于无效行为”。“综上,某乡政府作为行政机关不具备从事农业生产经营的职权且其以民事主体身份实施民事活动并非基于实施其职权的需要,故其以民事主体从事土地流转的民事活动明显超过了范围,依据《农村土地承包法》及《农村土地承包经营权流转管理办法》的规定其不具备签订土地承包经营权流转合同的资格。”

对于周某某提出的有关乡政府主体资格问题,某乡政府辩称:“周某某混淆了行政机关民事权利和行政职责问题,对于行政职能和职责是法无明文规定不可为,而对于民事权利主体是法无禁止则自由,本案是民事纠纷,某乡政府是民事主体,在法律无禁止的状况下,完全可以参与包括土地流转的相关民事活动。”“《农村土地承包法》并没有排斥行政机关土地流转的主体资格。《农村土地承包法》(2002年)第33条对于流转主体的要求是受让方须有农业经营能力。某乡政府作为一级政府对于法律和国家政策倡导和支持通过土地流转

---

[1] 经2022年修正为第76条,部分内容已变更。

提高土地利用效率具有责无旁贷的引领作用，通过流转将土地整合，寻找合作主体，打造田园综合体，得到某县政府和县发改委立项的支持，已充分证明某乡政府有农业经营能力。周某某关于某乡政府职权范围及能力的质疑系其狭隘的理解。”

二审法院仍然认定合同有效，其中就乡政府的主体资格问题作了进一步阐释，为了全面、准确呈现法官说理，照录如下：

> “三农”问题是关系国计民生的根本性问题，没有农业农村的现代化，就没有国家的现代化。实施乡村振兴战略，是党中央作出的重大战略部署，是决胜全面建成小康社会、全面建设社会主义现代化国家的重大历史任务，是解决人民日益增长的美好生活需要和不平衡不充分的发展之间的矛盾的客观需要，是实现“两个一百年”奋斗目标的必然要求，是实现全体人民共同富裕的必然要求。各级党委政府要健全党委统一领导、政府负责、党委农村工作部门统筹协调的农村工作领导体制，加强工作指导，强化资源要素支持和制度供给，做好协调配合，形成乡村振兴工作合力，把农业农村优先发展原则体现到各个方面。某乡政府为贯彻落实党中央的战略部署，创新和探索实施乡村振兴战略、根本解决“三农”问题的工作思路与方法，引领谋划在先、规划布局在前，敢于担当，为统筹兼顾培育新型农业经营主体和扶持小农户，吸引具备农业生产能力和资质的社会力量积极参与，把小农生产引入现代农业发展轨道，与某村委会一起，采取由某村委会与承包户零星承包土地反租、某乡政府鉴证并担保农村土地连片形成规模的措施，与周某某签订案涉《流转合同书》，符合当前政策要求，不违背《农村土地承包法》的相关规定，且有利于有效地履职尽责，切实执行本行政区域内的经济和社会发展计划，管理本行政区域内的经济工作，切实保护劳动群众集体所有的财产及公民私人所有的合法财产，维护社会秩序及保护各种经济组织的合法权益。……上诉认为某乡政府作为案涉《流转合同书》的一方主体，应认定该合同无效的理由，不能成立。

2. 评析：乡镇政府不宜作为受让方

尽管当事人、法官就其相应主张进行了不同程度的说理，但总体来看，相关说理解释力不足，很多时候只是简要套用有关政策立法规定，至于案件事实能否或何以能为相应政策立法规定所涵摄，几乎都没有展开说明。这也从一个侧面反映出，土地经营权流转的受让方资格问题尚待厘清。

结合上述案例中当事人、法院之间的“交锋”说理，关于乡镇政府作为流转受让方的适格性，主要有以下三个问题需要厘清：其一，乡镇政府是以行政主体还是民事主体身份参与农地流转活动；其二，乡镇政府以民事主体身份参与农地流转是否为履行职能所需要；其三，乡镇政府是否具有农业经营能力或资质。下文将围绕这三个问题逐一展开探讨。

(1) 乡镇政府是以行政主体还是民事主体身份参与农地流转活动

尽管行政机关在一般情况下属于行政主体，但是其在参与民事活动，行使民事权利、承担民事义务时则体现为民事主体。当乡镇政府在土地经营权流转活动（合同）中享有民事权利，承担民事义务时，便体现为民事主体，并作为流转活动（合同）当事人。[1] 这时主要依据民事法律规范而非行政法律规范调整；主要根据其是否具备民事主体资格而非行政主体资格来判断主体资格的适格性。在上述两则案例中，乡镇政府参与签订的流转合同均对其设定了民事权利义务，体现出以民事主体（当事人）身份参与农地流转。法院也都确认了其民事主体（当事人）身份，将案件纠纷定性为民事纠纷。在周某某与某乡政府的流转纠纷中，周某某起初提起的是行政诉讼，但被法院裁定驳回起诉，之后才改为提起民事诉讼。应当说，法院所作的总体定性并无不当。

此外，在认定主体身份时需要着眼实质权利义务的承担情况加以判断。例如，在周某某与某乡政府、某村委会土地承包经营权出租合同纠纷案中，“案涉《流转合同书》首部载明合同主体为转出方（甲方）：周某某，受让方（乙方）：（空白），尾部甲方（签字）处由周某某签字，乙方（签字盖章）处由某村委会加

---

〔1〕 根据《农村土地承包经营权流转管理办法》（2005 年）、《农村土地经营权流转管理办法》（2021 年）第二章“流转当事人”的规定，流转当事人特指承包方（流出方）和受让方（流入方），都属于民事主体范畴，至于承担有关农地流转及流转合同管理职责的行政部门都不属于当事人范畴。此外，这里所谓乡镇政府作为流转（合同）当事人，指的是作为受让方，为了行文需要，笔者使用不同的表达，结合语境应该可以推知其具体含义。

盖公章,发包方(签字盖章)、鉴证机关(签字盖章)处均由某乡政府加盖公章”。若仅从形式上看,某乡政府并非当事人,但是根据合同条文约定和实际履行情况,某乡政府是流转的受让方,支付租金的义务人,且实际上也是租金的支付人。鉴于此,法院总体上也都确认了其在案涉纠纷中的当事人(受让方)身份。但是,二审法院在说理时也存在一定的模棱两可、前后抵牾之处,其如此阐释:“(某乡政府)与某村委会一起,采取由某村委会与承包户零星承包土地反租、某乡政府鉴证并担保农村土地连片形成规模的措施,与周某某签订案涉《流转合同书》”,似乎表明乡政府只是鉴证机关。

(2)乡镇政府以民事主体身份参与农地流转是否为履行职能所需要

总体上看,当确认乡镇政府乃以民事主体身份参与农地流转活动之后,主要根据其是否具备民事主体资格而非行政主体资格,来判断主体资格的适格性。关于乡镇政府是否具备参与农地流转的民事主体资格,主要存在两大争议:一是乡镇政府以民事主体身份参与农地流转是否为履行职能所需要;二是乡镇政府是否符合《农村土地承包法》关于流转当事人的条件限定。这里围绕前一个争议展开探讨。

在周某某与某乡政府、某村委会土地承包经营权出租合同纠纷案中,周某某认为,行政机关以民事主体身份从事民事活动,相应民事活动应当是为了确保其职权(职责)的落实,某乡政府以民事主体身份从事土地流转与其法定职权之间无关联性,超越了可以民事主体身份进行民事活动的范围。某乡政府则指出,行政机关作为民事主体实施民事活动,同样适用“法无禁止皆自由”的原则;在法律无禁止的状况下,乡政府以民事主体身份完全可以参与包括土地流转在内的相关民事活动。

一般而言,行政机关是依法执行国家行政职能的机关。从设立宗旨出发,行政机关是为了执行相应的行政职权(职责)而设立的;职权本身也是职责,行政机关必须依法履行职权(职责),不得放弃或超越职权行事。尽管在一定情形下行政机关可以民事主体身份参与民事活动,但结合行政机关的设立宗旨,其从事的民事活动应与其履行职权有密切的关系。若不加限定,一是会影响行政机关自身的履职;二是会干扰相应的民事活动领域,出现大量行政机关“既当裁判员又当运动员”参与市场交易等破坏市场公平竞争的情形。正是鉴于此,我国《民法典》在明确机关法人可作为民事主体从事民事活动时亦特别规定“可以从事为履行职能所需要的民事活动”。[1] 根据该规定,若机关法人从事的民事活动与其履行的职能不符,就不具有合法性,是不被允许的。[2]

接下来的问题是,乡镇政府以民事主体身份参与农地流转是否为履行职能所需要?客观而论,我国《地方各级人民代表大会和地方各级人民政府组织法》有关乡镇政府职权的规定较为原则。从宽泛意义上理解,乡镇政府以民事主体身份参与农地流转,可以解释为“为履行职能所需要”,至少不能说与其履职毫无关系。在上述两则案例中,乡镇政府都作出了相应解释,总体上表明其是为了维护群众的安全与利益、促进地方经济社会发展,而这些都可纳入乡镇政府的职权(职责)范畴。法院实际上也认可了乡镇政府所作的这些解释,并努力在裁判中结合《地方各级人民代表大会和地方各级人民政府组织法》有关乡镇政府职权的规定作进一步说理。[3]

但值得商榷的是,若对“为履行职能所需要”作如此宽泛的理解,是否会使这种限定丧失意义。立足行政机关的设立宗旨、职能定位,结合我国不断深入推进的“简政放权”“放管服”等改革精神,“为履行职能所需要”宜从严解读,如可将其中的“需要”限定解释为“必需”或“必要”,即“只能在因行使职权所必需时才能参与民事活动”。[4] 换言之,所谓“必需”或“必要”的基本意涵是,若不允许行政机关从事相应的民事活动,将导致其不能有效乃至正常履行职能,不能实现其拟通过从事相应民事活动所要达到的目的,或将付出较大的代价。

在上述案例中,无论是乡镇政府还是法院,都主要从“有利于”“为了……”的角度阐释乡镇政府作为农地流转当事人的合理性,欠缺“必要性”层面的说理。此外,乡镇政府或法院的说理在很大程度上也都稍显不足。例如,有关说理都想表明乡镇政府作为农地流转当事人符合“政策精神”。

---

〔1〕《民法典》第97条规定:“有独立经费的机关和承担行政职能的法定机构从成立之日起,具有机关法人资格,可以从事为履行职能所需要的民事活动。”

〔2〕参见黄薇主编:《中华人民共和国民法典释义》(上),法律出版社2020年版,第190页。

〔3〕例如,在周某某与某乡政府、某村委会土地承包经营权出租合同纠纷案中,二审法院指出,某乡政府参与签订流转合同“有利于有效地履职尽责,切实执行本行政区域内的经济和社会发展计划,管理本行政区域内的经济工作,切实保护劳动群众集体所有的财产及公民私人所有的合法财产,维护社会秩序及保护各种经济组织的合法权益”。这段论述中的不少内容实际上援引了《地方各级人民代表大会和地方各级人民政府组织法》有关乡镇政府职权的规定。

〔4〕参见杨立新:《民法总则:条文背后的故事与难题》,法律出版社2017年版,第239页。

然而,事实上,早在2001年印发的《中共中央关于做好农户承包地使用权流转工作的通知》(中发〔2001〕18号)便明确指出,“由乡镇政府或村级组织出面租赁农户的承包地再进行转租或发包的‘反租倒包’,不符合家庭承包经营制度,应予制止”。该通知之所以明确提出不允许乡镇政府“反租倒包”,是因为此种行为导致了诸多问题。〔1〕 据此政策文件精神,可以说,乡镇政府作为农地流转当事人,不符合“为履行职能所需要”这一条件。对于该通知中的这项要求,目前也没有新的政策文件作出调整。退而言之,即便该项要求不再完全符合当前农业农村形势,法院在说理的时候也应该加以回应。

(3)乡镇政府是否具有农业经营能力或资质

即便从宽泛意义出发可以解释乡镇政府以民事主体身份参与农地流转是为履行职能所需要,这也并不意味着其就当然具备相应的主体资格,还需要看它是否符合《农村土地承包法》有关流转受让方的条件限定——受让方须有农业经营能力或资质。在上述案例中,对于这个重要乃至关键的问题,乡镇政府作为当事人要么不做直接回应要么回应简单,而法院也几乎都没有回应,似乎是在有意回避。

根据立法部门专家解释,“须有农业经营能力”适用于受让方为自然人情形,“须有农业经营资质”则适用于受让方为非自然人的组织情形。〔2〕 若按此理解,乡镇政府作为受让方,应具备农业经营资质。从法律角度而言,“资质”一般指的是有关主体达到一定条件时由有关部门确认或赋予其具备从事某种职业或行业的资格和条件,在形式上通常表现为取得资格证书。例如,市场主体通过设立登记取得营业执照,通过行政许可取得许可证。由此看来,乡镇政府应该说并不具备农业经营资质。

退而言之,若将立法规定的“受让方须有农业经营能力或资质”理解为“二选一”标准,即无论受让方是自然人还是非自然人的组织,都只要符合其中一项即满足条件,那乡镇政府是否又具备“农业经营能力”呢?

---

〔1〕 《中共中央关于做好农户承包地使用权流转工作的通知》(中发〔2001〕18号)开篇总体指出了当时农地流转存在的问题:“一些乡村推行的土地流转,存在不少违背农民意愿、损害农民利益的问题,需要引起足够重视。有的随意改变土地承包关系,强迫流转,侵犯了农民的承包经营权;有的把土地流转作为增加乡村收入的手段,与民争利,损害了农民的利益;有的强行将农户的承包地长时间、大面积转租给企业经营,影响了农民正常的生产生活;有的借土地流转之名,随意改变土地农业用途。”

〔2〕 参见黄薇主编:《中华人民共和国农村土地承包法释义》,法律出版社2019年版,第166页。

在周某某与某乡政府、某村委会土地承包经营权出租合同纠纷案中，某乡政府就"农业经营能力"问题特别指出，"通过流转将土地整合，寻找合作主体，打造田园综合体，得到某县政府和县发改委立项的支持，已充分证明某乡政府有农业经营能力"。某乡政府虽然在形式上没有所谓的资质，但从实质层面来看则似乎有能力且能力还不小。

不过，如果某乡政府的上述解释成立，那似乎可以推论出，无论自身是否从事农业经营，只要能够通过再流转或借助其他主体开展所谓合作从而实现农地利用便具备了"农业经营能力"，便可以成为土地经营权流转的受让方。然而，这样一种理解很大程度上将使法律上有关受让方须有农业经营能力或资质的规定丧失意义。

法律之所以要求受让方须有农业经营能力或资质，旨在"确保农业用地得到有效利用，确保流转的土地用于农业生产经营，防止非法圈地现象的发生"[1]。按立法旨意，着眼于实现"两确保一防止"的目的，受让方具有农业经营能力的基本意涵应理解为，受让方自身具有开展相应农业经营的能力。若自身不能有效开展农业经营而是要通过再流转等方式才能实现农地利用，其作为农地流转受让方的行为容易导致土地闲置，不利于维护正常的农业经营环境。鉴于此，对于工商企业（资本）租赁农地，中共中央、国务院《关于加快发展现代农业进一步增强农村发展活力的若干意见》便明确提出"探索建立严格的工商企业租赁农户承包耕地（林地、草原）准入和监管制度"。《农村土地承包法》（2018 年）进一步以法律的形式明确，县级以上地方人民政府要建立工商企业等社会资本通过流转土地经营权的资格审查、项目审核制度。该制度安排的一项基本意旨在于确保受让方具备农业经营能力，保障农地得以有效利用。

进一步从比较法的视角来看，在日本，强调农地有效利用于农业经营同样是其农业政策立法的基本意涵，其有关制度安排具有一定的启示意义。据该国的农地制度安排，农业经营一般是为了使用农地获得收益而拥有所有权、租

---

〔1〕 黄薇主编：《中华人民共和国农村土地承包法释义》，法律出版社 2019 年版，第 166 页。

借权,并通过农地进行更多耕作或畜牧养殖。[1] 农业经营者包含个人和法人两种基本类型。若是个人,取得农地权利(买或租赁)须具备四项基本条件:其一,本人或家庭成员在取得农地权利之后要在该农地上进行耕作或畜牧;其二,本人或家庭成员需长期地从事必要的农业生产;其三,取得权利之后的经营农地面积不低于一定的标准;其四,本人或家庭成员具备有效利用该土地进行耕种或畜牧养殖的能力。[2] 至于法人,一般禁止农业生产法人以外的法人取得农地权利。而且,农业生产法人要取得农地,一方面,需满足前述适用于个人的第一项、第三项、第四项中的规定(只是免予适用其中的"家庭成员"内容);[3] 另一方面,还要满足农业生产法人要件上的规定,其中一项是主要经营项目必须是农业。判断"主要经营项目"是否是农业,主要看近3年农业的销售额是否占据了其法人事业整体销售额的一半以上。[4] 可以看到,日本对于取得农地的主体资格规定非常严格,总体来说,要取得农地就必须自身具备实实在在的农业经营能力,从而保证自身能够有效地利用农地。

综上所述,着眼于贯彻政策立法旨意和目的,"受让方具有农业经营能力"应理解为,受让方自身具有开展相应农业经营的能力。按此标准,乡镇政府并不具备农业经营能力,不能成为土地经营权流转的受让方。

最后,值得特别说明的是,从有效落实限定土地经营权流转的受让方资格立法精神出发,对受让方的资格条件进行理解时宜从严把握,尤其是在当前强调落实最严格的耕地保护制度这一背景下,更应持有此种立场。但与此同时,对于乡镇政府这样一些特殊的主体,在特殊情势下,出于"好心"或是"无奈"而作为土地经营权流转的受让方,究竟能否或是否需要赋予"特事特办"的空间?这或许还有必要从多种视角进行综合分析,以得到一个最能兼顾各方利益的最优解。

---

[1] 参见[日]关谷俊作:《日本的农地制度》,金洪云译,生活·读书·新知三联书店2004年版,第78页。

[2] 参见[日]关谷俊作:《日本的农地制度》,金洪云译,生活·读书·新知三联书店2004年版,第71页。

[3] 参见[日]关谷俊作:《日本的农地制度》,金洪云译,生活·读书·新知三联书店2004年版,第72页。

[4] 参见[日]关谷俊作:《日本的农地制度》,金洪云译,生活·读书·新知三联书店2004年版,第79页。

(二)村委会能否作为受让方

从有关司法案例来看,村委会作为土地经营权流转(出租)的受让方,面临着与乡镇政府类似的境遇,既有质疑也有认可。大体上,质疑主要来自出租方(承包方),而且通常发生在合同签订之后发生纠纷时,法院则默示或明示认可村委会可以作为土地经营权流转的受让方。不过,在法律地位上,村委会和乡镇政府存在差异,是故有必要针对村委会作为承租方的主体资格问题进行专门探讨。

1. 两则案例:质疑、默示与认可

(1)周某某与某乡政府、某村委会土地承包经营权出租合同纠纷案

本案的基本案情前文已述,此处仅结合主题做些补充说明。一审法院认为本案的一个争议焦点是"某乡政府和某村委会是否为土地流转经营权合同适格主体"。就此,一审法院援引《土地管理法》(2004 年)第 15 条和《农村土地承包法》(2002 年)第 32 条有关规定,[1]指出"某村委会作为本集体组织农村土地发包方,某乡政府作为一级政府,为提高农业综合生产能力,增加农业生产效益和农民收入,实现传统农业向现代农业转变,促进农业产业化发展,与农户签订土地承包经营权流转合同,符合法律规定";"《流转合同书》是周某某与某乡政府及村委会的真实意思表示,该流转合同内容不违反法律、行政法规的强制性规定"。

周某某在上诉中提出,流转合同的双方是周某某和某乡政府,村委会虽然在合同上盖章但其只是合同的第三人,并非合同的当事人。二审法院结合有关事实进一步确认了村委会的当事人身份,[2]并确认了流转合同的效力。关于村委会的主体资格问题,二审法院将其与本案同时涉及的乡政府主体资格问题作为一个整体回应道,"某乡政府……与某村委会一起,采取由某村委会

---

[1] 《土地管理法》(2004 年)第 15 条规定:"农民集体所有的土地,可以由本集体经济组织以外的单位或者个人承包经营,从事种植业、林业、畜牧业、渔业生产。"《农村土地承包法》(2002 年)第 32 条规定:"通过家庭承包取得的土地承包经营权可以依法采取转包、出租、互换、转让或者其他方式流转。"

[2] 二审法院进一步认定如下事实:"案涉《流转合同书》首部载明合同主体为转出方(甲方):周某某,受让方(乙方):(空白),尾部甲方(签字)处由周某某签字,乙方(签字盖章)处由某村委会加盖公章,发包方(签字盖章)、鉴证机关(签字盖章)处均由某乡政府加盖公章。"在此基础上,二审法院认为,"周某某上诉提出案涉《流转合同书》的双方主体为周某某与某乡政府,某村委会并非该合同的当事人,与该《流转合同书》尾部由某村委会在流转受让方(乙方)处加盖公章、某乡政府在鉴证机关、发包方处加盖公章不符"。

与承包户零星承包土地反租、某乡政府鉴证并担保农村土地连片形成规模的措施,与周某某签订案涉《流转合同书》,符合当前政策要求,不违背《中华人民共和国农村土地承包法》的相关规定”。“某村委会、某乡政府以某村委会反租的方式流转土地,并将流转的土地用于创建国家农业科技示范园、国家现代农业产业园”,符合中央有关政策要求,亦未突破《农村土地承包法》规定的不得改变土地所有权及土地农业用途的原则。

(2)段某某与某某村委会土地承包经营权出租合同纠纷案[1]

段某某与某某村委会签订《土地使用租赁合同》,约定段某某将其承包的2.25亩承包地租赁给某某村委会用于发展设施农业建设高标准日光能温室大棚经营使用。合同签订后,村委会将土地转租给他人建设草莓交易中心。某区原国土资源局于2018年7月26日以某某村委会在未办理用地手续的情况下,擅自占用位于某区集体土地22亩建设草莓交易中心为由,向某某村委会作出行政处罚决定书,决定责令退还非法占用的土地22亩等。某区人民法院于2019年4月26日作出行政裁定书,裁定准予执行。该案涉案土地均在前述行政处罚决定书认定的非法占用土地范围内,且土地上实际已经新建建筑物及其他设施。之后,段某某诉至法院主张解除合同,要求恢复原状并归还土地。

该案争议焦点不在于村委会的主体资格问题,而且无论是当事人还是法院都没有直接触及这个问题。尽管如此,这种情况本身也可以作为观察人们对于村委会作为承租方的认知态度的一个窗口,大体反映出人们对此并无太大异议。此外,从法院的有关裁判内容也可以窥见法院、法官的态度。基于此种考虑,笔者着重呈现其中具有强相关性的裁判内容。一审法院认为,“段某某与某某村委会签订的《土地使用租赁合同》是双方的真实意思表示,并不违反国家法律法规的禁止性规定,应当合法有效,段某某与某某村委会应当依约履行合同”。

二审法院认为,“某某村委会通过租赁的方式将多户村民的承包地流转过来之后,另行对外流转发展设施农业,并在这一系列流转过程中出现了非法使用土地的现象。涉案《土地使用租赁合同》所约定的2.25亩土地仅是某某村

---

〔1〕 参见江苏省徐州市中级人民法院民事判决书,(2019)苏03民终8019号。

委会所流转土地的一小部分,单是行政处罚决定书所认定的某某村委会非法占用土地的面积就达22亩。本案涉及众多农户、大面积承包地的非法流转及违法占用问题,涉及面广,牵扯的利益主体多,土地行政主管部门已经介入处理,地上违法建筑物的拆除及恢复土地原状的工作尚在执行阶段,即便本案判决解除合同,也无法解决根本问题,土地的返还仍然需要在执行工作完成后才能处理。故本院认为涉案合同目前暂不判决解除为宜,某某村委会仍需按照约定向段某某支付土地占用期间的费用,待执行工作完成后,当事人可另行主张合同解除等事宜”。

2. 评析:村委会可有条件地作为受让方

对于村委会作为土地经营权出租的受让方(承租方),法院几乎都是简单指出不违反法律规定或符合政策而不进行说理。本部分拟结合我国《民法典》有关村委会的民事主体地位和《农村土地承包法》有关土地经营权流转受让方的条件之规定,着重从以下两个方面展开分析:一是村委会以民事主体身份参与农地流转是否为履行职能所需要;二是村委会是否具有农业经营能力或资质。

(1)村委会以民事主体身份参与农地流转是否为履行职能所需要

村委会,在法律上的全称为“村民委员会”,是“村民自我管理、自我教育、自我服务的基层群众性自治组织”。[1] 虽然村委会更多属于“政治组织”范畴,但现实中也需要从事一些民事活动。不过,较长一段时期内,我国有关法律并没有规定其民事主体地位,致使其在一些情况下不能顺利从事民事活动。[2] 针对这种情况,我国《民法典》积极回应,明确赋予了村委会法人资格,将其归入介于“营利法人”和“非营利法人”之间的“特别法人”范畴(《民法典》第96条)。此外,《民法典》第101条第1款进一步确认了村委会的民事主体地位,规定“……村民委员会具有基层群众性自治组织法人资格,可以从事为履行职能所需要的民事活动”。根据该规定,村委会虽然被明确赋予了民事主体地位,可以从事民事活动,但是鉴于身份特殊,其所从事的民事活动必须是“为履行职能所需要的”。这一点与《民法典》第97条对机关法人从事民事活动的

[1] 《村民委员会组织法》(2018年)第2条第1款。
[2] 参见黄薇主编:《中华人民共和国民法典释义》(上),法律出版社2020年版,第197页。

规定一致。[1] 参考立法部门专家的有关解释,如果村委会从事的民事活动与其履行的职能不相符,就不具有合法性,是不被允许的。[2]

村委会作为土地经营权出租的受让方(承租方)是否为履行职能所需要?这取决于如何理解村委会的职能或职责。根据《村民委员会组织法》(2018年)的规定,村委会的职责可以说很宽泛,如第8条专门就其经济层面的职责作出了规定,其中第1款规定村委会"应当支持和组织村民依法发展各种形式的合作经济和其他经济,承担本村生产的服务和协调工作,促进农村生产建设和经济发展"。现实中,由于城镇化迅猛发展和非农就业收入更为可观等因素,不少农民不再种地,由此导致一定程度的农地撂荒现象。农地撂荒不仅损害农民自身利益,也影响国家粮食安全。事实上,农民多数也不想撂荒,希望通过流转(目前主要是出租)的方式实现农地的价值。此外,在传统农业劳动力不断减少和农业市场化竞争日益激烈的情况下,妥适推进适度规模经营成为基本的发展方向。然而,不少地方的农村土地由于区位、基础设施等诸种因素很难吸引工商企业等社会资本直接来租地。面对这种局面,村委会作为土地经营权流转的受让方(承租方),通过流转实现土地集中后开展规模经营或是对外再流转实现规模经营,这无疑是一种有效的解决路径。而这应该说可归入《村民委员会组织法》(2018年)第8条第1款规定的职责范畴。

此外,《村民委员会组织法》(2018年)第8条第2款规定,村委会依法管理本村属于村农民集体所有的土地和其他财产。根据《农村土地承包法》(2018年)第13条的规定,村农民集体所有的土地"由村集体经济组织或者村民委员会发包"。根据《土地管理法》(2019年)第11条的规定,村农民集体所有的土地"由村集体经济组织或者村民委员会经营、管理"。析言之,村委会依法享有"经营、管理"集体土地的职能,其中着重厘清两层含义:

其一,"经营、管理"集体土地的内涵。按一般理解,在当前实行的家庭承包经营为基础、统分结合的双层经营体制下,"经营、管理"集体土地更多指的是发包集体土地,以及对未发包的土地进行经营管理。但是,在近年不断强调

---

〔1〕《民法典》第97条规定:"有独立经费的机关和承担行政职能的法定机构从成立之日起,具有机关法人资格,可以从事为履行职能所需要的民事活动。"

〔2〕参见黄薇主编:《中华人民共和国民法典释义》(上),法律出版社2020年版,第190页。

引导农村土地经营权有序流转、发展农业适度规模经营的背景下，对于村委会或集体经济组织“经营、管理”集体土地不宜再做如此机械的理解。在土地发包之后，承包方以出租等方式将土地经营权流转到村委会名下，由村委会组织开展规模经营或是对外再流转实现规模经营，同样可以理解为是对集体土地进行经营管理。诚然，村委会等村级组织出面租赁农户的承包地再进行转租或发包(以下简称“反租倒包”)这一经营模式在现实中出现过一些问题，以致《中共中央关于做好农户承包地使用权流转工作的通知》(中发〔2001〕18 号)明确指出其“不符合家庭承包经营制度，应予制止”。但是，对于该文件的政策精神，同样不应机械地理解。该文件之所以提出“应予制止”，更多指向的是强制或变相强制推行“反租倒包”的现象；如果是承包户自愿甚至是呼吁的，则应予准许，而这本身甚至可以说是村委会的职责范畴。事实上，近年来，在尊重农民自愿的前提下，由村委会等集体组织出面实行承包地“反租倒包”的经营方式越来越常见，获得了普遍的认可。[1]

其二，村委会和村集体经济组织的关系。对于村农民集体所有的土地，由“村集体经济组织或者村民委员会”履行发包或是经营、管理职能。法律之所以规定由村集体经济组织或者村民委员会经营管理，主要是考虑实行家庭联产承包责任制后，不少农村地区的集体经济组织不健全，难以完成集体所有土地的经营管理任务，需要由村委会来行使相应的职能。按照立法精神，“如果村里有农村集体经济组织，就由该村集体经济组织经营管理；如果村里没有农村集体经济组织，则由村民委员会经营管理”[2]。析言之，村委会并非当然享有而是有条件地行使集体土地的“经营、管理”职能。这种制度意涵进一步为《民法典》所确认。《民法典》第 101 条第 2 款规定：“未设立村集体经济组织的，村民委员会可以依法代行村集体经济组织的职能。”结合该规定，可以说，村委会实际是“代行”农村集体经济组织经营管理集体所有土地的职能，而且只能是在未成立农村集体经济组织的情况下才能“代行”。

基于以上分析，村委会以民事主体身份(受让方)从事土地经营权流转活

---

〔1〕 以“反租倒包”为关键词在“百度”搜索引擎进行检索，可以检索到近年来很多有关宣传这方面经验和成效的肯定性报道，如宣传这种经营方式“让农民有赚头”“盘活了流转土地”“开辟脱贫新路子”“走出脱贫攻坚新天地”等。其中很多报道为新华网或地方政府网站等官方媒介转载或发布。

〔2〕 杨合庆主编：《中华人民共和国土地管理法释义》，法律出版社 2020 年版，第 30 页。

动原则上属于为履行职能的需要,其可以通过出租等方式流转取得土地经营权进而对土地进行经营管理。但是,根据《民法典》《土地管理法》等立法精神,若村级层面成立了农村集体经济组织,不宜再以村委会的名义开展土地经营权流转和生产经营活动。

(2)村委会是否具有农业经营能力或资质

根据立法部门专家解释,若土地经营权流转的受让方是自然人,应具备"农业经营能力";若受让方为非自然人的组织,则"必须具备农业经营资质",否则不能受让土地经营权。[1] 循此要求,村委会若要成为土地经营权的受让方,应当具备农业经营资质。

虽然"经营资质"在形式上通常体现为资质或资格证书,但这只是一种外在的表现形式。是否具备某种资质,关键在于是否依法获得从事某种活动的资格、条件。我国《土地管理法》(2019 年)第 11 条明确规定村委会依法享有"经营、管理"集体土地的职能。而农村集体土地在性质上多数为农业用地。经营管理农业用地显然属于从事农业经营的范畴。《民法典》第 101 条第 2 款亦明确规定:"未设立村集体经济组织的,村民委员会可以依法代行村集体经济组织的职能。"农村集体经济组织的职责主要是组织本集体成员参加生产活动,利用本经济组织的生产资料等从事生产经营活动。[2] 而农村集体经济组织所从事的生产经营活动显然包括农业生产经营,甚至在多数情况下以农业生产经营为主。据此,《民法典》第 102 条尽管对该职能作了一定限定,但实际上也确认了村委会的农业生产经营职能。综上所述,村委会依法享有农业经营资质。

此外,即便着眼"农业经营能力",村委会也具备农业经营能力。村委会是"村民自我管理、自我教育、自我服务的基层群众性自治组织",其拥有大量具有农业经营能力的成员。村委会依法享有经营管理集体土地的职能,长期组织从事农业生产活动或是与农业生产经营相关的活动。村委会可以像农民专业合作社、农业企业等农业经营主体那样利用其依法经营管理的土地等生产资料动员大量具有农业经营能力的成员,组织开展农业生产经营活动,甚至在

---

〔1〕 参见黄薇主编:《中华人民共和国农村土地承包法释义》,法律出版社 2019 年版,第 166 页。
〔2〕 参见黄薇主编:《中华人民共和国民法典释义》(上),法律出版社 2020 年版,第 198 页。

某些条件下相较后两者更有优势。事实上,一些村委会还展现出了强大的农业经营能力。

三、土地经营权出租的用途管制

我国《农村土地承包法》(2018 年)承袭农村土地用途管制的基本规定,继续将"不得改变土地的农业用途"明确规定为土地经营权流转应当遵循的一项基本原则。[1] 与此同时,在《农村土地承包法》层面首次明确规定,如果受让方"擅自改变土地的农业用途",承包方可以"单方解除土地经营权流转合同";[2]"承包方在合理期限内不解除土地经营权流转合同的,发包方有权要求终止土地经营权流转合同"。[3] 应当说,立法呈现出了清晰而强烈的土地用途管制精神,但从实践操作层面来讲,需要进一步厘清的是,何为"改变土地的农业用途"? 若在流转合同的约定中便改变了土地的农业用途,合同效力如何? 在流转合同的履行过程中,受让方擅自改变土地的农业用途,合同是否当然解除,能否施以适当的限制? 本部分拟结合司法案例,着眼其中一些微观问题展开探讨。

(一)改变土地农业用途的认定

1. 规划至上抑或尊重现实:土地实际上已不可农用时能否改用

(1)基本案情

在赵某与某公司土地承包经营权出租合同纠纷案[4]中,赵某为案涉土地出租方,某公司为承租方,租地协议约定租地用途为采砂办砖厂。[5] 一审法院认定,案涉土地原系案外人巴某等三农户"承包的农业耕地,多年前,该土地因

---

[1] 参见《农村土地承包法》(2018 年)第 38 条。在承包地"两权分离"时代,"不得改变土地的农业用途"便被明确规定为土地承包经营权流转应当遵循的一项基本原则。参见《农村土地承包法》(2002 年)第 33 条。

[2] 《农村土地承包法》(2018 年)第 42 条规定:"承包方不得单方解除土地经营权流转合同,但受让方有下列情形之一的除外:(一)擅自改变土地的农业用途;(二)弃耕抛荒连续两年以上;(三)给土地造成严重损害或者严重破坏土地生态环境;(四)其他严重违约行为。"

[3] 参见《农村土地承包法》(2018 年)第 64 条。《农村土地经营权流转管理办法》(2021 年)第 20 条重申了《农村土地承包法》(2018 年)第 42 条、第 64 条的有关规定。

[4] 参见四川省甘孜藏族自治州中级人民法院民事判决书,(2018)川 33 民终 143 号。

[5] 名义上为《转让协议》,协议中混用"出租""转让"语词,如约定"租地用途为采砂办砖厂,因投资计划改变,现将此地块的使用权转让给乙方。转让时间为三年,从 2014 年 5 月至 2017 年 5 月。转让费用为 3,000,000 元,分三期支付,每期支付 1,000,000 元"。但从实质来讲,流转形式实为出租。

河水冲刷无法耕种,一直闲置,大概四年前,三农户经村委会主任及村支部书记及某镇政府的同意将土地出租给案外人拉某。双方无书面合同,仅口头约定拉某将土地用于开办采砂场或者经营其他项目。后拉某将土地用于采砂,并经营了一段时间,但一直未能办理采砂证。之后拉某与赵某合作,两人共同将案涉土地转租给某公司用于开办采砂场,并分别与某公司签订了合作协议和转让协议。无证据证明某村集体经济组织知晓并同意拉某与赵某合作事宜及拉某与赵某将土地转租给某公司的一系列行为"。某公司按约定支付了一期费用(约定分三期支付租金)但未进行实际经营。之后,某公司因故不想履行合同,诉至法院要求确认合同无效。[1] 一审法院认为,某公司承租土地用于采砂办砖厂,租地协议涉及将农业用地用于非农建设,根据《农村土地承包法》(2002 年)第 17 条、第 33 条和原《合同法》第 52 条的规定,属于违反法律、法规的强制性规定,合同无效。

赵某在上诉中指出,"在案证据能证实案涉土地并非农业耕地,属于闲置河滩地,一审法院将该河坝纳入农业用地范围,认定事实错误"。二审另查明,2018 年 6 月 6 日某镇政府及某村村委会主任、村支书共同出具的情况说明载明:其辖区内位于某县某村某坝地块,该土地承包经营权人为巴某等三农户,"因地块位于河边,长期受到河水冲刷,将土地表面适宜耕种的土壤冲走,导致该地块在 10 多年前已经无法耕种,土地一直闲置"。巴某等三农户"属于我辖区内特困户,为增加其收入,改善其生活水平,某镇某村同意并支持巴某、牛某、向某三户将其土地出租给拉某办砂砖厂,涉及办理砂砖厂的手续由拉某自行办理"。

二审法院维持了一审判决。关于案涉土地的性质及是否改变用途,其认为,农用地是指直接用于农业生产的土地,包括耕地、林地、草地、农田水利用地、养殖水面等。某镇政府及某村村委会主任、村支书共同出具的情况说明,能够证明案涉承包土地为耕地的事实,只因河水冲刷,将土地表层土壤冲走无法耕种,但该证据并不能证明诉争土地性质的改变。转让协议已经将案涉土

---

[1] 按照赵某上诉中的说法,某公司是因采砂场办证问题或资金遇到风险而不想履行合同,转而采取诉至法院要求确认合同无效的策略。除诉请确认合同无效外,某公司还主张赵某返还已支付的租金,并按银行同期贷款利率支付自其支付土地使用权转让费之日起至该费用全额退还时止的损失赔偿金。

地的性质进行了改变,将农用地的性质用于非农业建设,该行为必须经相关部门的批准,否则违反相关法律规定。某镇政府以及所在村同意将案涉土地承包给巴某等三农户,并同意其三人将该土地承包给拉某办理砂砖厂,且拉某办砂砖厂的行为未经依法批准,不具有合法性。赵某再次将承租的案涉承包土地使用权转让给某公司,且转让协议中明确约定租地用途为采砂办砖厂,这是在明知该农用地未经批准转变成非农用地的情况下签订土地转让协议。

(2)理论分析

从土地规划层面来讲,案涉土地应为农用地(耕地),这也为当地镇政府、村集体组织负责人和流转当事人所确认。租地协议明确约定租地用途为采砂办砖厂,这显然属于非农使用。按照《土地管理法》有关农用地转用程序规定,农用地转用须经县级以上人民政府批准,[1]案涉土地转为非农使用只是在初次流转(出租)环节获得镇政府和村集体组织同意,没有依法办理农用地转用审批手续。法院据此认定案涉租地协议改变了土地的农业用途并无不当。

但本案特别值得关注的一个点是,案涉土地因长期河水冲刷将土地表面适宜耕种的土壤冲走以致多年前就已经无法耕种,一直闲置,[2]这应该也是实情,不仅镇政府、村集体出具了说明,法院也予以了认可。此外,镇政府和村集体之所以同意可将土地流转办采砂场,除了该土地因客观原因多年前就已经无法耕种而一直闲置外,还有一个原因是承包方是特困户,希望借此增加其收入,改善其生活水平。析言之,案涉土地虽名义上是耕地,但由于客观原因实际上无法耕种,已经丧失了农用的功能。若不允许转用,土地只能闲置,承包方也只能享有空有形式上的土地权益。而若允许根据客观情况转用,土地能得到有效利用,承包方则能实实在在地享有法律所赋予的土地权益。从这个角度来看,着眼实际予以变通处理,似乎也不错甚至更可取。

---

〔1〕《土地管理法实施条例》(2021年)第23条第1款规定:"在国土空间规划确定的城市和村庄、集镇建设用地范围内,为实施该规划而将农用地转为建设用地的,由市、县人民政府组织自然资源等部门拟订农用地转用方案,分批次报有批准权的人民政府批准。"第24条规定:"建设项目确需占用国土空间规划确定的城市和村庄、集镇建设用地范围外的农用地,涉及占用永久基本农田的,由国务院批准;不涉及占用永久基本农田的,由国务院或者国务院授权的省、自治区、直辖市人民政府批准……"

〔2〕按某镇政府和某村村委会主任、村支书出具的情况说明,10多年前就无法耕种。二审法院虽然没有明确认可"10多年"这个数字,但从裁判有关论述来看,应该没什么大的异议。此外,一审法院认定的事实中只是使用了"多年前",但结合"一直闲置,大概四年前"的有关论述,大体可以推断一审法院至少认可土地无法耕种、一直闲置了至少4年。

从法理层面来讲,这可能陷入一个所谓“形式理性优先”还是“实质理性优先”的经典难题。这里无意开展抽象层面的讨论。仅就本案而言,一个颇令人费解但也不容忽视的一个细节是,既然多年前案涉土地就因长期河水冲刷已经无法耕种,丧失了耕地的功能,镇政府、村集体也都知道这个情况,为什么土地规划一直没有作出相应的调整?是因为下情没有上达导致没有调整,还是下情虽然上达但主管部门不愿或不能调整?个中原因,仅从判决书中无从知晓。但可以明确的是,如果土地规划及时根据客观情况作了相应调整,自然也就不存在擅自改变土地的农业用途问题。

诚然,土地规划的变更调整需要严格管控以防止轻易通过调整规划的方式规避农用地转用审批。我国《土地管理法》对于严格执行、调整土地规划亦作了严格的规定。[1] 但同样客观而论,现实中也存在土地规划不够科学合理的问题。2019 年 6 月,笔者在重庆市某区实地调研农地撂荒问题时,一位从沿海发达地区到当地租地发展农业规模化经营的业主告知,其当时承租的土地是一大片荒坡(大约 1500 亩),但后来在制定土地规划时将其划为基本农田。这使土地利用受到极大限制,其本来设想租的是荒坡地,不仅种果树、中药材,还可适当建房子,搞农医旅结合,但被划为基本农田后,建房子甚至建基本的管理用房都困难。如果只是纯粹的农业经营,很难经营下来,但要调整土地规划基本上做不到。尽管当地政府对于该项目给予了积极支持,也想帮助该业主走出困境;但在调整土地规划这个问题上,他们也表示无能为力,只有等以后编修有关规划(如乡村规划)时再想办法。面对这种局面,业主十分惆怅:早知道是这种情况,就不租或不租这么多地了;实在不行,到时只有退地让农民自己去种。笔者提出,为什么当时在制定土地规划、确定土地性质(用途)时不能相对灵活处理?当地政府一位工作人员告知,现在一般都采用航拍等方式直接按片圈定哪些是农田、基本农田,其中有些也许根本就不适合耕种的地方,也可能会被纳入农田乃至基本农田的范畴。这些地块虽然原本就不适合耕种,但在规划层面上又受到严格的用途管制,现实中有时不得不处于闲置状态。

---

〔1〕 例如,《土地管理法》(2019 年)第 32 条规定:“省、自治区、直辖市人民政府应当严格执行土地利用总体规划和土地利用年度计划,采取措施,确保本行政区域内耕地总量不减少、质量不降低。……”第 35 条第 2 款规定:“禁止通过擅自调整县级土地利用总体规划、乡(镇)土地利用总体规划等方式规避永久基本农田农用地转用或者土地征收的审批。”

面对上述两难境地，需要努力探索能够两头兼顾的解决之道。就此，可着力从以下两个层面切入：

其一，健全土地调查和规划修编制度。

一方面，在土地调查和规划编制中进一步强化公众参与。根据《土地管理法》（2019年）的规定，国家建立土地调查制度，土地调查成果是土地规划编制的重要依据。[1] 土地调查成果的科学性、准确性对于保障土地规划的科学性具有重要影响。而公众参与对于保障土地调查成果的科学性、准确性又具有重要意义。既有土地调查制度虽然强调了公众参与，[2] 但更多属于宣示性的或是被动、柔性的参与，其中缺乏一个有力的公示环节。实践中，土地调查人员并不一定能够做到对每幅地块都进行现场调查，从而难以保证据实合理确定每幅地块的地类等情况。土地权属人员有可能并不知道土地调查的进展情况，或是想当然地认为土地调查人员会根据土地的实际情况合理（跟自己所想的那样）确定土地情况。如果土地调查成果在汇总上报之前，在相应村庄进行公示（若涉及保密则采用妥适的公示方式），应该说可以较好地提高准确性。此外，规划修编时也应进一步强化公示，对于公众尤其是土地权属人员等直接利害关系人提出的意见，至少应有明确的回应机制，不能让公示沦为走过场。前文所述笔者在重庆某区调研农地撂荒问题时遇到的农地利用困境，很大程度上就与公示环节欠缺以致问题被掩盖有关。业主和承包人都不清楚他们的土地什么时候就被划为基本农田了；而且业主明确告知，划为基本农田是他租地之后的事情。

另一方面，进一步健全因不可抗力等特殊原因致小幅地块确需调整规划用途的规划调整或是农用地转用制度。我国《土地管理法》（2019年）、《土地利用总体规划管理办法》（2017年）等立法虽然就土地规划修改的情形、程序等

---

〔1〕 参见《土地管理法》（2019年）第26条、第27条；《土地管理法实施条例》（2021年）第4条第3款规定："土地调查成果是编制国土空间规划以及自然资源管理、保护和利用的重要依据。"《土地调查条例实施办法》（2019年）第28条第3款规定："各级土地利用总体规划修编，应当以经国家确定的土地调查成果为依据，校核规划修编基数。"

〔2〕 例如，《土地调查条例》（2018年）第10条第2款规定："乡（镇）人民政府、街道办事处和村（居）民委员会应当广泛动员和组织社会力量积极参与土地调查工作。"第16条第2款规定："土地调查人员有权就与调查有关的问题询问有关单位和个人，要求有关单位和个人如实提供相关资料。"第17条规定："接受调查的有关单位和个人应当如实回答询问，履行现场指界义务，按照要求提供相关资料，不得转移、隐匿、篡改、毁弃原始记录和土地登记簿等相关资料。"

作了规定,[1]但在一些细节上不够完备,不能完全回应现实中的问题。例如,立法列举的规划修改情形有限,[2]通常属于因官方决策项目或重大自然灾害需要修改规划,在这些情形下规划修改的启动、推进通常比较顺利。像前述案例中因河水冲刷以致小幅地块规划用途无法实现而有必要调整用途的情形,就无法至少很难归入原《土地利用总体规划管理办法》第39条第1款第1项至第5项规定的情形,[3]理论上最多可纳入第6项所规定的兜底范畴。但事实上,若无其他法律、行政法规基于特殊考量就所谓的"其他情形"作出明确的列举规定,原《土地利用总体规划管理办法》第39条第1款第6项是无法适用的,有关部门一般也不会强行适用而"自寻烦恼"。针对这种情况,建议立法层面尽可能细化列举规定可调整规划的情形,例如,将因不可抗力等特殊原因致小幅地块用途(地类)发生根本变化规定为可调整规划的情形。退一步讲,如果基于小幅地块而频繁调整土地规划的成本较高,则可考虑确定一个时间段进行集中调整。在未调整规划之前,对相应地块的"转用"行为可以设置类似"临时用地"规范或"紧急用地"规范的制度安排,允许先转用后报批,且降低审批门槛。[4]

其二,健全司法裁判与行政管理的衔接机制。在个案审理中,法院能否根据客观情况认定土地性质(用途)情况进而在此基础上裁判是否构成"改变土地的农业用途"?从一般层面来看,如果认可法院在个案中作出相应认定,应该说可以在个案裁判中实现实质正义,但有损形式(程序)正义,最大的顾虑则是可能会损害土地规划和农用地转用审批制度的权威性。它可能形成一种"先干了再说"的负面导向。诚然,此种矛盾客观存在,但并非完全不可调和。

---

[1] 参见《土地管理法》(2019年)第25条;《土地利用总体规划管理办法》(2017年)第39~41条。

[2] 《土地利用总体规划管理办法》(2017年)第39条规定:"有下列情形之一,确需修改土地利用总体规划的,规划编制机关可以依法组织修改规划,报原规划审批机关批准:(一)国家或者省级重大战略实施、重大政策调整、经济社会发展条件发生重大变化;(二)经国务院或者省级人民政府及其投资主管部门批准的能源、交通、水利、矿山、军事设施等建设项目;(三)重大自然灾害抢险避灾、灾后恢复重建;(四)行政区划调整;(五)重要民生项目建设;(六)法律、行政法规规定的其他情形。经规划实施评估,确需修改土地利用总体规划的,依照前款规定执行。规划修改报批程序依照本办法规定的规划编制报批程序执行。"

[3] 按最可能适用的条款来看,该案中的河水冲刷,严格来讲也不属于原《土地利用总体规划管理办法》第39条第1款第3项规定的"重大自然灾害抢险避灾、灾后恢复重建",至少称不上"重大"自然灾害。即便解释为"重大自然灾害",一般认为也比较牵强。

[4] 参见《土地管理法实施条例》(2021年)第20条第2款、第21条。

现实中,在工商登记等一些情形中,如果登记与实际情况不符,法院可以据实作出相应裁判,进而当事人可以据此向登记机关申请变更或撤销登记。有理由相信,有关登记制度的权威性并没有因为少量这类变更或撤销登记情形受到什么影响。相反,根据司法裁判实事求是地修正登记情况,总体上进一步强化了人们对登记的信心。以此为镜鉴,在"改变土地的农业用途"的个案裁判中,同样可以允许法院根据客观情况认定土地性质(用途)情况,并认可法院裁判作为启动土地规划修改的重要依据。

从根本上来讲,这里的关键实为司法权力和行政权力的协调配置问题。为了保障土地规划和农用地转用审批制度的权威性,可以通过进一步明确裁判规则、严格解释等方式约束法官自由裁量空间,使法院在一般情况下尊重土地规划和农用地转用审批制度作出相应裁判;只是在十分必要的特殊情形下才作出"例外"裁判,如因不可抗力致小幅地块规划用途根本无法实现而规划又没有或无法及时调整的。

2. 结构调整还是改变用途:农用与非农用的边界

不得改变土地的农业用途的基本要义是不能将农用地用于非农建设。判断是否改变土地的农业用途,一个关键点是厘清农用与非农用的边界。伴随加快转变农业发展方式的客观需求,我国不断推进农业结构调整和优化,积极开发农业多种功能。[1] 在此背景下,农用地的利用越来越多样化,不再拘泥传统的种养业,同时也向经果林等收益比较高的产业,乃至向休闲农业、观赏农业、生态农业,或是三产融合、农文旅融合发展。与此相随的是,农用与非农用的边界不再泾渭分明;很多时候,对于是否改变土地的农业用途,人们的认知莫衷一是,有必要进一步厘清。本部分拟结合现实案例着重就三个具体问题展开分析。

(1)在耕地上发展林果业是否为改变土地的农业用途

在以往实行"基本农田"而非当前的"永久基本农田"保护制度框架下,[2]

---

〔1〕 参见国务院办公厅《关于加快转变农业发展方式的意见》(国办发〔2015〕59 号)。

〔2〕 《土地管理法》(2004 年)第 34 条规定,"国家实行基本农田保护制度"。2008 年党的十七届三中全会通过的《中共中央关于推进农村改革发展若干重大问题的决定》明确提出"划定永久基本农田"。但是,直到 2019 年修正《土地管理法》时才在法律层面以"永久基本农田"替代"基本农田",正式确立永久基本农田保护制度。《土地管理法》(2019 年)第 33 条规定,"国家实行永久基本农田保护制度"。

我国《土地管理法》(2004 年)第 36 条第 3 款规定:“禁止占用基本农田发展林果业和挖塘养鱼。”据此,如果耕地被划定为基本农田,将其用于发展林果业则属于改变土地的农业用途。在徐某禄诉徐某成土地承包经营权转包合同纠纷案〔1〕中,当事人签订的转包合同约定徐某禄将其 0.73 亩承包地(该县土地管理部门确认属于基本农田)转包给徐某成种植草莓。法院依据《土地管理法》(2004 年)第 36 条第 3 款认定,合同约定将涉案土地用于种植草莓,违反该禁止性规定,整个涉案合同无效。

在实行“永久基本农田”保护制度框架下,我国《土地管理法》(2019 年)第 37 条第 3 款继续明确规定:“禁止占用永久基本农田发展林果业和挖塘养鱼。”根据立法精神,如果在永久基本农田上发展林果业,显然属于改变土地的农业用途。不过,值得进一步思考的是,如果在永久基本农田以外的耕地上发展林果业,是否就没问题,不属于改变土地的农业用途?

从立法层面来看,《土地管理法》并没有明确禁止将永久基本农田以外的耕地用于发展林果业,只是规定:其一,“禁止占用耕地建窑、建坟或者擅自在耕地上建房、挖砂、采石、采矿、取土等”〔2〕。其二,“严格控制耕地转为林地、草地、园地等其他农用地”;“耕地应当优先用于粮食和棉、油、糖、蔬菜等农产品生产”。〔3〕

根据立法精神,不得改变土地的农业用途,不仅指不能将农用地用于非农建设,还包括不能擅自改变农业用途的使用类型,如将耕地用于种植林木、草皮、果树转为林地、草地、园地。〔4〕 循此,将耕地用于种植秫木、草皮、果树,应该说属于改变土地的农业用途。例如,现实中,一些地方将耕地用于种植草皮;近年来,在严格保护耕地的背景下多地积极开展专项整治工作。〔5〕

---

〔1〕 参见国家法官学院、最高人民法院司法案例研究院编:《中国法院 2021 年度案例 · 土地纠纷:含林地纠纷》,中国法制出版社 2021 年版,第 117 ~ 118 页。

〔2〕 《土地管理法》(2004 年)第 36 条第 2 款;《土地管理法》(2019 年)第 37 条第 2 款。

〔3〕 《土地管理法实施条例》(2021 年)第 12 条第 1 款和第 3 款。《乡村振兴促进法》第 14 条也特别规定,“严格保护耕地,严格控制农用地转为建设用地,严格控制耕地转为林地、园地等其他类型农用地”。

〔4〕 参见黄薇主编:《中华人民共和国农村土地承包法释义》,法律出版社 2019 年版,第 165 页。

〔5〕 参见宁波市农业农村局、宁波市自然资源规划局《关于开展全市种植草皮专项整治的通知》(甬农发〔2021〕120 号)。该通知指出整治对象为:全市占用耕地尤其是占用永久基本农田和粮食生产功能区种植草皮的耕地“非粮化”。

不过值得关注的是,对于改变农业用途的使用类型究竟是否属于改变土地的农业用途,人们的认识似乎并非清晰无疑。这主要源于,立法虽然规定“严格控制”耕地转为其他农用地,但没有明确规定耕地转为其他农用地必须经得批准,而只是规定,具体办法由国务院自然资源主管部门会同有关部门规定,以及根据国家规定确需转用的,“应当优先使用难以长期稳定利用的耕地”。[1] 析言之,由于立法并非绝对禁止耕地转为其他农用地且没有明确规定耕地转为其他农用地须经批准,农户或业主将耕地用于种植林木、草皮、果树或者发展林果业,在实践中难以直接或者清晰无疑地予以认定为违法。按照人们的理解,既然不能认定为违法,那么就是可以做的。尤其是,如果只是将小幅耕地转为其他农用地,没有大规模地将耕地转为其他农用地,没有造成较大的社会影响时,人们对于这种行为可能更会不以为然。

例如,在陆某某诉冯某某土地承包经营权出租合同纠纷案[2]中,案涉土地系责任田(水田),被约定出租给冯某某用于种植果树。冯某某承租后在水田种植了佛手果,其后又将该地转租给第三人,第三人将原有的佛手果树砍伐,对果园进行了翻耕种植了砂糖橘果树。陆某某主张冯某某对承包土地进行了翻耕,破坏了土地的原貌,构成根本违约。一审和二审法院均认为不构成根本违约。[3] 在本案中,当事人没有依据“不得改变土地的农业用途”的有关规定去寻求认定合同无效,法院也没有关注案涉土地是否改变农业用途的问题,这在某种程度上反映出默认没有改变土地的农业用途的认知状况。[4]

---

[1] 参见《土地管理法实施条例》(2021年)第12条第1款和第3款。

[2] 参见广西壮族自治区贺州市中级人民法院民事判决书,(2018)桂11民终386号。

[3] 一审法院认为,原告与被告所签订的承租合同没有约定不得转租给他人,也没有约定种植果树的品种,被告将果园转租给第三人种植果树并没有构成根本性违约。二审法院认为:陆某某将责任田出租给冯某某种植果树,目的是收取租金,冯某某在合同约定期限内将案涉土地转租第三人,由第三人继续种植果树,约定由第三人向陆某某支付余下租金,陆某某出租土地从而获取租金的合同目的仍然可以实现,由谁支付租金,不会对合同目的的实现造成根本性影响。陆某某主张冯某某或原审第三人将原有土地地貌破坏,无法复耕,但其与冯某某签订合同之时已经知道冯某某租用土地是为了种植果树。而种植佛手果和砂糖橘并无实质性的区别,陆某某应当预见到,种植果树与种植水稻等植物对土壤和地貌的要求不同,冯某某必然会对土地进行相应的开发整理。在双方没有就此进行约定的情况下,陆某某以此提出冯某某的行为构成根本性违约,理由不充分,不予支持。

[4] 按照司法实践中的主流观点,“不得改变土地的农业用途”属于效力性强制性规定,合同约定改变土地的农业用途则合同无效(详见后文)。据此,如果认为将责任田(水田——这类土地在实践中应该都是耕地)用于种植果树属于改变土地的农业用途,案涉合同应为无效合同。对于合同无效,无须当事人提出,法院可以主动认定。

又如，笔者在H省G县调研了解到，一些农户因为其主要劳动力外出务工而无力耕种，但也不想或不愿将土地撂荒。除了土地情感因素外，一个重要原因是撂荒土地不仅没有任何收益，而且可能遭受损失，如按照现在的政策，撂荒土地不能享受粮食直补。为了避免土地撂荒，主要有两种做法，一是流转给他人经营，二是种上果树或林木。因为流转受到不少客观条件的约束很多时候并不容易实现，尤其是一些水利条件等农业基础设施差的耕地很难流转出去，这时种上果树或林木就成了“无奈”或“省事”的选择。在当地，多数情况下农户只是在水利条件等农业基础设施差的耕地上种上果树或林木。就此，人们基本上都不认为是违法行为。

应当说，将耕地用于发展林果业抑或种植果树、林木，[1]均有悖耕地保护精神，严格来讲都属于改变土地的农业用途。着眼于坚持和完善“最严格的耕地保护制度”[2]这一政策精神，结合“严格控制耕地转为林地、草地、园地等其他农用地”[3]等立法规定，笔者认为，在立法层面需进一步明确，改变农业用途的使用类型属于改变土地的农业用途；将耕地转为林地、草地、园地等其他农用地，应当履行审批手续。

为了避免采用化整为零的方式规避法律的限制或禁止性规定，不宜仅因转为其他农用地的地块面积小就可以豁免审批。现实中一些农户可能只是将零星的小幅耕地用于种植果树或林木，但不同农户叠加起来相应的土地面积就不小，对于这种情况如不予有效遏制，其蔓延后果不容忽视。在曾经一段时间内，不少地方对于农户占用耕地建房管控不严，以致呈现出以“切香肠”的形式将大面积耕地“蚕食”的情况。事后再来整治，骑虎难下，基本上很难将其再恢复为耕地，很大程度上只是要求农户缴纳罚款作为处罚，相当于买块地（耕地）建房。应该说，这种情况可为严格控制耕地转为其他农用地提供“反面”镜鉴。

---

〔1〕 在普通老百姓心中，“发展林果业”（立法用语）具有规模经营的意味，至少要达到一定规模才能叫“发展林果业”，如果只是在小幅地块上种植果树或林木，很难说是“发展林果业”。

〔2〕 参见2008年党的十七届三中全会通过的《中共中央关于推进农村改革发展若干重大问题的决定》、2013年党的十八届三中全会通过的《中共中央关于全面深化改革若干重大问题的决定》、原国土资源部《关于强化管控落实最严格耕地保护制度的通知》（2014年）。

〔3〕 参见《土地管理法实施条例》（2021年）第12条第1款。

(2)在耕地上发展设施农业是否改变土地的农业用途

设施农业属于农业的范畴,被视为现代农业的显著标志,促进设施农业发展是实现农业现代化的重要任务。[1] 鉴于设施农业用地直接用于或者服务于农业生产,我国总体上将设施农业用地定性为农用地,对设施农业用地按农用地管理。[2]

严格来讲,设施农业用地包括不同类型。在国家政策层面,早期我国曾将设施农业用地分为生产设施用地和附属设施用地两种类型,[3]之后又将设施农业用地进一步细分为生产设施用地、附属设施用地以及配套设施用地三种类型,[4]并在此基础上对不同类型的设施农业用地实施不同的管理。总体上,我国对设施农业用地管理的基本精神包括以下方面:严禁随意扩大设施农业用地的范围;严格控制附属设施用地和配套设施用地的规模;保护耕地和合理利用土地,不占或少占耕地尤其是(永久)基本农田。例如,2014 年出台的设施农业用地政策明确指出:“设施建设应尽量利用荒山荒坡、滩涂等未利用地和低效闲置的土地,不占或少占耕地。”平原地区从事规模化粮食生产涉及的配套设施建设,只有在“无法避开”且经县级政府有关部门论证“确需占用”的情况下才能占用基本农田,且对于占用的基本农田必须“补划”。此外,“各类畜禽养殖、水产养殖、工厂化作物栽培等设施建设禁止占用基本农田”。[5]

鉴于 2014 年出台的设施农业用地政策难以满足发展需要且有效期(5 年)届满,2019 年 12 月 17 日自然资源部、农业农村部联合出台了新的设施农业用地政策。[6] 相较以往的设施农业用地政策,2019 年的设施农业用地政策延续

---

〔1〕 参见原农业部《关于促进设施农业发展的意见》(2008 年 7 月 9 日)。

〔2〕 参见原国土资源部、农业部《关于完善设施农用地管理有关问题的通知》(国土资发〔2010〕155 号,已失效);原国土资源部、农业部《关于进一步支持设施农业健康发展的通知》(国土资发〔2014〕127 号,已失效)。

〔3〕 参见原国土资源部、农业部《关于完善设施农用地管理有关问题的通知》(国土资发〔2010〕155 号,已失效)。

〔4〕 参见原国土资源部、农业部《关于进一步支持设施农业健康发展的通知》(国土资发〔2014〕127 号,已失效)。

〔5〕 参见原国土资源部、农业部《关于进一步支持设施农业健康发展的通知》(国土资发〔2014〕127 号,已失效)。

〔6〕 参见自然资源部、农业农村部《关于设施农业用地管理有关问题的通知》(自然资规〔2019〕4 号)。该通知载明:“《国土资源部 农业部关于进一步支持设施农业健康发展的通知》(国土资发〔2014〕127 号)已到期,自动废止。本通知有效期为 5 年。”

了保护耕地等基本精神，但在具体制度安排上有一些大的变化，主要体现为：

其一，基于“设施农业用地情形复杂，国家把住总体规定，地方细化管理要求”“避免概念过多、含义不清”等考虑，不再将设施农业用地细分为生产设施用地、附属设施用地和配套设施用地，而是立足作物种植和畜禽水产养殖两大农业基本类别在生产方式、设施兴建和用地需求等方面存在较大差异，[1]总体界定“设施农业用地包括农业生产中直接用于作物种植和畜禽水产养殖的设施用地”，并就其内容作了简要说明。[2]

其二，鉴于全国各地、各类设施农业用地差异较大，为与对设施农业用地类型划分所作调整相适应，国家层面不再对各类设施农业用地规模作出统一规定。[3] 总体上指出“设施农业属于农业内部结构调整，可以使用一般耕地，不需落实占补平衡”。不再细分生产、辅助、配套设施，而是以设施建设是否破坏耕地耕作层为问题实质和衡量标准，[4]同时结合种植类和养殖类这两大类设施用地差异，明确种植设施和养殖设施分别在什么情况下可以使用永久基本农田。具体要求为：“种植设施不破坏耕地耕作层的，可以使用永久基本农田，不需补划；破坏耕地耕作层，但由于位置关系难以避让永久基本农田的，允许使用永久基本农田但必须补划。养殖设施原则上不得使用永久基本农田，涉及少量永久基本农田确实难以避让的，允许使用但必须补划。”[5]

总体来看，2019 年的设施农业用地政策着重解决的是以往国家层面对于

---

〔1〕 参见焦思颖：《改进设施农业用地政策　促进现代农业健康发展——〈自然资源部农业农村部关于设施农业用地管理有关问题的通知〉的解读》，载《中国自然资源报》2019 年 12 月 10 日，第 1 版。

〔2〕 自然资源部、农业农村部《关于设施农业用地管理有关问题的通知》（自然资规〔2019〕4 号）进一步指出：“作物种植设施用地包括作物生产和为生产服务的看护房、农资农机具存放场所等，以及与生产直接关联的烘干晾晒、分拣包装、保鲜存储等设施用地；畜禽水产养殖设施用地包括养殖生产及直接关联的粪污处置、检验检疫等设施用地，不包括屠宰和肉类加工场所用地等。”

〔3〕 其一，既不再按以往“生产设施用地、附属设施用地、配套设施用地”的类型划分，也未按当前“作物种植设施用地、禽畜水产养殖设施用地”的类型划分，对各类设施用地规模作出统一规定。其二，设施用地规模总体上交由各省（区、市）合理确定，但有一个例外情况，“看护房执行‘大棚房’问题专项清理整治整改标准”。即南方地区控制在“单层、15 平方米以内”，北方地区控制在“单层、22.5 平方米以内”，其中严寒地区控制在“单层、30 平方米以内”（占地面积超过 2 亩的农业大棚，其看护房控制在“单层、40 平方米以内”）。参见焦思颖：《改进设施农业用地政策　促进现代农业健康发展——〈自然资源部农业农村部关于设施农业用地管理有关问题的通知〉的解读》，载《中国自然资源报》2019 年 12 月 10 日，第 1 版。

〔4〕 参见焦思颖：《改进设施农业用地政策　促进现代农业健康发展——〈自然资源部农业农村部关于设施农业用地管理有关问题的通知〉的解读》，载《中国自然资源报》2019 年 12 月 10 日，第 1 版。

〔5〕 自然资源部、农业农村部《关于设施农业用地管理有关问题的通知》（自然资规〔2019〕4 号）。

设施农业用地管得“过细、过死”的问题,这无疑有利于进一步调动各地发展设施农业的积极性。但是,着眼严格落实土地用途管制尤其是“最严格的耕地保护制度”,确保农地农用,在设施农业用地制度安排上,还有一些细节问题值得厘清,这主要体现在以下两个方面:

其一,与土地管理法有关严格控制耕地转为其他农用地的制度安排衔接。前文已述,不得改变土地的农业用途既要求不能将农用地用于非农建设,也包括不能擅自改变农业用途的使用类型。《土地管理法实施条例》(2021 年)第 12 条明确规定“严格控制耕地转为林地、草地、园地等其他农用地”,具体办法由国务院有关部门规定。设施农业种类繁多,从大类来讲便可分为作物种植类和畜禽水产养殖类。而 2019 年的设施农业用地政策仅笼统指出“设施农业属于农业内部结构调整,可以使用一般耕地”,这意味着无论种植类还是养殖类设施农业都可以使用一般耕地,而且根据官方解读,都不需要审批。[1] 与此同时,国家层面也不再对各类设施农业用地规模作出统一规定,而是总体上交由各省(区、市)合理确定规模。此种背景下,如果地方层面不能对各类设施农业用地规模及使用程序作出合理制度安排,将导致土地管理法有关严格控制耕地转为其他农用地的精神无法有效落实。客观而论,“农业内部结构调整”尽管不是非农建设,但仍涉及改变农业用途的使用类型问题,根据土地管理法的精神,需要给予必要的约束,特别是将耕地转为其他农用地时。然而这在现实中似乎没有受到应有的重视。鉴于此,着眼于贯彻实行“最严格的耕地保护制度”这一政策精神,笔者认为,对于使用一般耕地发展畜禽水产养殖类设施农业,宜合理设置规模和用地审批程序。

其二,与土地管理法有关严格保护永久基本农田的制度安排衔接。《土地管理法》(2019 年)明确规定“禁止占用永久基本农田发展林果业和挖塘养鱼”。而根据 2019 年的设施农业用地政策,无论是种植设施还是养殖设施,在符合一定条件下都可以使用永久基本农田,最宽松的情形是只要种植设施不破坏耕地耕作层,便不仅“可以使用”而且“不需补划”。若种植设施破坏耕地层,则只有“由于位置关系难以避让”时才“允许使用但必须补划”。最严格的

---

〔1〕 参见焦思颖:《改进设施农业用地政策　促进现代农业健康发展——〈自然资源部农业农村部关于设施农业用地管理有关问题的通知〉的解读》,载《中国自然资源报》2019 年 12 月 10 日,第 1 版。

情形是养殖设施原则上“不得使用”，但“涉及少量”且“确实难以避让”时才“允许使用但必须补划”。析言之，如果设施农业涉及林果业、挖塘养鱼，则面临是绝对“禁止占用”还是在符合一定条件下“可以使用”的问题。理论上讲，若按照2019年的设施农业用地政策执行，则《土地管理法》（2019年）“禁止占用”的规定就有了规避的空间。例如，林果业总体上属于作物种植类，林、果尤其是果的外延并不清晰，有的时候是否“破坏耕地耕作层”也并不容易清晰界定。又如，挖塘养鱼可纳入水产养殖类，何为“涉及少量”“确实难以避让”在现实中也不容易清晰界定。根据2019年的设施农业用地政策，若不涉及“补划”的问题，永久基本农田只需“备案”即可使用。即便涉及“补划”，也只“须事先经县级自然资源主管部门同意后方可动工建设”，批准机关的层级较低，而且究竟是先补划后使用，还是先使用后补划，在政策文件上也未尽可知。[1] 从严格落实永久基本农田保护制度的政策立法精神出发，不宜允许借由发展设施农业规避“禁止占用永久基本农田发展林果业和挖塘养鱼”这一《土地管理法》（2019年）上的明确规定。即便退而求其次，也应参照适用《土地管理法》（2019年）有关永久基本农田转用的制度安排，或是必须先补划后使用，也即实际上将原永久基本农田转为一般耕地才能使用。

（3）在承包地上发展休闲农业是否改变土地的农业用途

在我国，休闲农业被界定为“现代农业的新型产业形态、现代旅游的新型消费业态”。[2] 2016年、2017年、2018年和2021年的中央一号文件都将“休闲农业”明确写入其中并作为农村（乡村）产业的一种重要形态予以推动发展。2020年农业农村部编制的《全国乡村产业发展规划（2020—2025年）》将推进休闲农业发展作为乡村产业振兴的一项重要内容作出规划安排。

发展休闲农业涉及以下重要的用地问题：休闲农业用地究竟是什么性质，是否抑或在什么情形下存在改变土地的农业用途的情况。要回应上述问题，首先需要厘清何为休闲农业——究竟是农业还是旅游（休闲）业，又或者是“农

---

〔1〕 根据官方解读，需“在补划同等数量、质量永久基本农田的前提下，允许使用永久基本农田”。参见焦思颖：《改进设施农业用地政策 促进现代农业健康发展——〈自然资源部农业农村部关于设施农业用地管理有关问题的通知〉的解读》，载《中国自然资源报》2019年12月10日，第1版。不过，这毕竟只是解读，没有形成正式制度，实践中并不一定都能有效遵循。

〔2〕 2016年7月8日原农业部等14部门联合印发的《关于大力发展休闲农业的指导意见》（以下简称《休闲农业指导意见》）。

业+旅游”？在此基础上明确休闲农业用地是否为一个笼统的上位概念，需要结合具体用地项目加以细分，从而在根本上回归传统的土地类型划分：要么是农用地（包括设施农业用地），要么是建设用地，或是其他类型用地。

根据《休闲农业指导意见》的描述，休闲农业似乎既属于农业也属于旅游业。然而仅在2014年的政策文件里，[1]表述为“休闲农业是重要的民生产业和新型消费业态”，并没有说它是“现代农业的新型产业形态”，而且，该文件明确指出“鼓励利用荒山、荒坡、荒滩、废弃矿山和农村空闲地发展休闲农业，不得滥占耕地”。据此来看，休闲农业在本质上更多属于“非农”产业，否则国家政策文件不会明确提出“不得滥占耕地”。

2015年原农业部等11部门联合印发的《关于积极开发农业多种功能大力促进休闲农业发展的通知》（以下简称《休闲农业发展通知》），也只是将休闲农业描述为“农村一二三产业发展的融合体”，在休闲农业用地方面，可谓已经明确体现出将其纳入建设用地范畴。[2] 现实中，发展休闲农业面临的最大困境是缺少建设用地指标。在早期，且不论耕地，即便是利用“四荒地”发展休闲农业也都被认定为违规用地，因为“四荒地”不是建设用地。后来国家政策才放宽，不仅允许而且鼓励利用“四荒地”发展休闲农业，但这在很大程度上也是一种“变通”做法，因为其根本上也要占用建设用地指标。结合《休闲农业发展通知》的文件精神和用地政策表述，可以进一步看到，休闲农业实际上被定性为非农建设。从逻辑上讲，如果休闲农业的性质为农业，无须“在实行最严格的耕地保护制度的前提下”将休闲农业项目用地“列入土地利用总体规划和年度计划优先安排”，它使用“四荒地”也不涉及建设用地指标问题。

《休闲农业指导意见》在有关休闲农业的性质描述和用地制度安排上出现了一些新的变化，一是在重申休闲农业是新型消费业态的基础上，创新性地指出休闲农业也是“现代农业的新型产业形态”；二是在休闲农业用地方面，虽然

[1] 2014年11月26日原农业部印发的《关于进一步促进休闲农业持续健康发展的通知》。

[2] 《休闲农业发展通知》指出：“在实行最严格的耕地保护制度的前提下，对农民就业增收带动作用大、发展前景好的休闲农业项目用地，各地要将其列入土地利用总体规划和年度计划优先安排。支持农民发展农家乐，闲置宅基地整理结余的建设用地可用于休闲农业。鼓励利用村内的集体建设用地发展休闲农业，支持有条件的农村开展城乡建设用地增减挂钩试点，发展休闲农业。鼓励利用‘四荒地’（荒山、荒沟、荒丘、荒滩）发展休闲农业，对中西部少数民族地区和集中连片特困地区利用‘四荒地’发展休闲农业，其建设用地指标给予倾斜。”

基本上延续了2015年《休闲农业发展通知》中的政策精神,将休闲农业用地总体上纳入建设用地范畴,但也有值得关注的变化,主要体现为明确指出"可用林场和水面、边远海岛等资产资源发展休闲农业"。[1]

根据《土地管理法》(2019年)第4条第3款的规定,农用地包括耕地、林地、养殖水面等。鉴于林场建设于林地之上,"水面"在语义上也可包含"养殖水面",政策上支持使用林场、水面发展休闲农业,至少意味着允许使用某些类型的农用地发展休闲农业。

对于这种变化,不应理解为政策上进一步放宽,允许使用农用地发展"非农建设"意义上的休闲农业项目。更为妥当的解释应是,政策上不再将休闲农业拘泥于纯粹的农业或是非农产业类型,而是让它真正回归"农村一二三产业发展的融合体"的意涵,既然是"融合体",自然就涵盖了农业和非农业等不同产业类型。在此基础上,对于休闲农业用地,自然也就需要根据具体项目的产业性质来安排不同类型的土地,若是农业产业则可以使用农用地,若是非农建设项目则使用建设用地。

这种理解可从2015年国务院办公厅印发的《关于推进农村一二三产业融合发展的指导意见》(国办发〔2015〕93号)中获得印证。该意见指出,对社会资本投资建设高标准农田等达到一定条件的,允许其利用一定比例的土地开展观光和休闲度假旅游等经营活动,但需以符合土地规划和"依法办理建设用地审批手续"等为前提条件。

客观而论,人们对"休闲农业"这个概念的使用不太妥当,以致出现名实不符,极具误导性的局面。抛开技术上的语词之争,如今重点需要厘定其语义所指。基于确保"农地农用"这一土地用途管制的基本精神,综合前述有关休闲农业的政策话语演进情况,可厘定:休闲农业是以"农业+旅游"为核心产业形态的农村"三产"融合发展载体,既非纯粹的农业,也不是纯粹的非农产业。休闲农业用地按具体项目的产业性质依法使用相应类型的土地,若是农业产业,

---

〔1〕《休闲农业指导意见》指出:支持有条件的地方通过盘活农村闲置房屋、集体建设用地、开展城乡建设用地增减挂钩试点、"四荒地"、可用林场和水面、边远海岛等资产资源发展休闲农业。鼓励各地将休闲农业和乡村旅游项目建设用地纳入土地利用总体规划和年度计划合理安排。在符合相关规划的前提下,农村集体经济组织可以依法使用建设用地自办或以土地使用权入股、联营等方式与其他单位和个人共同举办住宿、餐饮、停车场等休闲旅游接待服务企业。

按农用地管理;若是非农产业,按建设用地管理。

现实中,在休闲农业用地方面,一定程度上存在不能有效落实确保“农地农用”的情况,无论是在理念还是制度细节安排上都需要改进。例如,在吕某诉江某某、黄某某农村土地承包合同案[1]中,吕某将其从某村承包的林果场的部分土地转包给江某某用于经营农、林、花卉及绿化苗木种植业。之后,江某某与黄某某签订《休闲山庄开发合同协议》,黄某某将承包地用于发展餐饮业,并在未取得合法手续的情况下在承包地范围内兴建建筑物、构筑物等。案件焦点之一是,吕某是否有权解除与江某某的承包合同并要求江某某、黄某某返还诉争承包地,而其关键又在于江某某、黄某某是否改变土地用途。

一审法院认为,江某某、黄某某发展休闲农业,利用诉争承包地上原有部分建筑物改建经营餐厅的行为,未对承包土地造成永久性损害。依照《厦门市关于进一步促进休闲农业发展的意见》第2条中的规定,对休闲农业项目直接用于或者服务于农业生产的设施用地,在符合总体规划的情况下,附属设施用地按项目总用地规模5%的比例配套,但最多不超过10亩。本案经现场勘查,用于经营休闲山庄的面积仅占承包地面积不到0.5%,尚有99.5%左右的土地面积用于果、林等种养殖农业生产,江某某将极少部分土地用于与黄某某合作经营休闲山庄的行为不妨碍吕某与江某某之间的《承包合同书》的继续履行。即便江某某、黄某某经营休闲山庄等设施属于非农建设,也应由土地等相关行政主管部门予以处理,并不能作为吕某解除合同的理由。

二审法院认为,吕某主张江某某、黄某某改变了土地用途,但一审判决根据厦门市有关规定得出结论,未超过标准,“且开办的餐厅亦属依附于农林业的发展,所经营的农家乐类休闲农业项目,已经取得工商部门的核准登记。该项目并不违反法律、法规的强制性规定,亦符合现行农业的发展政策,故并不属于改变土地用途的行为”。

基于确保“农地农用”的基本精神,本案法院的认定值得商榷。餐饮业属于非农产业,将承包地用于发展餐饮业自然属于改变土地用途,不能因为用地面积占比小就可否认其改变土地用途的事实。根据厦门市有关政策,所谓“配

〔1〕 参见国家法官学院、最高人民法院司法案例研究院编:《中国法院2021年度案例·土地纠纷:含林地纠纷》,中国法制出版社2021年版,第200~202页。

套”用地是附属设施农地，即“直接用于或者服务于农业生产的设施用地”，且需要在符合土地总体利用规划的前提下才能配套使用。法院只看到其中的规模标准，却忽视了用途标准。

根据确保“农地农用、农棚农用”的设施农业用地政策精神，其一，设施必须是直接用于或直接服务于设施农业生产的设施；其二，不能改变设施的性质和用途，特别是不能用于改建住宅、私家庄园、别墅，不能用于餐饮、娱乐、康养等经营性用途。[1] 2015年国务院办公厅印发的《关于推进农村一二三产业融合发展的指导意见》亦明确指出，允许利用一定比例的土地开展观光和休闲度假旅游等经营活动，须以符合土地规划和“依法办理建设用地审批手续”等为前提条件。析言之，不能简单从用地规模（占比和总规模）标准出发，而是需要根据具体项目性质及其所用地块类型，综合评断是否改变土地用途。如果占用的是永久基本农田，即便占比和总规模都很小，显然也要严格按照保护永久基本农田的制度安排执行。

（二）改变土地农业用途的法律后果

土地经营权出租（流转）合同约定改变土地的农业用途，合同是否无效，农村土地承包法及司法解释未予明确，在司法实践中也未完全达成共识。若出租（流转）合同约定没有改变土地的农业用途，但在履行合同过程中，受让方擅自改变土地的农业用途，根据《农村土地承包法》（2018年）第42条第1项规定，承包方可以解除流转合同。不过，司法实践中也存在并不当然支持解除合同的情形。针对此种情况，有必要就改变土地农业用途的法律后果作进一步研究。

1. 合同约定改变土地农业用途时的效力

在司法实践中，一般认为土地经营权出租（流转）合同约定改变土地的农业用途，合同无效，但也有不同论断，主要分歧在于“不得改变土地的农业用途”是否为效力性强制性规定。此外，对于“合同约定改变”如何把握，人们的认识并非完全一致。例如，政府拟同意改变土地农业用途但在批复之前签订的流转合同约定改变土地的农业用途，合同是否无效？流转合同虽然约定改

---

〔1〕 参见焦思颖：《改进设施农业用地政策　促进现代农业健康发展——〈自然资源部农业农村部关于设施农业用地管理有关问题的通知〉的解读》，载《中国自然资源报》2019年12月10日，第1版。

变土地的农业用途,但同时也载明"须在国家政策允许范围内从事生产经营活动,不得擅自改变土地用途"。本部分拟结合相关案例进行分析。

(1)"不得改变土地的农业用途"是否为效力性强制性规定

在笔者掌握的案例中,法院主流观点认为"不得改变土地的农业用途"是效力性强制性规定,若出租(流转)合同约定改变土地的农业用途,则合同无效。[1] 但也有法院认为,"不得改变土地的农业用途"并不属于效力性强制性规定,不能基于合同约定改变土地的农业用途而认定合同无效。

在李某某与某花炮公司土地承包经营权出租合同纠纷案[2]中,合同约定的承包地租赁用途为投资建厂。围绕合同是否无效,争议的最大焦点便是包括"不得改变土地的农业用途"在内的《农村土地承包法》(2002 年)第 33 条规定是否为效力性强制性规定。就此,当事人之间、一审和二审法院之间均存在不同看法。李某某认为,根据《农村土地承包法》的立法宗旨,该条规定属于效力性强制性规定。某花炮公司则认为,《土地承包纠纷司法解释》(2005 年)对涉及该类纠纷中合同无效的情形作了列举式规定,并不包括《农村土地承包法》(2002 年)第 33 条规定的情形,故该条规定属于管理性强制性规定,不属于效力性强制性规定,违反该条并不当然导致合同无效。一审法院持与某花炮公司相同的观点,理由也并无二致。[3] 二审法院则予以纠正,主要依据是,2008 年最高人民法院发布的《关于为推进农村改革发展提供司法保障和法律服务的若干意见》指出,"对改变土地集体所有性质、改变土地用途、损害农民土地承包权益的流转行为,要依法确认无效"。[4]

---

〔1〕 参见马某某等与某中学土地承包经营权出租合同纠纷案,安徽省亳州市中级人民法院(2019)皖 16 民终 3108 号民事判决书;某村社与某家具公司等土地承包经营权出租合同纠纷案,四川省成都市中级人民法院(2019)川 01 民终 17868 号民事判决书;傅某某与某汽车驾驶员培训公司、某村民委员会土地承包经营权转包合同纠纷案,福建省莆田市中级人民法院(2019)闽 03 民终 2282 号民事判决书。

〔2〕 参见湖北省恩施土家族苗族自治州中级人民法院民事判决书,(2017)鄂 28 民终 2209 号。

〔3〕 一审法院认为,关于《农村土地承包法》(2002 年)第 33 条是效力性强制性规定还是管理性强制性规定,从农村土地承包法本身来看,并未对此作出明确界定。但最高人民法院关于审理涉及农村土地承包纠纷案件适用法律问题的解释对该类纠纷中合同无效的情形作了列举式规定,其中并不包含第 33 条规定的情形。由此可见,该条规定属于管理性强制性规定,不属于效力性强制性规定,违反该条并不当然导致合同无效,李某某以此主张合同无效的理由不能成立,不予支持。

〔4〕 最高人民法院《〈关于为推进农村改革发展提供司法保障和法律服务的若干意见〉的通知》(法发〔2008〕36 号)指出:"在审理土地承包经营权流转案件中,要严格执行《物权法》、《农村土地承包法》以及最高人民法院《关于审理涉及农村土地承包纠纷案件适用法律问题的解释》等法律、司法解释的规定,对改变土地集体所有性质、改变土地用途、损害农民土地承包权益的流转行为,要依法确认无效。"

在龙某某诉某旅游公司确认合同无效案[1]中,也存在与上一案例类似的情况。本案中,合同(名为转让实为出租)约定的承包地出租用途为修建停车场。一审法院认为,出租土地被用作修建停车场,违反"不得改变土地的农业用途的强制性规定,合同无效"。二审法院则认为,不得改变土地的农业用途"属于对土地流转过程管理性质的规定,并不属于效力性强制性规定",不能认定此合同无效,若当事人违反使用土地的规定,应由相应的土地管理部门进行处罚。

从上述案例有关论争来看,关于"不得改变土地的农业用途"是否为效力性强制性规定,论争双方的主要论据是最高人民法院出台的司法政策或司法解释是否作出规定。就此而言,可以说双方都各有依据。一方面,前述 2008 年最高人民法院《关于为推进农村改革发展提供司法保障和法律服务的若干意见》确实明确指出对于改变土地用途的流转行为,要依法确认无效。另一方面,2008 年最高人民法院发布的《关于为推进农村改革发展提供司法保障和法律服务的若干意见》提出"要依法确认无效"乃建立在一个基础上,即严格执行原《物权法》、《农村土地承包法》以及《土地承包纠纷司法解释》等法律、司法解释的规定。然而,无论是原《物权法》(包括后来出台的《民法典》物权编)、《农村土地承包法》,还是《土地承包纠纷司法解释》(2005 年、2020 年),都没有明确规定流转合同改变土地用途时合同无效。特别值得提及的是,《土地承包纠纷司法解释》(2005 年、2020 年)都列举规定了一些情形下流转合同无效,却都没有将改变土地的农业用途或是违反《农村土地承包法》(2002 年)第 33 条(2018 年修正时调整至第 38 条)[2]列举规定为合同无效情形。

司法政策或司法解释上的不一致,无法给出明确而令论争双方信服的答案。鉴于此,需要运用效力性强制性规定的识别方法加以分析、识别。尽管对于如何识别效力性强制性规定,理论与实务界尚未完全达成共识,但也形成了一些广为认可的识别方法,如利益识别法、对象识别法。[3] 利益识别法着眼的

---

[1] 参见国家法官学院案例开发研究中心编:《中国法院 2019 年度案例·土地纠纷》,中国法制出版社 2019 年版,第 100~102 页。

[2] 《农村土地承包法》(2002 年)第 33 条和《农村土地承包法》(2018 年)第 38 条规定了土地(承包)经营权流转应当遵循的基本原则,其中包括"不得改变土地的农业用途"。

[3] 参见徐干忠:《识别效力性强制性规定的方法》,载《人民司法》2011 年第 12 期;石一峰:《效力性强制性规定的类型化分析》,载《武汉大学学报(哲学社会科学版)》2018 年第 3 期。

是违反强制性规定将影响何种利益,一般认为,若损害的是国家利益或社会公共利益,则应认定为效力性强制性规定;若不损害国家利益或社会公共利益,而只是损害当事人利益,则认定为管理性强制性规定。对象识别法关注的是强制性规定的调整对象是主体资格还是合同行为,一般认为,若调整对象为主体资格,宜认定为管理性强制性规定;若调整对象是合同行为(不包括合同履行行为),应识别为效力性强制性规定。

基于以上认知,将"不得改变土地的农业用途"认定为效力性强制性规定更为妥当。其一,"不得改变土地的农业用途"旨在保护国家利益和社会公共利益,这应毋庸赘言。依循利益识别法,宜将其识别为效力性强制性规定。其二,"不得改变土地的农业用途"所要禁止的是行为,在订约层面旨在禁止约定改变土地用途的合同行为。依循对象识别法,宜将其认定为效力性强制性规定。最后补充说明的是,相较而言,将"不得改变土地的农业用途"认定为效力性强制性规定而非管理性强制性规定,进而据此否定合同效力,更能有效落实这项规定,实现立法目标。若认定为管理性强制性规定,从法律后果来讲,一般只能施以一定的行政处罚,现实中更多会体现为罚款了事。这样一来,"不得改变土地的农业用途"很大程度上会沦为"纸上规定",现实中可能将实质上演变为交钱便可改变土地的农业用途。

(2)"合同约定改变"如何把握——判断时点与附条件问题

其一,政府拟同意农转用但在批复之前签订的流转合同改变土地的农业用途,合同是否无效?在吴某某与某村委会等土地承包经营权出租合同纠纷案[1]中,2011年5月20日,吴某某(乙方)与某村委会(甲方)签订协议,载明:"为建设本村'绿色家园、富丽山村'精品村,甲方需租用乙方农田1.65亩……直至本村农田被征用为止(或本村农田再次分配),甲乙双方不得反悔。……"2013年10月18日,省政府批复同意案涉土地农转用。2016年吴某某因故诉至法院请求确认其与某村委会签订的土地租赁协议无效。

一审法院未认定合同无效,理由主要有二:一是案涉合同系双方在平等、自愿、有偿的前提下签订,自双方签订合同之日起至省政府批复同意农转用期间,某村委会并未将案涉土地用于非农建设,即在此期间,并无改变土地农业

[1] 参见浙江省杭州市中级人民法院民事判决书,(2017)浙01民终4665号。

用途的行为和事实。二是在省政府批复同意案涉土地农转用后，土地使用权性质发生了变化，由农用地转为建设用地，在批准的建设用地范围内进行施工建设并未违反法律强制性规定。吴某某则继续上诉称，协议内容违法。理由是，协议中直接写明某村委会租用吴某某的农田是用于建设本村"绿色家园、富丽山村"精品村，在尚未取得省政府同意农转用的情况下，该内容明显违反了《农村土地承包法》关于土地租赁不得改变农田性质的规定。二审法院维持了一审法院观点，理由并无二致。[1]

初步来看，本案所涉争点在于，判断合同是否改变土地用途，是以合同签订时还是以诉讼时的土地性质为准？在本案中，出租合同签订时案涉土地的性质为农用地，而合同约定土地用途为建设精品村（非农建设）。不过，合同签订两年多后，省政府批复同意案涉土地农转用，且在此之后近 3 年当事人才提起诉讼，以合同改变土地用途为由主张合同无效。如果以合同签订时的土地性质为准，显然合同改变了土地用途，应认定合同无效。如果按照诉讼时的土地性质为准，则合同没有改变土地用途，不存在因改变用途而致无效的情形。若依前者认定无效，根据法律规定，承租方原则上要返还土地，若不能返还或没有必要返还的，应折价补偿。[2] 问题是，在当事人提起诉讼时，案涉土地早已（近 3 年）依法农转用，究竟是返还土地还是折价补偿？若返还土地，无法再返还农用地而是返还建设用地，[3]这是否意味着不能返还，只能折价补偿。但若只是折价补偿而不再返还土地，又相当于变相地继续出租或是买断（承包人丧失土地），从法律效果来讲，与认定合同有效并无实质上的差异。当然，不按合同签订时的土地性质为准，似乎又会产生一个负面示范效应，可以像本案那样"先签合同，后补手续"，而这种所谓特例又有可能人为增加复杂性。就本案而言，换个角度来想，即便合同签订时政府已经在筹划对涉案土地进行规划调整，当事人不那么着急签订改变土地用途的流转合同，应该说可以避免后来的

---

〔1〕 二审法院认为，案涉协议系某村委会与吴某某真实意思表示，签订协议后至省政府批复同意农转用期间，某村委会未将案涉土地用于非农建设，未改变土地用途。案涉协议不存在合同法规定的合同无效情形。

〔2〕《民法典》第 157 条规定："民事法律行为无效、被撤销或者确定不发生效力后，行为人因该行为取得的财产，应当予以返还；不能返还或者没有必要返还的，应当折价补偿。有过错的一方应当赔偿对方由此所受到的损失；各方都有过错的，应当各自承担相应的责任。法律另有规定的，依照其规定。"

〔3〕 理论上讲，也可将案涉土地由建设用地再变更为农用地；但从实际操作来讲，很不现实。

这项纠纷,至少不会以合同改变土地用途为由提起诉讼。由此,从强化人们法治意识,降低诉讼产生风险的“个案示范”效应角度,似乎按照合同签订时的土地性质为准来进行裁判,也有一定道理。

面对此种两难境地,可能需要回归合同法规制的一个通行理念(原则),即“与其使之无效,不如使之有效”,简言之,不轻易否定合同的效力。我国合同立法与司法实践总体上也遵循了此种理念。例如,在《民法典》出台之前,原最高人民法院《关于适用〈中华人民共和国合同法〉若干问题的解释(一)》第9条便规定以一审法庭辩论终结前的合同手续完结情况来决定合同效力。[1] 循此理念,于认定合同有效和无效均可之间,更宜认定有效。回到前述案例,可以说,法院裁判结论并没有什么大的问题,但裁判理由说服力不足,乃至存在缺陷。特别是法院所谓“并无改变土地农业用途的行为和事实”之理由,混淆了合同改变土地用途和合同履行过程中承租人擅自改变土地用途这两种不同的法律适用情形。

其二,合同约定改变土地的农业用途,但同时载明“须在国家政策允许范围内从事生产经营活动,不得擅自改变土地用途”,合同是否无效?在某生态农业公司与某土地流转农民专业合作社土地承包经营权出租合同纠纷案中,[2]流转合同约定出租方将包含一般农地区和基本农田保护区在内的1000余亩土地的土地经营权流转给承租方“从事园林、园艺、农业产业化和生态旅游观光等项目经营”以及承租方“须在国家政策允许范围内从事生产经营活动,不得擅自改变土地用途”。

承租方主张“园林、园艺和生态旅游观光等项目经营”显属非农建设,且建设中会有改变土地农业用途、建房、挖塘等行为,合同违反法律强制性规定,自始无效。出租方“为规避法律强制性规定”在流转合同中约定“在国家从政策

〔1〕 最高人民法院《关于适用〈中华人民共和国合同法〉若干问题的解释(一)》(法释〔1999〕19号)第9条规定:“依照合同法第四十四条第二款的规定,法律、行政法规规定合同应当办理批准手续,或者办理批准、登记等手续才生效,在一审法庭辩论终结前当事人仍未办理批准手续的,或者仍未办理批准、登记等手续的,人民法院应当认定该合同未生效;法律、行政法规规定合同应当办理登记手续,但未规定登记后生效的,当事人未办理登记手续不影响合同的效力,合同标的物所有权及其他物权不能转移。合同法第七十七条第二款、第八十七条、第九十六条第二款所列合同变更、转让、解除等情形,依照前款规定处理。”该司法解释已被最高人民法院《关于废止部分司法解释及相关规范性文件的决定》(法释〔2020〕16号)废止。

〔2〕 参见安徽省合肥市中级人民法院民事判决书,(2019)皖01民终2804号。

允许的范围内从事生产经营活动,并不得擅自改变土地用途”,损害了社会公共利益。

一审法院认为,流转土地中虽有部分属于基本农田,但流转合同明确约定了须在国家政策允许的范围内从事生产经营活动,不得擅自改变土地用途的条款,故流转合同并不违反法律强制性规定,系合法有效。二审法院认为,“双方就1000多亩土地流转用途进行了罗列式综合约定,承租方负有在法律和政策允许范围内使用土地的义务”,不意味着出租方将农用地交予其用于非农建设。

应当说,法院的认定并无不当。就合同约定本身来看,合同约定的用地项目包括农业和非农业项目,其中农业项目用地不存在改变土地用途的问题,至于非农业项目用地,合同约定载明要在法律和政策允许范围内使用。至于在合同履行过程中,当事人是否按照合同约定,依法办理有关非农建设用地手续,这属于履行过程中的问题。退一步讲,即便合同约定土地用途全都为非农用途,只要同时载明需在法律和政策允许范围内使用,不得擅自改变土地的农业用途,就约定本身来讲,也不存在改变土地的农业用途,进而导致合同无效这一问题。这种情况下,可能出现的是合同解除问题,即如果当事人不依法使用(办理农转用手续)相应土地,属于在履行合同过程中,擅自改变土地的农业用途,根据《农村土地承包法》(2018年)的规定,出租方可以单方解除流转合同,如果出租方在合理期限内不解除合同,发包方有权要求终止流转合同。[1]

2. 合同解除的限制——部分改变土地用途是否解除合同

根据《农村土地承包法》(2018年)的规定,土地经营权流转的受让方擅自改变土地的农业用途,承包方可以单方解除流转合同。现实中,受让方有时仅改变部分土地的农业用途,此时“部分改变”达到何种程度才准予解除合同,人们的认知尚存歧异,值得进一步探讨。

在陈某与某风景区管理所土地承包经营权转包合同纠纷案[2]中,陈某将

---

〔1〕《农村土地承包法》(2018年)第42条规定:“承包方不得单方解除土地经营权流转合同,但受让方有下列情形之一的除外:(一)擅自改变土地的农业用途……”第64条规定:“土地经营权人擅自改变土地的农业用途、弃耕抛荒连续两年以上、给土地造成严重损害或者严重破坏土地生态环境,承包方在合理期限内不解除土地经营权流转合同的,发包方有权要求终止土地经营权流转合同。土地经营权人对土地和土地生态环境造成的损害应当予以赔偿。”

〔2〕参见广东省阳江市中级人民法院民事判决书,(2019)粤17民终747号。

集体发包给其经营的鱼塘转包给某风景区管理所经营管理，某风景区管理所租赁鱼塘后，根据景区经营需要，填土加宽部分鱼塘围堤并安装了路灯，[1]但大部分还是鱼塘。陈某主张恢复原状，停止填土石块给土地造成永久性的损害。集体作为第三人述称，该鱼塘已被严重破坏、改变了土地用途，给部分土地造成了永久性的损害，日后难以恢复原状。其作为发包方，有权监督和制止承包方改变土地用途和损害承包土地的行为，请求收回承包方陈某的承包权。一审法院认为，对于被告为经营需要改变鱼塘原状的行为，可由相关权利人在承包期限届满后再依法另行主张权利。二审法院认为，被告的行为"没有改变鱼塘的原有性质，而且陈某对该鱼塘继续由某风景区管理所承包经营至原审判决确定的期限没有异议，在承包经营期限内，改变承包后已形成的现状，也不利于承包方的生产经营，且经各方当事人现场勘查，无法确认该鱼塘部分围堤原来的具体位置。故陈某在对继续履行承包合同没有异议的情况下，请求某风景区管理所恢复鱼塘原状的理据不足，应不予支持"。

养殖水面，属于《农村土地承包法》(2018 年)所称"农村土地"范畴，也即土地承包经营权、土地经营权的客体。[2]《土地管理法》(2019 年)也明确规定农用地包括养殖水面。[3] 是故，土地经营权流转管理制度亦适用于养殖水面，包括不得改变土地的农业用途。如果将养殖水面完全填土用于其他非农经营，显然属于改变用途，这应没有什么争议。循此思路，即便只是部分填土，如本案中那样，仅在外围填土拓宽围堤进而开展其他经营，严格来讲，也属于改变土地的农业用途，只不过是改变部分土地的农业用途。

在上述案件中，法院将此种情形认定为"改变现状"值得商榷。这种提法可谓似是而非，在有意或无意之间制造了模糊，进而回避了土地用途管制条款的适用。"改变现状"的含义过于宽泛，事实上，"改变土地的农业用途"也属于"改变现状"。在涉及是否改变土地的农业用途这一问题时，需要聚焦土地的用途变化情况作出明确定性。只要将农用地用于非农经营，应当就属于改变

〔1〕 一审法院确认事实所作的表述为"对租赁鱼塘的部分土地进行硬底化建设，并安装了路灯"。按原告的说法，被告是将鱼塘北边用土石块填了几百平方米用作摆摊的商业用地。

〔2〕 参见黄薇主编：《中华人民共和国农村土地承包法释义》，法律出版社 2019 年版，第 16 页、第 24 页。

〔3〕《土地管理法》(2019 年)第 4 条第 3 款规定，"前款所称农用地是指直接用于农业生产的土地，包括耕地、林地、草地、农田水利用地、养殖水面等"。

土地的农业用途,至于所涉土地面积大小或占比,不影响此项定性。

当然,如果只是改变部分土地的农业用途,并不必然就可单方解除合同。根据我国合同法一般规则,单方解除合同权以根本违约(合同目的不能实现)为前提。[1] 在土地经营权流转纠纷中,法院亦循此进行裁判。例如,在邓某诉曹某土地承包经营权出租合同纠纷案中,法院的裁判要旨为,在农村集体土地规模化流转中,因承租人轻微违约行为导致相对人主张解除合同时,如解除合同可能造成更大损失,人民法院可以综合案件情况,对合同解除权进行限制。[2] 在李某某与某旅游开发公司土地承包经营权出租合同纠纷案[3]中,亦体现了此种裁判思路,即以根本违约(合同目的不能实现)为标准来决定是否支持单方解除合同。

不过,值得进一步思考的是,改变部分土地的农业用途,达到何种程度才构成根本违约。在前述陈某与某风景区管理所土地承包经营权转包合同纠纷案[4]中,法院基于当事人仅"填土加宽部分塘围堤,但大部分还是鱼塘"作出只是"改变现状"而非改变土地用途的认定和表述。这实际上蕴含了这样一种思路,即从涉及土地面积大小和占比情况出发来判断"部分改变"的程度是否构成根本违约。这种思路在其他有关案例中也有体现,但在改变程度边界的把握上并不容易达成共识。

在某村第四经济合作社、第六经济合作社诉严某某等农村土地承包合同案[5]中,严某某等违反"用途是发展种养业"的承包合同约定,在承包土地上建造厂房,并出资设立某超声电子设备有限公司、某能源设备有限公司、某农业科技有限公司、某农业发展有限公司,经营范围是超声焊接机制造,电子元件及组件制造,锂离子电池制造,商品批发贸易、农业技术咨询等。原告诉至法院,认为被告违反合同约定和法律法规的强制性规定,构成违约,请求解除合同。一审法院认为,被告共成立四家公司,其中两家与农业有关,与合同约定的用途相符,一家在签订《承包合同》时已存在多年,说明原告知道并默认该

---

〔1〕 参见《民法典》第563条。

〔2〕 参见四川省宜宾县人民法院民事判决书,(2016)川1521民初1947号。

〔3〕 参见四川省宜宾市中级人民法院民事判决书,(2019)川15民终2547号。

〔4〕 参见广东省阳江市中级人民法院民事判决书,(2019)粤17民终747号。

〔5〕 参见国家法官学院案例开发研究中心编:《中国法院2019年度案例·土地纠纷》,中国法制出版社2019年版,第145~147页。

公司存在,不能据此认定违约。某能源设备有限公司的设立改变合同用途,部分违约,但无证据证明违约的具体情况,且符合发展经济的合同目的,双方未约定该情况可以解除合同,故原告诉请不能成立。二审法院则认为,涉案地块为农用地,无证据证明涉案地块办理了农用地转用审批手续和征用土地批准手续。被告将大量土地用于非农建设,既违反合同约定的主要义务,也违反法律的强制性规定,导致涉案《承包合同》目的无法实现。最后,二审法院支持解除合同。

在本案中,当事人只是改变了部分土地的农业用途。对于这种情况,一审法院总体上认定为部分违约而不构成根本违约,二审法院则认定为根本违约,主要理由是当事人将"大量"土地用于非农建设,违反合同约定的主要义务。他们在裁判时都蕴含了从涉及土地面积出发进行判断的精神,但在是否构成根本违约的结论定性上截然相反。其中的原因可能既包括主观层面重视不够,也包括客观方面缺乏清晰的判断标准。相关判决书,对于"部分改变"究竟达到了何种程度以致构成或不构成根本违约,并没有有意识地结合"部分改变"的土地面积情况展开具体分析。承办法官在对本案进行解析时同样体现了此种情况,[1]可以说法官裁判时更多也是模糊地结合"部分改变"的土地面积情况来进行判断。

针对此种状况,除了需要强化裁判说理外,应进一步明确根本违约的判断标准。就判断标准,大体上包括定量和定性两种类型。对于部分改变土地的农业用途在何种程度上构成根本违约,可以借鉴诸如公司法中控股股东的认定规则构建思路,综合确立定量标准和定性标准。如果改变用途的土地面积达到合同约定的流转土地面积50%以上(含50%),即可认定为构成根本违约。虽然改变用途的土地面积未达到合同约定的流转土地面积50%,但若承包方(流出方)明确提出整改、严格依约履行,受让方在限定的合理时间内不能

---

〔1〕 承办法官如此解析道:"合同约定的用途为发展种养业,不违反法律和行政法规的强制性规定,但在合同履行过程中,承包人将农用地用于非农建设,既违反法律强制性规定,又违反合同约定的主要义务,导致合同目的无法实现,构成根本违约,发包人可解除合同。原审法院以非农建设符合合同发展经济的总目的,发包人知道并默认非农建设的存在为由,认定承包人不构成违约,违反我国的土地用途管制制度。只要未经相关审批手续,私人合意不得改变土地用途。"参见董广绪:《承包人将农用地非法用于非农建设,构成根本违约》,载国家法官学院案例开发研究中心编:《中国法院2019年度案例·土地纠纷》,中国法制出版社2019年版,第148页。

完成整改,同样构成根本违约。可以说,根据合同约定的土地用途使用土地,是合同的一项基本目的;在当事人明确提出依约履行后仍不纠正,属于不能实现合同目的。

第三章　土地经营权入股法律制度

土地经营权入股发展农业产业化经营是用活土地经营权，促进适度规模经营的有效形式和重要途径。继2015年原农业部决定在黑龙江省桦南县等7县（市、区）开展相应试点后，2018年农业农村部等6部门联合出台《关于开展土地经营权入股发展农业产业化经营试点的指导意见》（以下简称《土地经营权入股意见》），决定在全国范围进一步开展试点。据有关统计，到2019年9月，土地经营权入股试点已由2015年的7省7县扩大到14省100多个县。[1]

与20世纪90年代广东南海等发达地区在农村社区集体经济组织引入土地股份合作制的改革实践相适应，学界早期主要围绕社区型土地股份合作制的意义和运行机制（股权设置、治理结构、分配制度等）展开探讨。[2] 步入21世纪，特别是2002年制定的《农村土地承包法》确认承包方可"自愿联合将土地承包经营权入股，从事农业合作生产"之后，学界研究面向逐步拓展为土地股份合作制（不限于社区型）、土地承包经营权入股（农民专业合作社、公司）这两大主题。承包地"三权分置"改革后，又逐渐转换为以"土地经营权入股"为基本对象和概念展开相关探讨。

在土地股份（合作）制这一主题之下的研究尽管不限于但很大程度上逐渐

---

〔1〕 参见农业农村部新闻办公室：《土地经营权入股试点已扩大到14省100多个县》，载农业农村部网，http://www.moa.gov.cn/xw/zwdt/201909/t20190911_6327746.htm。

〔2〕 参见傅晨、杨钢、郭晓鸣：《农村集体经济组织管理体制改革的探索——广州市天河区社区股份合作制考察》，载《社会科学研究》1994年第1期；温铁军、阎辉：《社区合作经济组织内部的产权设置——中国农村改革试验区的股份合作制研究》，载《农村合作经济经营管理》1997年第6期；傅晨：《农村社区型股份合作制研究——一个制度分析方法的阐释和运用》，中国经济出版社2003年版；等等。

以土地(承包)经营权入股合作社作为主要对象展开探讨。在研究进路上,大体遵循"制度内涵—历史演进—生成动因—实践模式—制度绩效—制度构建或优化"的思路。这方面不乏较为系统的专论。[1] 除系统性研究之外,近年来主要集中于有关模式介绍、经验总结及评价,并逐步向相关细节问题展开纵深探讨。例如,土地股份(合作)制度的异化问题与定位反思,[2]股权设置、利益分配与治理机构完善;[3]土地股份合作背景下的土地(承包)经营权确权、资产收益减贫、"三产"融合、农民就业、基层治理结构等。[4]

关于土地(承包)经营权入股这一主题,除了整体性的思考外,[5]通常聚焦某种入股类型进行研究,主要从以下两个层面展开:一个是入股农民专业合作社;另一个是入股公司。

其一,关于入股农民专业合作社的研究。主要依循"法律性质—法律困境—制度回应"的思路,结合土地(承包)经营权的特殊性和合作社的治理特点,着重选择性地就入股农民专业合作社的法律性质、作价评估、股权设置、收益分配(保底收益)、入股土地再流转、责任财产、社员退社或合作社解散时入

---

〔1〕 参见张笑寒:《农村土地股份合作制的制度解析与实证研究》,上海人民出版社 2010 年版;徐勇主编:《土地股份合作与集体经济有效实现形式》,中国社会科学出版社 2015 年版;刘云生:《农村土地股权制改革:现实表达与法律应对》,中国法制出版社 2016 年版;林乐芬等:《农村土地股份合作组织发育、运行绩效与响应研究》,中国社会科学出版社 2018 年版。

〔2〕 参见刘云生:《农地股份制改革:双向目标定位与民间法权表达》,载《东方法学》2018 年第 5 期;洪梅香:《公平抑或效率:合作社的异化及辨析——兼论土地股份合作社的发展》,载《东岳论丛》2019 年第 5 期。

〔3〕 参见解安、周英:《土地股份合作制股权设置与实现研究——以京郊为例》,载《河北学刊》2016 年第 4 期;赵翠萍等:《传统农耕村的土地股份合作社实践——豫省 L 村案例》,载《农业经济问题》2018 年第 12 期;文婷、张应良:《土地股份合作社内部能形成利益联结机制吗?》,载《西北农林科技大学学报(社会科学版)》2020 年第 1 期。

〔4〕 参见张沁岚等:《土地股份合作制背景下推进承包经营权确权的农户意愿、难点与对策——以广东省为例》,载《农业经济问题》2014 年第 10 期;杨璐璐:《减贫"造血"能力提升与农村土地股份合作》,载《改革》2016 年第 8 期;孙东升、孔凡丕、钱静斐:《发展土地股份合作与三产融合是保障粮食安全和粮农增收的有效途径》,载《农业经济问题》2017 年第 12 期;石敏、李大胜:《土地股份合作制下的农民就业与职业选择——基于广东南海的实证研究》,载《经济经纬》2018 年第 3 期;唐淼、韩欢、吴群:《土地股份合作对农村劳动力非农转移的影响研究:理论框架与作用路径——基于安徽省 4 市农户调研数据的实证分析》,载《南京农业大学学报(社会科学版)》2021 年第 4 期;郑永君、王美娜、李卓:《复合经纪机制:乡村振兴中基层治理结构的形塑——基于湖北省 B 镇土地股份合作社的运作实践》,载《农业经济问题》2021 年第 5 期。

〔5〕 参见宋志红:《土地承包经营权入股的法律性质辨析》,载《法学杂志》2010 年第 5 期;张理恒等:《土地承包经营权入股机制研究》,载《农村经济》2014 年第 11 期;王琳琳:《土地经营权入股法律问题研究》,载《中国政法大学学报》2020 年第 6 期;荣振华:《农民理性对土地经营权入股决策及制度建构影响——以 2018 年〈农村土地承包法〉为分析对象》,载《重庆大学学报(社会科学版)》2020 年第 1 期。

股土地(承包)经营权处置等问题展开探讨。[1] 其中,高海教授2014年出版专著,就入股农民专业合作社的历史沿革、立法理念、出资制度、法律性质、利益分配、组织形式、组织性质、股权设置、治理机制、金融支持与财政政策等作了较为系统的研究。[2]

其二,关于入股公司的研究。由于缺乏明确的政策支持,土地(承包)经营权入股公司的实践探索相较入股合作社面临更大的障碍,在较长一段时间内,入股公司的可能性和正当性是理论研究的一个重要主题。相关研究多以"可能性/正当性—法律困境—制度回应"的进路展开,主要结合土地(承包)经营权的特殊性和公司治理的特点,着重围绕入股公司的法律性质、作价评估、工商登记、资本制度(股权结构)、收益分配(保底收益)、入股土地再流转、责任财产、公司解散或破产时入股土地(承包)经营权处置等问题展开探讨,[3]这在范围上与入股合作社问题的研究类似。其中,吴义茂教授2012年出版的专著,对土地承包经营权入股公司的概念界定、正当性、实践模式、组织形式选择、利益冲突与平衡、立法对策作了较为系统的研究。[4]

总的来看,理论界对土地承包经营权入股、土地股份合作制的研究已取得了丰硕成果,它们构成了本研究得以展开的重要基础。但现有研究也存在一

---

〔1〕 参见文杰、李显冬:《土地承包经营权作价出资农民专业合作社的法律思考》,载《法学杂志》2010年第4期;高海:《土地承包经营权入股的法律性质辨析》,载《法学论坛》2011年第5期;高海:《农地入股中设置优先股的法律透析》,载《现代法学》2012年第5期;高海:《农地入股合作社的组织属性与立法模式——从土地股份合作社的名实不符谈起》,载《南京农业大学学报(社会科学版)》2014年第1期;杨红朝:《土地承包经营权入股农民专业合作社法律问题探讨》,载《河北法学》2011年第6期;吴义茂:《土地承包经营权入股与农民专业合作社的法律兼容性》,载《中国土地科学》2011年第7期;温世扬、张永兵:《土地承包经营权入股农民专业合作社法律问题探析》,载《甘肃政法学院学报》2014年第3期;董景山:《"三权分置"背景下土地承包经营权入股合作社的地方立法介评与建议》,载《西部法学评论》2017年第4期;任大鹏、吕晓娟:《土地经营权入股农民专业合作社的法律问题》,载《中国农民合作社》2018年第7期;等等。

〔2〕 参见高海:《土地承包经营权入股合作社法律制度研究》,法律出版社2014年版。

〔3〕 参见李燕、赵吟:《土地承包经营权入股公司的法律分析》,载《农村经济》2010年第9期;王力理:《城乡统筹发展中土地承包经营权入股公司的法律制度研究》,载《河北法学》2011年第6期;吴义茂、吴越:《土地承包经营权入股有限责任公司问题研究——以农民股东与债权人的利益冲突与平衡为视角》,载《北方法学》2013年第3期;温世扬、张永兵:《土地承包经营权入股之法律性质辨析》,载《河南财经政法大学学报》2014年第1期;陈彦晶:《"三权分置"改革视阈下的农地经营权入股》,载《甘肃政法学院学报》2018年第3期;冯曦:《家庭土地承包经营权入股公司的法律建构——基于公司双重资本制》,载《法学杂志》2013年第2期;文杰:《"三权分置"下土地经营权入股公司的法律问题探讨》,载《中国土地科学》2019年第8期;李灿、阳荣凤:《农地经营权入股公司的差异化股权配置及其实现路径构想》,载《中南大学学报(社会科学版)》2021年第1期。

〔4〕 参见吴义茂:《土地承包经营权入股有限责任公司法律问题研究》,法律出版社2012年版。

些不足，体现为：一方面，既有研究主要置于“两权分离”框架下展开，就“三权分置”背景下土地经营权入股的研究可谓尚处初期阶段。国家推行承包地“三权分置”改革，特别是2018年修正的《农村土地承包法》在立法层面予以确认后，“土地经营权入股”成为新的提法，如何在“三权分置”框架下构建土地经营权入股制度成为一项新的重要课题。另一方面，无论是“两权分离”框架下的土地承包经营权入股，还是“三权分置”框架下的土地经营权入股，理论研究和实践探索都存在不少分歧或困惑，尚需进一步探讨。本章拟对土地经营权入股的实践探索与典型模式加以考察，在此基础上着重围绕土地经营权入股中的作价出资、利益分配、成员退出或土地股份组织解散时土地经营权的处置等四个理论和实践较为关注的主题展开探讨。总体上，土地经营权入股虽然获得政策立法的肯定，但在作价出资、利益分配、土地经营权处置等具体操作中面临一些制度困境，需要采用多元手段化解。[1]

一、土地经营权入股的实践探索与典型模式

随着国家出台政策立法允许、鼓励、引导乃至以试点的形式推动土地经营权入股从事农业生产特别是农业产业化经营，各地有关土地经营权入股的实践探索不断兴起。据统计，截至2017年6月底，全国入股承包土地2419万亩，相较2012年增加了47%。[2] 总的来看，实践中土地经营权入股的形式多样，从不同的角度进行类型化审视，呈现出不同的模式。为了较为全面地反映土地经营权入股的实践探索情况和人们的认知情况，本部分拟结合调研资料进行多视角梳理。

（一）基于入股对象和路径不同而形成的典型模式

在理论上，一般根据土地经营权入股的对象是合作社还是公司，提炼出两种基本模式：入股合作社和入股公司。入股合作社较早获得政策立法的明确肯认。例如，《农村土地承包法》（2002年）第42条即明确规定承包方之间可以将土地承包经营权入股，从事农业合作生产。我国实行承包地“三权分置”改

---

〔1〕 参见谭贵华：《农村土地经营权入股的制度困境与对策》，载《嘉兴学院学报》2021年第4期。

〔2〕 参见王乐君、褟燕庆、康志华：《土地经营权入股的实践探索与思考启示》，载《农村经营管理》2018年第11期。

革后,《农民专业合作社法》(2017 年)第 13 条又明确规定,农民专业合作社成员可以土地经营权作价出资。在这样一种背景下,长期以来,有关土地经营权入股的实践探索更多体现为入股合作社。

相较而言,在早期,由于明确的政策立法支持不足,入股公司更多为理论上的探讨对象,且争议较大。近年来,中央政策开始明确肯认入股公司或企业,例如 2015 年和 2016 年的中央一号文件都明确指出引导农民以土地经营权入股龙头企业。2018 年农业农村部等 6 部门联合出台的《土地经营权入股意见》亦明确土地经营权入股包括“入股龙头企业和作价出资农民专业合作社”,且对于入股龙头企业,文中基本上又以“入股公司”行文和进行工作部署。[1]在此背景下,土地经营权入股公司的实践探索才逐渐呈现。

不过,从实践来看,由于农村土地流转制度、企业(公司)制度的制约和农民担心失地等,土地经营权入股企业(公司)仍然较少,更多是入股合作社。此外,尽管从入股对象来看,土地经营权入股合作社和入股公司是两种基本模式,但是结合入股路径,又呈现出一些不同的做法,如直接入股合作社、直接入股公司、先入股合作社再入股联合社、先入股合作社再与合作社合股联营、先入股合作社再入股公司、先入股合作社再与企业合股联营等。

1. 入股合作社

例如,直接入股合作社。贵州省六盘水市钟山区大河镇周家寨村 70 户农民以 20 年的承包土地经营权入股民润蔬菜种植农民专业合作社,主要从事葡萄种植。合作社对入股农户采取“保底 + 分红”的收益分配方式。在葡萄种植不能产生收益的前 3 年,或因遭受自然灾害无收益的年份,农户每年可以分得每亩 600 元的保底分红。产生收益后,盈利按合作社 70%、入股农户 30% 的比例进行分配。[2]

又如,先入股合作社再入股联合社。贵州省六盘水市盘县娘娘山联村党委,打破以行政区域为单位设置党组织的方式,联合舍烹村、播秋村等 8 个村党

[1] 例如,《土地经营权入股意见》指出:“土地经营权入股龙头企业和作价出资农民专业合作社(以下统称土地经营权入股)”“土地经营权入股公司的,提倡同股同权同责”“以土地经营权入股公司,注册资本实行认缴登记制”。

[2] 参见贵州省委政研室联合调研组:《六盘水市农村“三变”改革调研报告》,载中共六盘水市委、六盘水市人民政府主编:《六盘水“三变”改革:中国农村改革的新路探索》,人民出版社 2016 年版,第 235 页。

支部组建联村党委，在联村党委的推动下，成立了舍烹村、播秋村等 8 个村级合作社，同时把村级合作社作为银湖种植养殖农民专业合作社的分社，形成“1 + 8”合作社，建立了“总社 + 分社 + 农户”的机制，总社负责“五统一”即统一规划、统一布局、统一培训、统一标准、统一经营，分社负责将农民的土地承包经营权入股到分社，再将土地承包经营权形成的资产入股到总社。〔1〕

再如，先入股合作社再与合作社合股联营。重庆市垫江县新民镇明月村探索开展先入股合作社再与合作社合股联营。一方面，组建明月村产业合作社，除集体资源、资产和国家项目资金入股外，农民可以土地经营权入股。另一方面，合作社与其他合作社开展合股联营项目。其中一个典型项目为“御康葡萄项目”。村合作社与垫江县裕康葡萄种植专业合作社签订合股联营协议，合作年限为 2018 年 6 月 30 日至 2022 年 6 月 30 日。明月村产业合作社以 92 亩土地和扶持集体经济发展财政资金入股，采取“保底分红 + 固定分红”模式，保底分红按 650 斤/(年 · 亩)稻谷当年市场平均价格折价计算；固定分红金额按财政资金股权化改革的政策规定计算，实行固定分红。〔2〕

2. 入股公司

例如，直接入股公司。六盘水市六枝特区郎岱镇引导花脚、阿乐、石糯尾、青菜塘 4 个村的 3000 多户农民，以 6000 亩承包土地经营权入股天地人和农业发展有限公司，共同建设猕猴桃产业基地，土地股份占总股本的 10%。公司自 2013 年开始基地建设，采用统一标准、统一管理、统一技术、统一补贴、统一规划的运作模式，种植黄金果、红心猕猴桃等高端优质品种。在猕猴桃基地产生效益前，公司每年向农户支付每亩 600 元的保底分红；产生效益后，公司以其纯利润的 10% 作为土地入股分红，每户按入股土地面积占全部入股土地面积的比例获得股金分红。〔3〕

又如，先入股合作社再与企业合股联营。重庆市垫江县新民镇明月村探

---

〔1〕 参见中共贵州省委政策研究室编：《贵州农村“三变”改革导则》，贵州人民出版社 2017 年版，第 212 页。

〔2〕 参见《垫江县新民镇人民政府关于报送新民镇明月村农村“三变”改革试点实施方案的函》（新民府函〔2018〕131 号）。本函为 2019 年 6 月 19 ~ 20 日笔者参加重庆市政府参事室“农地撂荒问题及治理”课题组赴垫江县调研时收集，后文有关垫江的资料，在未作特别说明的情况下，均源自此次调研活动。

〔3〕 参见省委政研室联合调研组：《六盘水市农村“三变”改革调研报告》，载中共贵州省委政策研究室编：《贵州农村“三变”改革导则》，贵州人民出版社 2017 年版，第 259 页。

索开展先入股合作社再与企业合股联营。一方面,组建明月村产业合作社,除集体资源、资产和国家项目资金入股外,农民可以土地经营权入股。另一方面,合作社与企业开展合股联营项目。其中有两个典型项目:一是牡丹樱花世界项目。合作社与牡丹樱花世界签订股权联营合同,合作年限为2018年6月30日至2028年6月30日。合作社以142亩土地和扶持村集体经济财政资金入股,占股50%;牡丹樱花世界以已建好的设施设备、技术人员和市场营运等无形资产入股,占股50%。采取"保底分红+固定分红"模式,保底分红按650斤/(年·亩)稻谷当年市场平均价格折价计算;固定分红金额按财政资金股权化改革垫农改办〔2018〕1号文件的政策规定计算,实行固定分红。二是明月村集体育秧大棚基地项目。合作社与某公司签订合股联营合同,合作年限为2018年6月30日至2028年6月30日。合作社以33亩土地和33个育秧大棚入股,实行"保底分红+固定分红"的收益分配模式,保底分红按650斤/(年·亩)稻谷当年市场平均价格折价计算;固定分红1万元/年。[1]

(二)基于股权设置和经营方式不同而形成的典型模式

实践中,地方在探索推进土地经营权入股改革过程中,基于股权设置和经营方式的不同而形成了不同的模式。从字面上来看,股权设置和经营方式似乎可区分为两种视角或分类标准,但在有关地方实践案例中,股权设置和经营方式在很大程度上杂糅在了一起,是故本书总体上尊重地方实践提法进行阐述和介绍。

1. 土地内股外租模式和土地作价入股模式

有的地方在探索推进土地经营权入股改革过程中,于官方文件层面根据股权设置的不同对其模式进行分类,并引导基层在原则上以相应模式开展探索。例如,2015年中共慈溪市委办公室、市人民政府办公室联合印发《关于积极探索农村土地股份合作制改革的实施意见(试行)》,[2]该文件明确指出"鼓励和引导各地根据本地实际情况实施土地股份合作制改革。根据股权设置的不同,原则上可采取以下两种模式",一种是"土地内股外租模式",另一种是

---

〔1〕 参见《垫江县新民镇人民政府关于报送新民镇明月村农村"三变"改革试点实施方案的函》(新民府函〔2018〕131号)。

〔2〕 参见2015年6月9日中共慈溪市委办公室、慈溪市人民政府办公室印发的《关于积极探索农村土地股份合作制改革的实施意见(试行)》(慈党办〔2015〕31号)。本意见为2019年7月8~9日笔者参加重庆市政府参事室"农地撂荒问题及治理"课题组赴慈溪市调研时收集,后文有关慈溪市的资料,在未作特别说明的情况下,均源自此次调研活动。

“土地作价入股模式”。

(1)土地内股外租模式。该模式基本做法是,“以农民土地承包经营权入股,由村(股份)经济合作社牵头并以村为单位组建村级土地股份合作社。入股土地原则上不作价,一般以村级土地股份合作社统一对外租赁或发包为主,取得的收益按农户土地入股份额进行分配。鼓励进入镇级农交所(公共资源交易分中心)进行交易”。

实践中,慈溪市龙山镇在全市率先推出了“内股外租模式”,即以农民土地承包经营权入股,组建成立村级土地股份合作社,由合作社统一对外租赁发包,签订土地租赁合同,取得的收益以农户土地入股面积为依据进行分配。入股土地以每亩每年400元作为保底款,发包租赁费用超过400元部分作为二次分红款,确保农民既有保底收入又有分红收入。

(2)土地作价入股模式。该模式又主要有两种形式:一是单纯以土地承包经营权入股建立土地股份合作社,由土地股份合作社将土地承包经营权作价折股后参与农民专业合作社经营,实行保底分红、二次分配。二是以土地承包经营权入股为主,资金、技术等参股,联合建立股份合作社或股份制企业(农场),开展统一经营,实行保底分红、二次分配。

值得关注的是,在上述慈溪市的官方文件中,其虽然是根据股权设置的不同提出了两种入股模式,但这两种模式实际上至少同时体现了股权设置和经营方式方面存在不同。总的来讲,从经营方式角度来看,“土地内股外租模式”体现为土地经营权入股组建的合作经济组织本身不经营土地,而是出租或发包给业主开展农业经营;而“土地作价入股模式”则体现为土地经营权入股组建的合作经济组织自身经营土地,开展农业经营。

2. 合伙经营职业经理人制和业主带动持股分红制

从土地经营权入股的经营方式出发,重庆市永川区探索并提炼形成了“合伙经营职业经理人制”和“业主带动持股分红制”两种模式:[1]

其一,合伙经营职业经理人制。农民以土地经营权入股,成立土地股份合

---

〔1〕 参见调研资料《永川区土地股份合作社发展基本情况》。该资料为2019年6月4~5日笔者参加重庆市政府参事室“农地撂荒问题及治理”课题组赴重庆市永川区调研时收集,后文有关永川区的资料,在未作特别说明的情况下,均源自此次调研活动。

作社,入社成员进行经营决策,聘请职业经理人(可为1人,也可为多人)进行生产经营,职业经理人佣金由职业经理人与成员(代表)大会共同协商确定。合作社产生收益前,其发生的生产管理费用及职业经理人佣金等,可通过成员出资、职业经理人垫资、土地经营权抵押贷款等途径解决。成员或职业经理人所出资金可按银行同期贷款利率上浮10%~40%计付资金占用费。

其二,业主带动持股分红制。农民以土地经营权入股,业主以资金、设备、技术参股牵头组建股份合作社,成立以业主为主的理事会、以社员代表为主的监事会,由业主统一经营管理,入社社员不参与经营管理。

3. 集体参股经营、控股经营、独立经营三种模式

贵州省六盘水市等一些地方根据村集体在入股经营中扮演的角色提炼出了参股经营、控股经营、独立经营三种模式。其一,参股经营,指的是由村集体或农民出资,投资入股到经营主体的股份合作经营方式。其二,控股经营,指的是由村集体自行出资注册成立经营主体,村集体组织成员资本或社会资本投资入股,村集体经济组织相对控股或绝对控股经营的方式。其三,独立经营,指的是由村集体出资成立经营主体,吸纳村集体组织成员投资入股经营的方式。[1]

例如,贵州省六盘水市水城县玉舍镇海坪村将315亩集体荒山荒坡入股野玉海国家山地旅游度假区彝族风情街项目,村集体及村民占30%,景区管委会占70%的股份,共有180户780名村民受益。村集体30%分红收益中的50%再分配给780名村民,其余红利用于支持村级集体经济发展和贫困户救助救济。又如,盘县淤泥乡岩博村将22亩集体土地以每亩3万元作价入股,与36户农民共同出资2380万元成立岩博农民养殖专业合作社,养殖绿壳蛋鸡、野猪、芙蓉香鸡等特殊品牌,村集体出资占2.8%,农民出资占比97.2%。[2]

再如,四川省江油市战旗镇白沙村采取这样一种土地股份合作路径,首先村集体资产折股量化,组建村级股份经济合作联合社——江油市战旗镇白沙

---

〔1〕《中共六盘水市委 六盘水市人民政府关于资源变资产资金变股金农民变股东的指导意见》[(六盘水党发〔2015〕32号)之"四、股份合作类型"],载中共贵州省委政策研究室编:《贵州农村"三变"改革导则》,贵州人民出版社2017年版,第160页。

〔2〕参见贵州省委政研室联合调研组:《六盘水市农村"三变"改革调研报告》,载中共六盘水市委、六盘水市人民政府主编:《六盘水"三变"改革:中国农村改革的新路探索》,人民出版社2016年版,第233页。

村股份经济合作联合社。该联合社于2020年10月正式成立,取得了江油市农业农村局颁发的“农村集体经济组织登记证”,登记证上的组织“类型”为“集体经济”,“资产情况”为“集体土地总面积18.5亩,资产总额273.27万元”。该联合社又以资产资源入股,农民以土地入股,成立土地经营股份合作社,统一经营发展种植业。目前成立了一家名为“江油市战旗镇裕农土地股份专业合作社”的农民专业合作社,并取得了正式的营业执照。该合作社发展形势可观,2021年1月刚取得了食品生产许可证,在粮食生产加工等方面已小有名气。当地设想的经营模式和拟实现的目标是“集体种地、村民得利、人人是股东、年年有分红”。[1]

(三)基于利益分配方式不同而形成的典型模式

在各地土地经营权入股实践探索中,“保底收益+股份分红”是一种常见的利益分配机制。不过,具体来看,现实中土地经营权入股的利益分配机制也并非简单划一,而是呈现不同的形态。例如,重庆市永川区实践探索并提炼形成了“除本直接分红”“保底收益加二次分红”“合作社+村(组)集体入股分红”等不同的分红方式,[2]本部分仅以该地有关实践探索为例进行介绍。

1.除本直接分红

该种模式的一个基本特点是,在合作社无收益前,合作社可不分红,职业经理人佣金计入生产成本支付;待合作社产生收益后,除去生产成本(不含职业经理人佣金)后的纯收入按一定比例分配。例如,重庆市永川区仙龙镇祝家坝农民小组的永川区蒋平柑橘种植股份合作社,合作社在无收益前不分红,合作社有收益后,盈利的20%留合作社作为发展资金,80%按村民土地面积分红。

又如,重庆市永川区松溉镇打渔村。该村为市级贫困村,为发展壮大集体

---

〔1〕 2021年6月22日笔者前往四川省江油市战旗镇白沙村进行实地调研,通过实地走访、调阅资料、与该村支部书记(调任战旗镇副镇长)访谈的方式进行了调研。除了组建土地经营股份合作社,该村还在着手打造农机租赁股份合作社、劳务派遣股份合作社,均由村级股份经济合作联合社和农户入股组建。农机租赁股份合作社中,两类入股主体分别以农机入股,对内满足集体土地耕种需求,对外提供社会化耕种服务;劳务派遣股份合作社中,两类入股主体分别以场地经纪费、劳动力入股,实行统一管理按需派工,旨在整合村内零散劳动力,进行劳务输出。

〔2〕 参见调研资料:《永川区土地股份合作社发展基本情况》和《永川区发展农村土地股份合作社情况介绍》。

经济，带领全村农户脱贫，该村以下属2个党支部为单位，组建亿里水果种植股份合作社和千荷园蚕桑种植股份合作社，由村集体出面，争取上级部门项目资金，农民以土地经营权入股组建合作社，采取“除本直接分红”模式，合作社在无收益前不分红，职业经理人和劳务用工以记工分形式30元/天计入生产成本；合作社有收益后，合作社、村集体、社员按1∶2∶7的比例进行分红，即10%作为合作社的公积金，20%作为村集体收入，70%为社员按入股土地面积进行分红。目前该村有538户农户土地入股，面积为1420亩。

2. 保底收益加二次分红

该模式的一个基本特点是，约定一定金额作为成员每年保底收益，除去保底及成本后（不含职业经理人佣金）的收入，再按一定比例进行分红。例如，重庆市永川区永荣镇白云寺村所辖10个村民小组组建的土地股份合作社，农民以土地经营权入股，以300元/（亩·年）作为保底金，无收益前不分红，有收益后按1∶2∶7比例进行分红，即职业经理人分10%，合作社（集体）分20%，农民分70%。又如，重庆市永川区板桥镇，利用食品园区优势，发展花椒产业，为凯莱食品加工厂提供原料。该镇有8个村，采取整村推进方式，由村集体牵头，农民以土地入股，村集体争取上级资金（宜机化和水土保持项目），对土地进行改造，项目资金为村集体入股资金，采取“保底收益加二次分红”模式。再如，欧家坝村启市花椒种植股份合作社，该合作社由欧家坝村集体领办，全村78户农户282人将900亩土地入股组建，合作社理事长由村书记担任，村集体争取上级资金，对土地进行宜机化改造，项目资金为村集体入股资金，农民土地入股300元/（亩·年）保底，合作社按1∶4∶5的比例进行分红，即合作社10%、村（社）集体40%、农户50%。目前，全镇有本尊村、柳溪村、龙门滩村、通明村、古佛村、凉风垭村、欧家坝村、大坪村等8个村组建了土地股份合作社，土地面积6740亩，入股农户1473户。

3. 合作社+村（组）集体入股分红

这种模式的一个基本特点是，农民以土地入股，村（组）集体以自有资金或争取上级财政资金（本试点项目资金除外）入股组建股份合作社，除去生产成本（含职业经理人佣金）后，可按1∶2∶7分红，其中10%作为合作社的公积金，20%作为村（组）集体收入，70%用于成员土地入股分红。

例如，重庆市永川区永荣镇白云寺村，依托永荣镇茶产业发展，村集体牵头组建股份合作联社,以村民小组为单位下设10个土地合作社,村集体争取上级扶持资金注入合作社,采取"合作社+村(组)集体入股分红"模式,待合作社有收益后,联合社和土地股份合作社各按50%比例进行分红;在土地股份合作社中,又按职业经理人10%、社集体20%、农民70%的比例进行分红。目前,该村入社农户365户,土地面积1100亩。

二、土地经营权入股的作价出资

土地经营权入股涉及作价出资,其中包括两个核心问题:一是土地经营权能否转让从而符合作价出资条件,二是土地经营权的评估作价,本部分拟对这两个问题展开探讨。此外,结合既有政策和实践探索,对于土地经营权的入股方式,大体可从两个视角予以再审视,一是入股合作社和入股公司;二是作为土地经营权初始流转意义上的入股和再流转意义上的入股。例如,承包农户以土地经营权直接入股合作社、直接入股公司属于土地经营权初始流转意义上的入股,而诸如先入股合作社再入股联合社、先入股合作社再与合作社合股联营、先入股合作社再入股公司、先入股合作社再与企业合股联营等可纳入土地经营权再流转意义上的入股。本部分将视情况纳入研究视野进行分析。

(一)土地经营权能否转让从而符合作价出资条件

1. 现状与问题

根据中央政策文件精神和地方探索实践,土地经营权入股主要包括入股合作社和入股公司两种基本形式。而根据《农民专业合作社法》(2017年)、《公司法》(2018年)的规定,以非货币财产作价出资,均需要满足"可以用货币估价并可以依法转让"这一条件。[1] 当下的问题是,土地经营权是否为"可以

---

〔1〕《农民专业合作社法》(2017年)第13条第1款规定:"农民专业合作社成员可以用货币出资,也可以用实物、知识产权、土地经营权、林权等可以用货币估价并可以依法转让的非货币财产,以及章程规定的其他方式作价出资;但是,法律、行政法规规定不得作为出资的财产除外。"《公司法》(2018年)第27条第1款规定:"股东可以用货币出资,也可以用实物、知识产权、土地使用权等可以用货币估价并可以依法转让的非货币财产作价出资;但是,法律、行政法规规定不得作为出资的财产除外。"

依法转让”的财产从而符合作价出资条件。[1]

根据《农村土地承包法》(2018 年)有关区分“土地承包经营权转让、互换”和“土地经营权流转”的制度安排及相关条文规定精神，大体可区分以下三种情形：

其一，家庭承包农户不能采取转让的方式流转土地经营权。对于家庭承包土地上的土地经营权流转，《农村土地承包法》(2018 年)第 36 条规定：“承包方可以自主决定依法采取出租(转包)、入股或者其他方式向他人流转土地经营权，并向发包方备案。”从字面规定来看，对于转让这样一种特别典型、重要的流转方式，立法竟然没有列举规定，应是有意为之，而非疏忽。从立法的内在考量来讲，《农村土地承包法》未规定承包农户可以采取转让的方式流转土地经营权，主要是担心农民彻底失去土地从而丧失生活保障，以及实质上改变承包地上的承包结构，有悖“稳定农户承包权”的政策精神。进一步来讲，如果允许承包农户以转让方式流转土地经营权，将导致法律有关区分“土地承包经营权转让、互换”和“土地经营权流转”的制度安排失去意义，特别是将使承包农户可通过转让土地经营权的方式规避立法对于“土地承包经营权转让”的限制性规定。根据《农村土地承包法》(2018 年)第 34 条的规定，“土地承包经营权转让”，法律明确限定只能“转让给本集体经济组织的其他农户”且须“经发包方同意”。如果允许承包农户采取转让的方式流转土地经营权，尽管法律上规定“承包方流转土地经营权的，其与发包方的承包关系不变”[《农村土地承包法》(2018 年)第 44 条]，但由于“转让”意味着彻底失去土地经营权，这将使受让方实质上取代承包方，与发包方建立实质上的承包关系。

其二，以其他方式承包土地的承包方能否采取转让的方式流转土地经营权，立法未予以明确规定，但结合政策精神，有较大的解释空间。对于其他方式承包的土地，《农村土地承包法》(2018 年)第 53 条也只是规定承包方“可以依法采取出租、入股、抵押或者其他方式流转土地经营权”，至于能否采用转让方式流转，未尽可知。这客观上为实践操作制造了困境。不过，一般认为，在政

[1] 尽管《农村土地承包法》(2018 年)、《农民专业合作社法》(2017 年)已经规定入股或作价出资的客体为“土地经营权”，但颇令人费解的是，一些地方立法即便近年作出修订，仍没有调整有关概念。例如，2021 年修订的《辽宁省实施〈中华人民共和国农民专业合作社法〉办法》仍规定的是以“土地承包经营权”作价出资(第 9 条)。

策和立法考量上，相对于家庭承包土地，其他方式承包的土地并不负担或者说并未被课以对农民的基本生活保障功能，[1]因此，其他方式承包的土地经营权的身份性较弱，对其承包和流转的有关限制也较少。《农村土地承包法》(2018年)将通过其他方式承包取得的权利名称由“土地承包经营权”调整为“土地经营权”，总体上为了彰显对家庭承包与其他方式承包、对家庭承包地流转与其他方式承包地流转予以区别调整的精神，微观上则是要进一步淡化通过其他方式承包取得的土地权利的身份权属性，强化其财产权属性，为“放活土地经营权”奠定制度基础。循此逻辑，在修正后的《农村土地承包法》中，对其他方式承包的土地经营权流转的限制应该更少才是。在修正前的法律规定中，其他方式承包的承包方尚且可以采用转让这一流转方式，[2]如今更应该允许。鉴于此，在笔者看来，结合“放活土地经营权”的改革精神，特别是考虑到其他方式承包土地上的土地经营权流转并不会出现无法保证农户承包权的问题，[3]应当允许这类土地经营权以转让方式进行流转。

其三，受让方能否采取转让的方式流转(再流转)土地经营权，立法没有予以明确规定，[4]但结合政策精神，同样有较大的解释空间。对于家庭承包土地上的土地经营权，理论上讲，土地经营权再流转并不涉及土地承包关系的变化，不存在无法保证农户承包权的问题，原则上应当准予受让方采用转让的方式进行再流转。至于以其他方式承包的土地，土地经营权再流转更不涉及农户承包权的问题，也应允许以转让的方式流转。此外，再流转是受让方从承包方流转取得土地经营权后，行使其享有的土地经营权的行权行为，是土地经营

---

〔1〕 参见黄薇主编：《中华人民共和国农村土地承包法释义》，法律出版社2019年版，第210页。

〔2〕 《农村土地承包法》(2002年)第49条规定：“通过招标、拍卖、公开协商等方式承包农村土地，经依法登记取得土地承包经营权证或者林权证等证书的，其土地承包经营权可以依法采取转让、出租、入股、抵押或者其他方式流转。”

〔3〕 为了凸显对家庭承包与其他方式承包进行区别调整的精神，尤其是为了“不再突出强调其他方式承包的承包性特征”，《农村土地承包法》(2018年)在“其他方式的承包”这一章中，还特意回避使用“承包权”这一语词。(参见黄薇主编：《中华人民共和国农村土地承包法释义》，法律出版社2019年版，第217页)《农村土地承包法》(2002年)第47条规定：“以其他方式承包农村土地，在同等条件下，本集体经济组织成员享有优先承包权。”《农村土地承包法》(2018年)第51条规定：“以其他方式承包农村土地，在同等条件下，本集体经济组织成员有权优先承包。”

〔4〕 《农村土地承包法》(2018年)仅于第46条规定：“经承包方书面同意，并向本集体经济组织备案，受让方可以再流转土地经营权。”这条规定在“家庭承包”一章，“其他方式的承包”一章中未有“再流转”之规定。《农村土地经营权流转管理办法》(2021年)也没有更加明确的规定。

权人依法享有的土地经营权的应有权利内容。[1] 着眼放活土地经营权的政策精神,对于土地经营权更应“扩权赋能”,允许土地经营人采取更为丰富多样的流转方式。

结合以上分析,可以得出如下三点推论:第一,承包农户虽然依据《农村土地承包法》(2018 年)的规定可以用土地经营权入股,但根据《农民专业合作社法》(2017 年)、《公司法》(2018 年)的规定,该项土地经营权须“可以依法转让”,而且作价出资后,应移转于合作社或公司,[2] 而依《农村土地承包法》(2018 年)的规定,承包农户又不能“转让”土地经营权,由此导致难以正常办理出资登记。

第二,以其他方式承包土地的承包方按理应该可以采取转让的方式流转土地经营权,从而可以达到作价出资的条件,但是需要国家层面予以明确,否则在实践操作上会面临障碍。

第三,无论是家庭承包土地还是以其他方式承包土地,理论上土地经营权可以转让的方式再流转,因而可符合作价出资的条件。但是,再流转需要经得承包方同意,严重制约作价出资。尤其是对于家庭承包土地上的土地经营权而言,由于初次流转层面不可采用转让的方式,意欲于通过再流转层面实现作价出资,更是难上加难。

2. 对策:回避、模糊处理与制度创新

现实中,家庭承包地上的土地经营权入股是决策层最为关注和鼓励引导的。农业农村部等联合出台的《土地经营权入股意见》便明确指出,所要开展的土地经营权入股试点指的是“土地(指农户家庭承包地)经营权入股发展农业产业化经营试点”。然而,也正是农户家庭承包地上的土地经营权入股面临突出的制度障碍。针对这种局面,大体可从以下两个层面进行突破:一是回避、模糊处理,二是制度创新。

(1)回避、模糊处理

一种策略是,土地经营权入股不办理出资登记,不设立相应的股份组织,

[1] 参见王洪平:《民法视角下土地经营权再流转的规范分析》,载《吉林大学社会科学学报》2020 年第 1 期。

[2] 参见任大鹏:《土地经营权入股合作社的法律问题》,载《农业经济与管理》2015 年第 5 期。

而是采用“联营”的方式。据笔者在重庆、贵州等地调研的情况，一些地方便采用所谓“联营”的方式，以土地经营权入股，实行“保底收益＋股份分红”的模式。在当事人来看，是叫“入股”还是“联营”，是否登记成立主体，并不那么重要，关键是能赚到钱、分到钱。

另一种策略是，对《农民专业合作社法》(2017年)、《公司法》(2018年)所要求的非货币财产“可以依法转让”做模糊处理，即对于以土地经营权作价出资时将这里的“转让”扩大解释为“移转”，并办理土地经营权的权属变更登记，同时在合作社、公司解散或成员退出时，设计特殊的土地经营权退出机制，从而尽可能兼顾多种政策目标和多方利益考量。

当前实践中，由于我国对公司注册资本原则上实行认缴登记制，以土地经营权入股在注册环节尚未引起过多的关注，基本上只要当事人协商确定土地经营权入股的作价，提供书面认缴出资证明即满足相应的条件，登记机关无须审查是否实缴，即用以入股的土地经营权是否变更登记到公司名下。[1] 不过，未来一旦出现公司债权人主张股东出资瑕疵而要求承担出资责任时，这个问题就会凸显出来。

(2)制度创新

从提高土地经营权入股的规范性和稳定性来讲，宜登记成立相应的市场主体。2021年农业农村部出台的《农村土地经营权流转管理办法》第14条第3款也明确规定：“入股，是指承包方将部分或者全部土地经营权作价出资，成为公司、合作经济组织等股东或者成员，并用于农业生产经营。”

《农村土地承包法》(2018年)有关土地经营权流转的制度安排，事关农村基本经营制度和农村经济社会稳定，至少在短时间内不宜也不会再作大的变革。因此，为了解决立法不协调的问题，更宜在立法层面对土地经营权入股合作社和公司作出特殊的制度安排。

在入股合作社层面，鉴于合作社允许社员自愿退出，而且由于合作社的退

---

〔1〕 笔者在调研过程中，向重庆市市场监管局的一线工作人员咨询当前土地经营权入股在登记上如何操作，有无出台一些特殊的规则时，对方指出，现在原则上实行认缴制，注册时问题不大，但如果在实缴资本制下，可能会有些麻烦。重庆市以前专门出台过两个文件：《重庆市工商行政管理局办公室关于农村土地承包经营权入股设立公司注册登记有关问题的通知》(渝工商办发〔2007〕86号)、《重庆市农业委员会、重庆市工商局关于以农村土地承包经营权入股发展农民专业合作社注册登记有关问题的通知》(渝农发〔2009〕230号)，它们实际上未被有效应用，现在基本上也不用。

出机制相较公司要灵活，且合作社的政策性相对较强，在立法上通过设计较为特殊的土地经营权处理机制，勉强可以调和相关的制度抵牾。

相较而言，承包农户以土地经营权直接入股公司面临的法律障碍更为突出一些。一个关键在于，公司的市场化属性更强，土地经营权入股需要受到更多的一般性规则的约束，不容易专门针对土地经营权入股公司作变通处理。特别是，根据公司法的基本要求，土地经营权入股公司应当依法办理转移手续，土地经营权成为公司的财产，而且公司股东通过股权转让、请求公司回购股权等方式退出公司，原则上都不直接处置土地经营权，即不能直接要求退还土地经营权。在这种情况下，承包农户以承包地的土地经营权入股公司，基本上意味着土地承包关系发生变动，且农户失去土地，这就有违土地经营权流转的基本要求。可以说，土地经营权入股公司在实践中较少，这是一个非常重要的因素。

针对上述情况，笔者认为，如果我们确实要支持承包农户以土地经营权入股公司，在当前仍须强调家庭承包土地的保障功能的前提下，只有对土地经营权入股公司的制度设计作变通处理，即为其创设一种特殊的公司形态。当然，这不是地方层面所能独立解决的，需要国家层面统筹推进。例如，可对土地经营权入股公司的制度设计作变通处理，乃至为其创设一种特殊的公司形态。

（二）土地经营权的评估作价

土地经营权入股合作社或公司，都需要进行评估作价。根据《农民专业合作社登记管理条例》（已失效）第 8 条的规定，“成员以非货币财产出资的，由全体成员评估作价”。换言之，土地经营权入股合作社，可由全体成员评估作价。当然，如果全体成员决定聘请专业机构评估作价，自是可行。《公司法》（2018 年）第 27 条第 2 款规定：“对作为出资的非货币财产应当评估作价，核实财产，不得高估或者低估作价。法律、行政法规对评估作价有规定的，从其规定。”该规定未就公司中非货币财产出资采用何种形式评估作价予以明确限制，这意味着一般情况下既可以由全体股东评估作价，[1]也可以由全体股东委托专业机构评估作价。

---

〔1〕 在宁波大榭开发区大寸金经贸有限公司等与深圳皇族珠宝艺术有限公司联营合同纠纷案中，最高人民法院认为，公司法对如何“评估作价”未作规定，亦未排除投资者协商作价或价值鉴定的方法。可以通过投资者协商一致的方法对非货币财产出资进行评估作价。参见最高人民法院民事判决书，（2004）民二监字第 68－1 号。

不过,值得指出的是,无论是合作社还是公司,经依法登记都是法人,合作社成员以其账户内记载的出资额和公积金份额为限对合作社债务承担责任,公司股东以认缴的出资额为限对公司债务承担责任。非货币出资的评估作价不仅关系成员或股东之间的权利和义务配置,还涉及合作社或公司债权人的利益。如果非货币出资的实际价格显著低于自行评估作价,承担相应出资责任的成员、股东需要补足,而这个时候通常又需要引入专业机构(法定评估机构)进行评估以确定其实际价额。

进一步来看,无论是合作社、公司成员(股东)对入股的土地经营权自行评估作价还是委托法定评估机构评估,都需要合理确定评估作价依据。总的来看,影响入股土地价格的因素较为多元,涉及土地区位、地力、耕作条件、产出能力和基本收益、承包和流转期限等。各地在具体操作上不尽相同。例如,浙江省慈溪市规定,“土地入股必须以二轮土地承包政策明确的经营权为依据,对入股土地的实有面积进行核实后,以实有面积作为股权计算的依据”。“入股土地承包经营权的流转期限不得超过二轮土地承包期的剩余期限,鼓励流转至土地二轮承包期末。”[1]重庆市巴南区则“参照当地土地流转价格(每亩土地年流转价格×入股年限,入股年限不能超过土地承包期限)计算”。[2] 有的地方如山西、四川等地规定,允许以土地承包经营权预期收益作价出资。[3]总的来看,在评估作价依据方面主要有三种类型:多数根据土地年租金(流转价格)乘以入股年限计算,有的以土地的预期收益为依据,有的则以适当高于当地土地流转价格为依据。[4]

土地经营权的评估作价在操作上不能过于复杂,但又必须尽可能准确,即契合其实际价额。应当说,在核实入股土地面积的基础上,参照当地土地流转价格(主要是租赁价格)乘以入股年限来计算出资价额,是较为可行的办法。一般来讲,一个地方的土地流转价格是相关当事方(主要是流出方和流入方)

---

〔1〕 参见2015年6月9日中共慈溪市委办公室、慈溪市人民政府办公室印发的《关于积极探索农村土地股份合作制改革的实施意见(试行)》(慈党办〔2015〕31号)。

〔2〕 《重庆市巴南区人民政府关于印发巴南区“十三五”期间推进农村新型股份合作社发展的实施意见的通知》(巴南府发〔2016〕89号)。

〔3〕 参见任大鹏:《土地经营权入股合作社的法律问题》,载《农业经济与管理》2015年第5期。

〔4〕 参见王乐君、禤燕庆、康志华:《土地经营权入股的实践探索与思考启示》,载《农村经营管理》2018年第11期;任大鹏:《土地经营权入股合作社的法律问题》,载《农业经济与管理》2015年第5期。

综合考虑土地位置、地力、耕作条件特别是产出能力与收益情况，经过博弈形成的一个大家都能接受的合理价格，这个价格基本上反映了其实际价值，否则流转无法实现。这很大程度上也正是多数地方采用这一办法来对土地经营权评估作价的根本原因。相较而言，以土地预期收益为依据来计算，存在较大的不确定性，而且土地的预期收益可能并不能如实反映出资时的土地实际价值，因为土地预期收益可能会随着入股后合作社或公司的后期投入而增加，而增加的收益不能简单归于出资成员（股东）的贡献。[1]

值得特别指出的是，对于土地流转价格，宜结合土地经营权入股后的农业用途状况予以适当调整和确定。从现实情况来看，土地用于种植粮食还是经济作物，它们的产出和收益是不同的，因而它们的流转价格往往也不同。笔者在浙江省慈溪市调研时发现，当地在引导农民通过村集体流转土地时，会根据农业规划和土地的实际用途，如划分种粮区域和种植经济作物区域，来确定不同的土地流转指导价格。根据规划，如果土地流转后用于种植粮食，即便该土地以往是用于种植经济作物，仍参照种粮收益情况确定流转价格；反之，如果土地流转后用于种植经济作物，即便该土地以往是用于种植粮食，仍参照种植经济作物确定流转价格。如果农民通过集体流转土地，原则上统一按照政府确定的指导价格进行流转。为了引导农民通过集体流转土地，政府出台了相应的政策，如给予适当补贴等。当然，农民可以选择自行流转，此时流转价格仍由当事人自行确定，但无法获得有关土地流转方面的特殊政策支持，如补贴。应当说，结合土地经营权入股后的农业用途状况来确定流转价格进而作为作价依据，更能准确体现土地的实际价值，更好地兼顾相关者的利益，包括兼顾入股农民和农业经营者的利益、兼顾公共利益和私人利益，从根本上有利于土地经营权入股的健康、可持续发展。

最后需要简要指出的是，土地经营权作价入股宜设置相应的土地股。这有利于架构产权清晰、权利义务和责任明确的治理机制。从实现情况来看，对于土地经营权作价入股，一般都要求设置相应的土地股。例如，浙江省慈溪市

---

〔1〕 参见任大鹏：《土地经营权入股合作社的法律问题》，载《农业经济与管理》2015年第5期。

明确规定,土地承包经营权作价入股必须设置土地股权。[1] 很多地方在设计土地经营权入股的收益分配机制时,通常设置一定比例用于土地入股分红,若不设置相应的土地股,在分红上难以精细化区分。

三、土地经营权入股的利益分配

在某种程度上,利益是决定土地经营权入股抑或土地股份合作能否有效实现和发展的根本性因素。实践表明,农民因利而合,但是在利益协调不力或者利益难以有效保障时,农民也可能因利而分。[2] 而这同样适用于参与到土地经营权入股中的其他利益主体。是故,在土地经营权入股中究竟应该建立什么样的利益分配制度,以促成"因利而合"、避免"因利而分",这成为理论和实践重点关注的一个重要问题。

(一)现状与问题

土地经营权入股普遍实行"保底收益 + 股份分红"利益分配制度备受关注,以致给人一种印象,似乎土地经营权入股基本上都实行这样一种利益分配制度。不过,从实践来看,土地经营权入股中的利益分配制度或者说模式并非简单划一,而是多元化的。

总体而言,基于入股方是否有保底收益,利益分配制度可分为两种类型:一是无保底收益,只实行股份分红;二是实行保底收益加股份分红。例如,在重庆市永川区的土地经营权入股实践探索中,有的无保底收益,只实行股份分红,如仙龙镇祝家坝村民小组的蒋平柑橘种植股份合作社即采用这种分配制度;有的则实行保底收益加二次分红。

对于保底收益或是保底分红,理论界有不同的看法,有的认为这是符合我国国情的特别制度设计,[3] 或是总体上默认"存在即合理",尊重当事人自

---

〔1〕 参见2015年6月9日中共慈溪市委办公室、慈溪市人民政府办公室印发的《关于积极探索农村土地股份合作制改革的实施意见(试行)》(慈党办〔2015〕31号)。

〔2〕 参见赵德健编著:《逼出来的改革:东平土地股份合作与乡村治理的实践探索》,中国社会科学出版社2016年版,第176页。

〔3〕 参见王乐君、栩燕庆、康志华:《土地经营权入股的实践探索与思考启示》,载《农村经营管理》2018年第11期。

主约定;[1]有的则认为,保底分红与法律上"入股"的特定含义不符,不应针对"入股"实行"保底分红",当然若以"租赁"的形式与合作社交易则无可厚非。[2]

值得指出的是,人们对于"保底收益""保底分红""股份分红"等概念的使用并不够统一。例如,有的将"保底收益"等同于"保底分红";有的以"保底分红"指称"保底收益+股份分红",即"保底"是"保底收益"的简称,"分红"为股份分红的简称;有的则以"保底分红"特指土地经营权入股中实施的一种特殊的股份分红形式,这些不同的用法可能引起理解上的偏差。

如果将"保底收益"等同于"保底分红",均指的是无论入股的合作社或公司有无利润,都要保证入股农民的收益,或者说都要给予分红,则无论作何种称呼,相应的利益分配制度都有违入股的应有精神。毕竟,根据传统的入股理论,入股是一种投资行为,而投资是有风险的,并不能保证一定有回报。

如果"保底分红"指的是土地经营权入股中实施的一种特殊的股份分红形式,即无论是否有经营收益,都要保证分红,那么这种制度安排显然违背《农民专业合作社法》(2017年)和《公司法》(2018年)中的"分红乃以有可分配盈余(利润)为前提"这一原则。

如果"保底分红"指的是"保底收益+股份分红",其中将保底收益限定或解释为合作社或公司没有产生收益时针对入股农民支付的一种利益,而不是理解为股份分红,同时,股份分红坚持以有可分配利润为前提,则此种利益分配制度并不违背《农民专业合作社法》(2017年)和《公司法》(2018年)中的"分红乃以有可分配利润为前提"这一原则。但是,此种情形下,仍需要对"入股"加以妥适解释,方能自圆其说。如若不然,很难洗刷"保底收益"实为变相的股份分红这一质疑。

综上可见,依传统理念和制度框架,"保底分红"无论作何种解读,均会不同程度地面临一些制度困境。只是在不同语境下,面临的困境会有所不同。

---

〔1〕 参见冯曦:《家庭土地承包经营权入股公司的法律建构——基于公司双重资本制》,载《法学杂志》2013年第2期;王琳琳:《土地经营权入股法律问题研究》,载《中国政法大学学报》2020年第6期。

〔2〕 参见吴义茂、吴越:《土地承包经营权入股有限责任公司问题研究——以农民股东与债权人的利益冲突与平衡为视角》,载《北方法学》2013年第3期;吴义茂:《土地承包经营权入股与农民专业合作社的法律兼容性》,载《中国土地科学》2011年第7期;温世扬、张永兵:《土地承包经营权入股农民专业合作社法律问题探析》,载《甘肃政法学院学报》2014年第3期。

这也为寻求破解之道提供了转圜空间。

(二)对策建议

应当说,土地经营权入股采用何种利益分配机制,总体上是当事人自主选择的结果,需要尊重。诚如前述,在实践中,土地经营权入股的利益分配制度并非简单划一,虽然常见做法是实行保底分红,但也存在无保底收益,只实行股份分红的做法。

据笔者在重庆市永川区的调研情况,在当地,如果合作社成员全部为集体组织成员而无外来资本(业主)入股,一般实行无保底收益、只在合作社产生收益后再分红的分配制度。如果有外来资本入股,特别是主要由外来资本牵头组建,则一般实行保底收益加股份分红的分配制度。

其中一个重要原因是,当合作社成员都是集体组织成员时,大家更容易形成一个相互信任的紧密型利益联结体。由于当地大多数村民特别是青壮年劳动力外出务工,剩下的多为老人、小孩,缺少劳动力,从而出现农地撂荒现象,撂荒农地基本没有产出和收益。集体组织的能人牵头组建合作社,将土地有效利用起来,能够让农民分享农业规模经营收益,这显然是一种共赢局面。

但是,在缺乏外来资本介入的情况下,这种合作社的起步是较为困难的,即便是集体组织的能人,一般而言其经济实力也有限,若在合作社没有收益之前就要支付保底收益,巨大的运营成本将使合作社难以存活,遑论发展壮大。针对这样一种状况,成员们也通常愿意接受不要求保底收益,而是待合作社发展起来产生收益之后再分红的制度安排。毕竟,土地本身是荒着的,基本没有收益,没有能人的牵头和合作社的发展,土地基本上将继续撂荒,而现在有能人愿意投入不小的前期成本带领大家把土地利用起来,不仅短期内可通过参与经营获得劳务报酬,而且从长远来看还可获得分红,考虑到这一点,在合作社产生收益前不要求保底收益,无疑是可接受的。

此外,不要求保底收益还有一个重要因素,即牵头的能人是长期生活在一起的"本村人"或"当地人",大家相对较为熟悉,至少一般情况下不用担心能人"跑路"。但如果是外来资本(业主),村民通常会有更多的顾虑,所以一般要求保底收益。

如果将保底收益限定或解释为合作社或公司没有产生收益时针对入股农民支付的一种利益,而不是理解为股份分红,则并没有通常所说的"分红乃以有可分配盈余(利润)为前提”的制度障碍。理论上,有学者着眼于既尊重农民股东的“保底收益”诉求,又解决“保底收益”与公司法的强制性规定的冲突,提出可以考虑由非农民股东对农民股东的“保底收益”承担担保责任,当公司的财务条件不允许支付“保底收益”时,由非农民股东垫付;当公司符合利润分配的财务条件时,非农民股东垫付的“保底收益”可以用公司可分配利润进行偿还。[1] 这种设计应该说不失为一种解决问题的务实举措。

不过,既然不将保底收益解释为股份分红,则可能需要对入股予以辩证看待。如果纯粹实行保底收益,或是保底收益加股份分红,则宜将保底收益解释为租赁费或准租赁费,这时入股就不是法律意义上的入股,而是实为出租;或是将名义上的入股解释为两个阶段:先出租后入股。现实中,土地经营权入股中的保底收益通常较一般意义上的土地租赁费用低。例如,笔者在重庆市永川区调研时了解到,一般意义上的土地出租,租赁费通常是 600 ~ 700 元/(亩·年),而保底收益则通常是 300 ~ 400 元/(亩·年)。其中体现了农民让渡一定的短期收益,换取未来更为稳定的高收益。此种制度安排也是市场选择的结果,体现了利益平衡,为相关当事人认可。

按通行理论,法律意义上的入股属于一般所谓的股权投资,不同于债权投资,既然属于投资,那么投资人需要承担经营风险,所谓股份分红乃以有可分配利润为前提。若无论是否有收益特别是可分配利润,都实行保底分红,这突破了法律意义上的入股的基本属性,按有关学者的说法,实属“名不符实”。[2]

现实中的一些做法或设计可以说存在此种倾向。例如,根据《贵州省农村土地承包经营权入股合同(示范文本)(草案)》[3]第 3 条的规定,入股方式由当事人选择,其中载明了两种可供选择的入股方式,一种称为“合作经营”,即“甲方将土地经营权折算并量化为股权入股乙方,与乙方合作发展农业生产”;另一种称为“折算股权”,即“甲方仅将土地经营权折算并量化为股权入股乙方,不参与乙方的经营管理,不承担乙方的经营风险,乙方须在合同期内每年

---

〔1〕 参见吴义茂、吴越:《土地承包经营权入股有限责任公司问题研究——以农民股东与债权人的利益冲突与平衡为视角》,载《北方法学》2013 年第 3 期。

〔2〕 参见高海:《农地入股合作社的组织属性与立法模式——从土地股份合作社的名实不符谈起》,载《南京农业大学学报(社会科学版)》2014 年第 1 期。

〔3〕 参见《贵州省农业委员会关于对〈贵州省农村土地承包经营权入股合同(示范文本)〉提出修改意见的通知》(黔农产办〔2018〕3 号)。

某月某日前按约定将分红支付甲方，不得将经营状况作为分红的依据和标准”。从该文本可以看出，虽然其专门针对“入股”而制定，其中规定的两种方式都称为“入股”，但至少从条文字面含义上即可得出，第二种实难归属一般法律意义上的“入股”。

此外，《贵州省农村土地承包经营权入股合同(示范文本)(草案)》第4条规定，分红方式由当事人选择，其中载明了3种可供选择的方式：“甲乙双方协议按以下第 × 种方式进行分红，且分红保底标准不得低于每年每亩 × 元：(1)一次性分红。按每年每亩 × 元，共计 × 元，乙方于 × 年 × 月 × 日前支付给甲方。(2)固定分红。按固定每亩 × 元进行分红，乙方于每年 × 月 × 日前支付给甲方。(3)阶梯式分红。每 × 年按上一年度分红金额 × % 的比例进行递增，乙方于每年 × 月 × 日前支付给甲方。”结合该规定可进一步看到，无论采用何种入股形式，采用何种分红方式，实际上都强调保底分红。应当说，如果将这里的“分红”理解为《农民专业合作社法》(2017年)或《公司法》(2018年)上的分红，则显然突破了既有的制度框架。

笔者认为，虽然土地经营权入股有其特殊性，但在制度设计上仍应尽可能兼顾一般意义上的入股理论与基本制度框架，其中一个重要的方面即包括分红制度。无论在《农民专业合作社法》(2017年)还是《公司法》(2018年)层面，分红都是以有可分配盈余(利润)为前提的。以此为基本制度框架，在土地经营权入股的利益分配制度上，完全可以通过合适的概念体系，设计出具有兼容性的制度安排。承上所述，“保底收益+股份分红”应是一种可行的制度安排和概念体系，其中，股份分红完全取决于是否有可分配盈余(利润)。

目前来看，2021年农业农村部和国家市场监督管理总局制定的《农村土地经营权入股合同(示范文本)》，对股份分红条款的设计便体现了这样一种精神——既考虑土地经营权入股的特殊性，又尽可能兼顾入股的一般性准则。相较《贵州省农村土地承包经营权入股合同(示范文本)(草案)》的有关设计更为科学。例如，《农村土地经营权入股合同(示范文本)》就股份分红标准提供了如下示范条款：“双方当事人选择第 × 种股份分红标准。1. 按股分红。即根据□出资额 □股份数 □其他： × 分配盈余或者利润。2. 保底收益+按股分红。保底收益每亩每年 × 元(大写： ×)，每 × 年调整一次保底收益。具体调整方式： × 。按股分红根据□出资额 □股份数 □其他： × 分配盈余或者利润。

3. 其他：×。”可以看到，其中对于“保底收益”没有说是“分配盈余或者利润”，对于“按股分红”才表述为“分配盈余或者利润”，至少在形式上就避免了与入股的一般准则明显冲突的问题。

此外，就分红而言，除了需要坚持“分红乃以有可分配盈余（利润）为前提”这一原则外，对于分红的比例和方式总体上需要尊重当事人的自主选择。例如，不少地方根据股权结构来设置分红比例。一般针对土地经营权入股设置相应的土地股，对于可分配利润，先按土地股的总体占比划出相应的可分配利润，再于土地股持股人之间，按照各自占比分配相应的利润。此外，至于分红是以实物的方式，还是以货币的方式，也完全可以尊重成员的自主选择。例如，六盘水市钟山区大河镇周家寨村70户农民以20年的承包土地经营权入股民润蔬菜种植农民专业合作社，主要从事葡萄种植。合作社对入股农户采取“保底+分红”的收益分配方式。合作社盈利后，入股农民可按入股土地面积获得相应比例的实物分红（以每亩种植200株葡萄计算，每户可分得60株葡萄的果实），由其自主采摘销售，或委托合作社采摘销售，所得收入归农民所有；也可以按照入股土地面积占全部农户入股土地面积的比重参与分红。[1] 农业农村部和国家市场监督管理总局制定的《农村土地经营权入股合同（示范文本）》在相关条款的设计上体现了尊重当事人自主选择的精神。

总的来看，如果不考虑概念上的混用或乱用，从而导致理论与实践、一般法律制度安排和特殊法律制度安排之间的抵牾，各地土地经营权入股中实行的不同利益分配制度，基本上是市场选择或者说是相关当事人自主选择的结果，体现了利益平衡。理论上，应尊重实践上的创新，只是在概念体系上需要尽可能照应既有的理论和一般法律制度安排。此外，从保障农民利益出发，政府可以引导采用更有利于农民的利益分配制度，但总体上需要立足发挥市场的决定性作用，实现利益平衡，只有相应的制度设计兼顾各方利益，才会实现土地经营权入股的可持续发展。

四、成员退出时的土地经营权处置

不少农民有深厚的土地情结，对土地经营权入股也心存失地顾虑，为了应

---

〔1〕 参见省委政研室联合调研组：《六盘水市农村“三变”改革调研报告》，载中共贵州省委政策研究室编：《贵州农村“三变”改革导则》，贵州人民出版社2017年版。

对未来的不确定性,通常希望如果退出土地股份组织,能够退回土地经营权。但严格来讲,这存在一定的制度障碍,需要通盘考虑。

(一)成员能否直接要求退回土地经营权

根据我国《农民专业合作社法》(2017 年)的规定,社员具有退社自由(第 4 条第 3 项);若成员资格终止,合作社应当按照章程规定的方式和期限,退还记载在该成员账户内的出资额和公积金份额(第 28 条)。在此框架下,以土地经营权入股的社员亦应具有退社自由,退社时可退回记载在其成员账户内的出资额和公积金份额。不过,值得指出的是,"出资额"不同于"出资"。根据《农民专业合作社法》(2017 年)和通行法理,土地经营权作价出资后已是合作社的财产,以土地经营权入股的社员退社时,并不能当然要求退回其用以入股的土地经营权。

此外,根据《公司法》(2018 年)的规定,股东向公司出资后,相应出资亦成为公司的财产;公司成立后股东不得抽逃出资。一般而言,股东要退出公司,可通过转让股权、公司回购股权等方式实现。无论是股东转让股权还是公司回购股权,都不直接处置相应股东的出资。以此为遵循,以土地经营权入股的股东,同样不能抽逃出资,无论是通过转让股权还是公司回购股权退出公司,也都无法要求退回其用以出资的土地经营权。

接下来的问题是,能否对土地经营权入股作出特殊(变通)的制度安排?从现实来看,对于土地经营权入股作出一定的特殊安排,以期既稳定土地股份组织对土地经营的预期,又尽可能保障农民对赖以生存的土地的需求,这成为当前理论研究和制度设计的一个基本方向。例如,有学者提出,可将家庭承包的土地经营权入股的法律性质定位为债权性流转,在此基础上明确承包农户以土地经营权出资的,出资人保留物权性权利,出资的土地经营权不能成为合作社的法人财产;而以货币、实物等其他财产出资的则让渡物权性权利,形成合作社法人财产。[1]

实践中,不少地方也在积极探索,但具体如何设计,各地做法不一。例如,《陕西省实施〈农村土地经营权流转管理办法〉细则》[2]第 19 条第 2 款规定,

---

〔1〕 参见高海:《农地入股合作社的组织属性与立法模式——从土地股份合作社的名实不符谈起》,载《南京农业大学学报(社会科学版)》2014 年第 1 期。

〔2〕 参见《陕西省农业农村厅关于印发〈陕西省实施《农村土地经营权流转管理办法》细则〉的通知》(陕农发〔2021〕71 号)。该细则自 2022 年 1 月 1 日起实施。

"妥善处理农户退出问题,探索通过限定最短入股期限、调换地块等方式,稳定公司、农民专业合作社对土地经营的预期"。《贵州省农村土地承包经营权入股合同(示范文本)(草案)》第9条第3项规定:"合同期满后,如乙方继续经营该入股土地,必须在合同期满前×日内书面向甲方提出申请,另行签订入股合同。如乙方不再继续经营,应在合同期满后×日内将土地妥善处理后交还给甲方。"《江苏省农村土地承包经营权流转合同(示范文本)》第8条第3款作出类似规定:"合同期满后,如乙方继续经营该流转土地,必须在合同期满前90日内书面向甲方提出申请。如乙方不再继续流转经营,应在合同期满后×日内将原流转的土地交还给甲方,乙方必须将原流转经营土地妥善处理……"[1]《吉林省农村土地承包经营权入股合同(示范文本)》[2]第6条第1款则规定:"甲方(入股方)有权按照合同规定收取股权红利;按照合同约定的期限到期收回流转的土地。"

从这类合同示范文本的规定来看,总体上是由当事人约定入股期限,期限届满后,除非入股方愿意继续入股,否则土地经营权退回入股方。例如,贵州省和江苏省的文本都规定,合同期满后,由乙方(土地股份组织)提出申请,但并未明确载明只要其申请,甲方(入股方)则必须同意。换言之,入股方可以同意也可以不同意,若不同意,应理解为将入股土地交还给入股方。而吉林省的文本则直接规定,"按照合同约定的期限到期收回流转的土地"。

一些地方层面的农民专业合作社立法就对土地经营权入股的社员退社条件和土地经营权处置作了相应规定。[3] 例如,根据《山东省农民专业合作社条例》的规定,以土地经营权入股的成员资格终止的,原则上按章程规定办理退还出资事宜,如果章程没有规定,可以通过平等协商、退还土地经营权或者采

---

〔1〕 参见《江苏省工商行政管理局关于印发〈江苏省农村土地承包经营权流转(合同示范文本)〉的通知》(苏工商合〔2016〕202号)之附件。该合同示范文本是通用版本,其第1条第3项规定:"甲方现通过□转包□租赁□互换□转让□入股□作为出资、合作条件□其他×方式流转给乙方。"当事人根据具体流转形式勾选。

〔2〕 《吉林省工商行政管理局关于印发吉林省农村土地承包经营权流转合同示范文本的通知》(吉工商合字〔2010〕85号)之附件6。

〔3〕 不少地方的农民专业合作社立法也回避了这个问题。例如,2015年制定的《福建省农民专业合作社条例》、2018年修正的《黑龙江省农民专业合作社条例》、2019年制定的《吉林省农民专业合作社条例》、2020年制定的《上海市实施〈中华人民共和国农民专业合作社法〉办法》、2021年修订的《陕西省实施〈中华人民共和国农民专业合作社法〉办法》等均未见有关以土地经营权入股的社员退社条件和土地经营权处置的规定。

取出租等方式流转其土地经营权。[1]《新疆维吾尔自治区实施〈中华人民共和国农民专业合作社法〉办法》(2019年)第11条第2款规定:"农民退社的,鼓励其依法向本社其他成员流转土地经营权。"[2]2009年制定的《江苏省农民专业合作社条例》第18条规定,合作社应在章程中规定成员退社的条件;以土地经营权入股的社员退社的,"鼓励其依法向本社其他成员流转该承包地的经营权"。不过,2021年修订的《江苏省农民专业合作社条例》则取消了这项规定,也未有其他替代性的制度安排。

总的来看,这类规定体现这样一种精神,最好当事人事先约定(如章程中载明)退社时的土地经营权处置方式,同时鼓励退社时不直接退回入股的土地经营权,而是通过流转等方式来处置,如此既保障退社农民有地可种,又稳定了土地股份组织的经营。

(二)制度设计上尊重自治与兼顾利益相关者的权益

针对农民的顾虑,需要积极回应,否则他们不愿以土地经营权入股,所谓鼓励或引导土地经营权入股发展农业产业化经营将无从谈起。但同时也要兼顾土地股份组织的正常经营,否则入股农民自身也是利益受损者。总体而言,在土地经营权入股时,事先约定并在章程中载明社员或股东退出时不退回用以出资的土地经营权,而是通过向其他成员流转土地经营权,或是以调换地块的方式实现退出,这是一个较好的办法。

一方面,在土地股份组织尚未出现解散情形下,成员退出时若退回其用以入股的土地经营权,势必影响到土地股份组织的正常经营。土地经营权入股的一个重要目标是实现土地适度规模经营。入股土地通常来自不同入股主体,一旦个别成员退出并退回其土地,往往会打破既有的规模经营局面。特别是相应地块分散在通过入股而整合形成的成片土地的非边缘区域时,其退回给退社成员后,无论是退社成员自己经营还是土地股份组织经营都将面临土地利用困境,这可以说是双输的局面。

---

[1]《山东省农民专业合作社条例》(2010年制定、2020年修正)第21条第3款规定:"以土地承包经营权出资的成员资格终止的,其出资的退还,按照章程规定执行;章程未规定的,可以通过平等协商,退还土地承包经营权或者采取转包、出租、互换、转让等方式流转其土地承包经营权。"值得说明的是,该条例即便在2020年修正,仍然规定的是以"土地承包经营权"出资,这一条款也没有变化。

[2]《新疆维吾尔自治区实施〈中华人民共和国农民专业合作社法〉办法》(2012年)第11条第3款规定:"以土地承包经营权出资入社的农民退社的,鼓励其依法向本社其他成员流转该土地承包经营权。"

另一方面,需要顾及当前农地特别是家庭承包土地对于农民仍承载着特殊的功能。是故,在土地经营权入股时,首先需要尊重农民自愿入股,同时应当充分说明并告知入股可能出现的不利后果。实践中,要避免片面鼓吹土地经营权入股的利好。在让农民充分了解土地经营权入股利弊的基础上,事先约定退社的条件和土地经营权的处置方式,能够较好地避免事后纠纷的产生。其中,就成员退出时的土地经营权处置,通过向其他成员流转土地经营权,或是以调换地块的方式进行处置,能够兼顾退出成员和土地股份组织的利益。

在制度建设上,地方在制定相关地方立法或是规范性文件时,宜就以土地经营权入股的社员退社条件和土地经营权处置作指引性规定。例如,《山东省农民专业合作社条例》的有关规定值得参考。在此基础上,于土地经营权入股合同或章程的示范文本中,就相应的条款设计,提供更为详细的示范条款,将能够起到非常好的指导和风险防范作用。以此为方向,2021 年农业农村部和国家市场监督管理总局制定的《农村土地经营权入股合同(示范文本)》在相应示范条款的设计上仍显得简略。其主要针对入股期限届满情形下的土地经营权去向简要设计了几个条款,例如,甲方(入股方)的一项权利是"入股期限届满后收回土地经营权";乙方(受让方)的一项权利是"入股期限届满,有权在同等条件下优先续约";"如乙方在合同期满后需要继续经营该入股土地,必须在合同期满前 × 日内书面向甲方提出申请。如乙方不再继续经营的,必须在合同期满前 × 日内书面通知甲方,并在合同期满后 × 日内将原入股的土地交还给甲方"。若能就入股期限届满前的退社和土地经营权处置、入股期限届满后土地经营权处置的多元方式,提供更多的示范条款,供当事人选择,其示范效果会更加凸显。

五、土地股份组织解散时的土地经营权处置

土地股份组织解散时的土地经营权处置,与前文探讨的成员退出时的土地经营权处置问题,具有一定的关联性,但也有其特殊性。从根本上而言,均涉及入股农民和土地股份组织、债权人的利益平衡,土地股份组织的独立性和法人财产权问题。但因处置的背景、条件、机制多少有些差异,是故本部分单独进行讨论。

（一）土地经营权退回原承包方还是作为责任财产

根据《农民专业合作社法》（2017年）、《公司法》（2018年）的有关规定，土地经营权入股后将成为合作社或公司的财产，在合作社、公司解散时，属于清算财产范畴。清算财产先用于支付清算费用、员工（职工）工资及社会保险费，缴纳所欠税款，清偿合作社、公司债务，若仍有剩余财产，才在成员、股东内部分配。简单来说，土地股份组织解散时，土地经营权并不能保证能够退回原承包方。

但是，为了管控农民失地风险，打消农民顾虑，2021年农业农村部制定的《农村土地经营权流转管理办法》第16条明确规定，“承包方自愿将土地经营权入股公司发展农业产业化经营的……公司解散时入股土地应当退回原承包方”。虽然该办法没有明确规定以土地经营权入股合作社的，合作社解散时土地应当退回原承包方，但一般认为，基于类推适用规则，这同样适用于入股合作社情形。更何况，相较公司而言，合作社的政策性更强，更可以作出变通处理。例如，2021年农业农村部和国家市场监督管理总局制定的《农村土地经营权入股合同（示范文本）》设计的有关基础性条款便体现了此种精神，如甲方（入股方）享有“入股期限届满后收回土地经营权”的权利，合同期满后，如乙方（受让方）“不再继续经营的，必须在合同期满前×日内书面通知甲方，并在合同期满后×日内将原入股的土地交还给甲方”。

在土地经营权入股的地方实践中，不少地方也实行这样一种制度安排，即土地股份组织解散时入股土地退回入股方。例如，《贵州省农村土地承包经营权入股合同（示范文本）（草案）》第8条第4款规定：“入股合作出现解散时，入股的土地应当按相关规定退回甲方。”《淄博市农村土地承包经营权流转管理办法（试行）》[1]第18条规定：“……股份合作解散时入股土地应当退回原承包农户。”《陕西省实施〈农村土地经营权流转管理办法〉细则》第20条规定，“公司解散时入股土地应当退回原承包方”。不过，值得一提的是，《陕西省实施〈农村土地经营权流转管理办法〉细则》第19条也规定，“公司、农民专业合作社破产清算后，农户可以按照有关法律法规或公司、农民专业合作社章程规

〔1〕 参见《淄博市人民政府办公厅关于印发〈淄博市农村土地承包经营权流转管理办法（试行）〉等三项管理规定的通知》（淄政办发〔2014〕24号）。

定回购土地经营权”。

此外,同时值得关注的是,地方层面的农民专业合作社立法,可谓回避了合作社解散时的土地经营权处置问题。笔者通过北大法宝法律法规数据库重点检索了2012年至2021年的农民专业合作社地方立法情况,共有江西、新疆、天津、福建、黑龙江、吉林、上海、山东、陕西、江苏、辽宁等11个省(直辖市、自治区)制定或修订了相应的立法(都是地方性法规),均未见有关合作社解散时土地(承包)经营权处置的规定,更无诸如合作解散时入股土地应当退回原承包农户这样的规定。根据相关立法条文规定,基本精神是按照国家相关法律规定执行。[1]

总的来看,在土地股份组织解散时土地经营权的处置上,相应的组织法和土地承包法之间存在明显的冲突。从组织法层面而言,无论是农民专业合作社还是公司都是法人,土地经营权入股后将成为法人的责任财产,法人的责任财产是法人承担独立责任的基础。如果在合作社或公司解散时允许入股土地经营权退回,将影响其债务承担能力进而影响债权人的利益。特别是,当土地是合作社、公司的主要资产时,若将这些财产剥离出合作社、公司的责任财产范畴,势必严重损害这些组织的偿债能力。这进而会制约土地股份组织的生存与发展,因为在市场经营活动中,交易相对人会心存顾虑,从而不太愿意跟这类股份组织进行交易特别是大规模交易。但是,从土地承包法层面,尤其是对于家庭承包土地,当前又不得不考虑其所担负的特殊功能,从而在制度设计上予以一定的特殊考量。

(二)坚持在入股土地经营权作为责任财产的基础上灵活处置

针对前述两难困境,各界提出了不少旨在平衡兼顾的举措。例如,有学者提出,土地股份组织解散或破产时,入股土地经营权仍应作为组织的责任财产,不应简单粗暴地规定土地经营权退回给入股方,而是可设立回购、置换制

---

〔1〕 例如,《新疆维吾尔自治区实施〈中华人民共和国农民专业合作社法〉办法》(2019年)第21条规定:“农民专业合作社合并、分立、解散、清算以及农民专业合作社联合社等有关规定,依照《中华人民共和国农民专业合作社法》和国家有关规定执行。”《上海市实施〈中华人民共和国农民专业合作社法〉办法》(2020年)第47条第2款规定,“农民专业合作社解散、清算等事宜,按照国家相关法律规定处理”。《陕西省实施〈中华人民共和国农民专业合作社法〉办法》(2021年)第49条第2款规定,“农民专业合作社解散、清算等事宜,依照国家相关法律规定处理”。

度来实现对入股方(特别是农民)和土地股份组织的债权人的利益平衡。[1] 有学者提出了“优先购买权 + 入股保险 + 入股风险基金”三位一体的解决方案。[2] 2018 年农业农村部等 6 部门联合出台的《土地经营权入股意见》提出,农户可以回购土地经营权。

总的来看,在土地股份组织解散时,入股土地经营权应作为土地股份组织用以偿还债务的责任财产,这可以说已成为一种主流认识,也在一定程度上获得了国家政策层面的认可。本书认为,着眼于土地经营权入股的可持续发展,需要遵循这一基本立场,即入股土地经营权应作为合作社、公司的责任财产。在此基础上,可引入相应的土地经营权灵活处置机制和土地经营权入股风险管控机制。

1. 建立土地经营权回购制度

在土地股份组织解散清偿债务之前,可允许乃至鼓励以土地经营权入股的社员、股东按照土地股份组织清算时土地经营权的资产价值购回相应的土地经营权。土地经营权回购的制度设想获得了广泛认可,但是以何种价格回购尚存争议。有的提出以入股时的价值回购;[3] 有的则提出赋予入股农民优先购买权,购买的价格应是一个市场价格,而非入股时的价格。换言之,宜以清算时的市场价格来购买。[4] 本书认为以土地股份组织清算时的资产价格回购更为妥当。因为土地经营权作为土地股份组织用以承担债务的责任财产,其用以清偿债务时亦是以清算时的市场价格来计算。通常情况下,清算时和入股时的土地经营权的价格并不相同,若一律按照入股时的价格来回购,要么对债权人不利,要么对回购的入股方不公平,在这样的情况下,回购难以有效实现。

2. 建立土地经营权入股保险制度

政府建立相应的政策性保险,或以补贴等方式支持以土地经营权入股社

〔1〕 参见温世扬、张永兵:《土地承包经营权入股农民专业合作社法律问题探析》,载《甘肃政法学院学报》2014 年第 3 期。

〔2〕 参见吴义茂、吴越:《土地承包经营权入股有限责任公司问题研究——以农民股东与债权人的利益冲突与平衡为视角》,载《北方法学》2013 年第 3 期。

〔3〕 参见米新丽、姚梦:《农村土地承包经营权出资法律问题研究》,载《法学杂志》2010 年第 12 期。

〔4〕 参见吴义茂、吴越:《土地承包经营权入股有限责任公司问题研究——以农民股东与债权人的利益冲突与平衡为视角》,载《北方法学》2013 年第 3 期。

员、股东和土地股份组织购买商业保险,探索建立“入股履约保证保险”等多种土地经营权入股保险。[1]

一方面,支持以土地经营权入股的社员、股东参保,出现土地股份组织解散需要用土地经营权承担债务情形时,为入股社员、股东回购土地经营权提供资金保障。现实中,一些地方的农民专业合作社立法从一般层面就鼓励或支持合作社成员参加农业保险作出了规定。例如,福建省、黑龙江省规定,合作社组织成员参加农业保险的,地方财政给予一定的保费补贴;[2] 山东省规定,经营农业政策性保险的保险机构应当为合作社成员提供农业政策性保险服务。[3] 这些制度安排以立法的形式确认,具有重要的意义。但与此同时,在具体落实方面还需进一步制定实施细则。例如,可结合出资方式如以土地经营权入股等情况,对社员参保的保费补贴、保险理赔启动、保险赔偿额度等进行适当的区别设计。

另一方面,支持土地股份组织参保,增加土地股份组织的抗风险能力,尽量避免因为经营问题而解散、破产进而需要处置土地经营权以清偿债务。现实中,很多地方的农民专业合作社立法均从一般层面就鼓励和支持农民专业合作社参加保险作出了规定。其中,多数原则性规定鼓励和支持保险机构开发(有针对性的)农业保险产品,为农民专业合作社提供保险服务。[4] 在此基

---

[1] 参见 2018 年农业农村部等 6 部门联合出台的《土地经营权入股意见》。

[2] 《福建省农民专业合作社条例》(2015 年)第 25 条规定,“农民专业合作社组织其成员参加农业保险的,地方财政应当按照国家和本省规定的农业保险补贴险种及保费补贴分担比例给予保费补贴”。《黑龙江省农民专业合作社条例》(2018 年)第 6 条第 3 款规定:“鼓励农民专业合作社为其成员投保政策性农业保险和商业性农业保险,以降低其出资风险。”第 21 条第 1 款规定:“农民专业合作社组织其成员参加农业保险的,地方财政应当按照国家规定的农业保险补贴险种及保费补贴分担比例给予保费补贴。”

[3] 《山东省农民专业合作社条例》(2020 年)第 45 条第 2 款规定:“经营农业政策性保险的保险机构应当为具备条件的农民专业合作社成员提供农业政策性保险服务。”

[4] 例如,《吉林省农民专业合作社条例》(2019 年)第 40 条规定:“鼓励和支持保险机构开发农业保险产品,在农产品生产、加工、储藏、运输、销售和农业机械作业等环节,为农民专业合作社提供保险服务。”《山东省农民专业合作社条例》(2020 年)第 45 条第 1 款规定:“鼓励和支持保险机构开发具有针对性的保险产品,在产品生产、加工、储藏、运输、销售和农业机械作业等环节为农民专业合作社提供保险服务,增强农民专业合作社抵御风险的能力。”类似规定,还可参见《江西省农民专业合作社条例》(2012 年)第 36 条;《天津市农民专业合作社促进条例》(2014 年)第 25 条;《福建省农民专业合作社条例》(2015 年)第 25 条;《新疆维吾尔自治区实施〈中华人民共和国农民专业合作社法〉办法》(2019 年)第 28 条;《上海市实施〈中华人民共和国农民专业合作社法〉办法》(2020 年)第 34 条;《江苏省农民专业合作社条例》(2021 年)第 35 条;《辽宁省实施〈中华人民共和国农民专业合作社法〉办法》(2021 年)第 21 条;《陕西省实施〈中华人民共和国农民专业合作社法〉办法》(2021 年)第 37 条。

础上,有的进一步明确某些事项,如扩大农业保险覆盖范围,提高农业保险赔付标准,给予一定的保费补贴;[1]有的规定,鼓励农民专业合作社依法开展互助保险;[2]有的规定,对于投保农业保险的合作社给予信用激励。[3] 应该说,这些规定为引导和支持土地股份组织参加农业保险,提供了宏观层面的制度保障。这些宏观制度细化落实的一个方向是,可针对土地股份组织进一步给予适当的倾斜支持。

---

〔1〕 参见《上海市实施〈中华人民共和国农民专业合作社法〉办法》(2020 年)第 34 条;《天津市农民专业合作社促进条例》(2014 年)第 25 条。

〔2〕 参见《江苏省农民专业合作社条例》(2021 年)第 35 条;《新疆维吾尔自治区实施〈中华人民共和国农民专业合作社法〉办法》(2019 年)第 28 条。

〔3〕 例如,《辽宁省实施〈中华人民共和国农民专业合作社法〉办法》(2021 年)第 20 条规定:"农村合作金融机构和农村经营管理机构应当建立农民专业合作社信用档案,开展信用评级、授信活动。对获得县以上农民专业合作社示范社称号或者县以上人民政府奖励以及投保农业保险的农民专业合作社,可以适当提高相应的信用资质评级档次。"《天津市农民专业合作社促进条例》(2014 年)第 22 条规定,"对农民专业合作社示范社、政府表彰或者投保农业保险的农民专业合作社,可以提高其信用等级"。

第四章　土地经营权抵押法律制度

在承包地“三权分置”基础上允许土地经营权抵押,[1]是党的十八大以来我国农村土地制度改革的一项重大突破。根据中央相关政策精神,2016 年中国人民银行等 5 部门联合印发的《承包地经营权抵押办法》对土地经营权抵押贷款的类型、条件、运作程序等作了较为具体的安排。根据《承包地经营权抵押办法》(2016 年)第 5 条、第 6 条、第 7 条的规定,土地经营权抵押分为两种基本形态:一是“通过家庭承包方式取得土地承包经营权的农户以其获得的土地经营权作抵押”;二是“通过合法流转方式获得承包土地的经营权的农业经营主体”以流转取得的土地经营权抵押。

《农村土地承包法》(2018 年)以国家立法的形式确认了土地经营权抵押的基本制度安排。其第 47 条第 1 款规定:“承包方可以用承包地的土地经营权向金融机构融资担保,并向发包方备案。受让方通过流转取得的土地经营权,经承包方书面同意并向发包方备案,可以向金融机构融资担保。”根据官方解释,法律规定的“融资担保”包含了抵押和质押等情形。如此规定,主要是考虑实践中承包地经营权抵押担保融资的情况复杂,操作方式多样,同时各方面对土地经营权的性质认识分歧较大,用“融资担保”概念,将抵押和质押等情形都

[1] 关于土地经营权抵押的表述,理论界与实务界均有不同提法,如承包地经营权抵押、承包土地的经营权抵押、土地承包经营权抵押、土地经营权抵押等,为行文方便,本章原则上统筹使用“土地经营权抵押”这一表述,同时也视情形兼用有关概念。此外,在本书中,主要探讨家庭承包地上的土地经营权抵押问题。

包含其中，既保持与担保法等法律的一致性，又规避因概念之争影响立法进程。[1] 进言之，鉴于难以实际上也不宜对土地经营权的性质作出简单划一的界定，需要根据现实情况予以灵活处理，若为债权性的经营权，可采取质押担保的方式；若为物权性的经营权，则可采取抵押担保的方式。[2]

综上所述，《农村土地承包法》(2018 年)实际上亦循着《承包地经营权抵押办法》(2016 年)的思路肯认了土地经营权抵押的两种基本形态：一是承包方以"承包地的土地经营权"抵押(以下简称承包方抵押)；二是受让方以"流转取得的土地经营权"抵押(以下简称受让方抵押)。也正是考虑土地经营权抵押的复杂性，《农村土地承包法》(2018 年)只是作了原则性规定，同时授权国务院有关部门制定土地经营权融资担保办法(第 47 条第 4 款)。总体观之，尽管我国相关政策和立法就土地经营权抵押制度作出了一些安排，但仍有不少细节问题需要进一步研究。本章拟立足地方出台的土地经营权抵押规范性文件，着重围绕抵押当事人、抵押财产范围和条件、抵押权设定和抵押权实现等四个方面展开探讨。

一、土地经营权抵押改革的政策推进与地方实践概述

虽然党的十八大以前土地经营权抵押融资改革探索即在局部范围内开展，如 2009 年中国人民银行和原中国银监会联合发文，提出"有条件的地方可以探索开办土地经营权抵押贷款"，[3] 一些地方也出台了有关规范性文件，[4] 但这项改革主要是在所有权和土地承包经营权"两权分离"框架下进行的，而

[1] 参见刘振伟：《进一步赋予农民充分而有保障的土地权利——关于〈中华人民共和国农村土地承包法修正案(草案)〉的说明》，载《农村工作通讯》2017 年第 21 期；刘振伟：《完善农村集体土地"三权"分置制度》，载《中国人大》2017 年第 21 期；黄薇：《中华人民共和国农村土地承包法释义》，法律出版社 2019 年版，第 201 页。

[2] 鉴于用以抵押的承包地经营权应具有物权性质，需要立法"设定物权性经营权的条件和方式，使经营权中的一部分成为物权性质的经营权"。例如，用流转取得的经营权抵押时，该经营权宜要有较长时间的存续期，经规范的书面合同创设，经过合法登记机关的登记。参见许明月：《农村承包地经营权抵押融资改革的立法跟进》，载《比较法研究》2016 年第 5 期。

[3] 参见中国人民银行、原中国银监会《关于进一步加强信贷结构调整促进国民经济平稳较快发展的指导意见》(银发〔2009〕92 号)。

[4] 例如，2010 年出台的《长兴县农村土地承包经营权抵押贷款管理办法(试行)》、2011 年出台的《屯昌县农村土地专业承包经营权抵押贷款实施办法》、2011 年出台的《重庆市农村土地承包经营权、农村居民房屋及林权抵押融资管理办法》。

且土地(承包)经营权抵押在更高层次的中央政策层面和相关法律法规、司法解释中并未获得正式的解禁。

2013年党的十八届三中全会审议通过的《中共中央关于全面深化改革若干重大问题的决定》指出"赋予农民对承包地占有、使用、收益、流转及承包经营权抵押、担保权能",标志着土地经营权抵押融资改革正式拉开了序幕。2014年中央一号文件[1]进一步指出"在落实农村土地集体所有权的基础上,稳定农户承包权、放活土地经营权,允许承包土地的经营权向金融机构抵押融资",标志着中央正式确立了"三权分置"框架下的土地经营权抵押融资改革部署。

之后,2015年8月10日国务院发布有关开展土地经营权抵押贷款试点的意见。[2] 2015年12月27日全国人大常委会通过一项决定,[3]允许在北京市大兴区等232个县(市、区)暂停《物权法》(已失效)、《担保法》(已失效)有关土地承包经营权抵押条款的实施,相关试点工作得以合法推行。2016年3月,中国人民银行等5部门联合出台《承包地经营权抵押办法》,为相关试点工作提供了基本规则。根据中央有关部署,试点工作起初截止时间为2017年12月31日,后推迟至2018年12月31日。

在中央统筹部署下,地方积极推进土地经营权抵押融资改革探索,各省(直辖市、自治区)都出台了相应的指导意见或实施方案,[4]除了官方确定的试点县(市、区),未纳入试点范围的一些县(市、区)亦开展了有关探索工作,不少地方出台了较为具体的、更具操作性的规范性文件。

---

〔1〕 参见2014年1月19日中共中央、国务院印发的《关于全面深化农村改革加快推进农业现代化的若干意见》。

〔2〕 参见国务院《关于开展农村承包土地的经营权和农民住房财产权抵押贷款试点的指导意见》(国发〔2015〕45号)。

〔3〕 参见全国人大常委会《关于授权国务院在北京市大兴区等232个试点县(市、区)、天津市蓟县等59个试点县(市、区)行政区域分别暂时调整实施有关法律规定的决定》,2015年12月27日第十二届全国人民代表大会常务委员会第十八次会议通过。

〔4〕 例如,《重庆市人民政府办公厅关于印发重庆市农村承包土地的经营权和农民住房财产权抵押贷款试点工作方案的通知》(渝府办〔2016〕9号)、《湖南省人民政府办公厅关于开展农村承包土地的经营权和农民住房财产权抵押贷款试点的实施意见》(湘政办发〔2016〕21号)、《广东省人民政府印发广东省农村承包土地的经营权和农民住房财产权抵押贷款试点实施方案的通知》(粤府函〔2016〕87号)、《黑龙江省人民政府办公厅关于印发黑龙江省农村承包土地的经营权和农民住房财产权抵押贷款试点实施方案的通知》(黑政办发〔2016〕29号)等。

考虑到“三权分置”背景下土地经营权抵押融资改革的正式启动时间为2013年年底或2014年年初，试点截止时间为2018年12月31日，笔者主要收集2014年至2018年地方出台的有关规范性文件作为考察对象。数据来源和检索路径为北大法宝法律法规数据库和百度，搜索关键词为“经营权抵押”，最后检索时间为2019年12月31日。在对初选样本加以甄别的基础上，最终收集了35份地方规范性文件作为重点分析样本（见表1）。

表1　土地经营权抵押的地方规范性文件样本

文件名	颁布时间	发文字号	颁布单位
甘肃省农村土地承包经营权抵押贷款管理办法（试行）	2014年12月26日	甘金办发〔2014〕146号	甘肃省人民政府金融工作办公室等5部门
龙州县农村土地承包经营权抵押融资管理办法（试行）	2014年8月29日	龙政办发〔2014〕33号	（广西）龙州县人民政府办公室
庆元县农村土地流转经营权抵押贷款管理暂行办法	2014年12月1日	—	（浙江）庆元县人民政府办公室
泗阳县农村土地承包经营权抵押贷款暂行办法	2014年12月22日	—	（江苏）泗阳县人民政府
襄阳市农村土地经营权抵押贷款管理办法（试行）	2014年9月16日	襄办发〔2014〕27号	（湖北）襄阳市委办公室、市政府办公室
淄博市农村土地承包经营权抵押融资管理办法（试行）	2014年6月9日	淄政办发〔2014〕24号	（山东）淄博市人民政府办公厅
威海市农村土地承包经营权抵押贷款管理办法	2014年12月30日	威政发〔2014〕41号	（山东）威海市人民政府
莘县农村承包土地的经营权抵押贷款暂行办法	2015年11月18日	莘政办发〔2015〕58号	（山东）莘县人民政府办公室
东方市农村土地承包经营权抵押融资管理暂行办法	2015年12月4日	东府办〔2015〕109号	（海南）东方市人民政府办公室
海门市农村土地承包经营权抵押贷款办法（试行）	2015年4月9日	海委农发〔2015〕19号	（江苏）中共海门市委农村工作办公室等3部门

续表

文件名	颁布时间	发文字号	颁布单位
晋城市农村土地承包经营权抵押贷款办法(试行)	2015 年 5 月4日	晋市政发〔2015〕10号	(山西)晋城市人民政府
涟水县农村土地承包经营权抵押贷款管理办法(试行)	2015 年 11 月22日	涟政发〔2015〕128号	(江苏)涟水县人民政府
平昌县农村承包土地经营权抵押贷款管理办法(试行)	2015 年 10 月12日	—	(四川)平昌县人民政府办公室
启东市农村土地承包经营权抵押贷款办法(试行)	2015 年 12 月7日	—	(江苏)中共启东市委农村工作办公室等3部门
宿迁市农村土地承包经营权抵押登记管理办法	2015 年 9 月9日	—	(江苏)宿迁市委农工办
沛县农村承包土地的经营权抵押登记办法(试行)	2016 年 3 月9日	沛政办发〔2016〕12号	(江苏)沛县人民政府办公室
慈溪市农村承包土地的经营权抵押贷款试点实施暂行办法	2016 年 4 月27日	慈政办发〔2016〕59号	(浙江)慈溪市人民政府办公室
大冶市农村承包土地经营权抵押贷款试点管理办法(试行)	2016 年 5 月6日	—	(湖北)大冶市人民政府
平利县农村承包土地的经营权抵押贷款管理办法(暂行)	2016 年 12 月22日	平政发〔2016〕31号	(陕西)平利县人民政府
如皋市农村承包土地的经营权抵押贷款试行办法	2016 年 4 月26日	皋政办发〔2016〕84号	(江苏)如皋市人民政府办公室
嵊州市农村承包土地的经营权抵押贷款试点暂行办法	2016 年 5 月13日	嵊政办〔2016〕53号	(浙江)嵊州市人民政府办公室
桃江县农村承包土地的经营权抵押贷款管理办法	2016 年 5 月4日	桃政办发〔2016〕32号	(湖南)桃江县人民政府办公室
象州县农村土地承包经营权抵押贷款试点管理暂行办法	2016 年 11 月9日	象政办发〔2016〕87号	(广西)象州县人民政府办公室
沅陵县农村承包土地的经营权抵押登记管理试行办法	2016 年 3 月23日	沅政办发〔2016〕3号	(湖南)沅陵县人民政府办公室

续表

文件名	颁布时间	发文字号	颁布单位
长垣县农村土地承包经营权抵押贷款试点管理暂行办法	2016 年 3 月 8 日	长政〔2016〕9 号	（河南）长垣县人民政府
贺兰县农村承包土地经营权抵押贷款试点办法(试行)	2016 年 6 月 7 日	贺政办发〔2016〕107 号	（宁夏）贺兰县人民政府办公室
兴化市农村承包土地经营权抵押贷款管理暂行办法	2016 年 5 月 18 日	兴政办发〔2016〕55 号	（江苏）兴化市人民政府办公室
文昌市农村承包土地的经营权抵押贷款实施细则(试行)	2017 年 3 月 16 日	文府〔2017〕48 号	（海南）文昌市人民政府
修水县农村承包土地经营权抵押贷款操作办法	2017 年 11 月 1 日	—	（江西）修水县人民政府办公室
原州区农村土地承包经营权抵押贷款管理办法(试行)	2017 年 5 月 16 日	原政办发〔2017〕91 号	（宁夏）固原市原州区人民政府办公室
忠县农村承包土地的经营权抵押贷款管理办法(试行)	2017 年 4 月 25 日	—	（重庆）忠县人民政府办公室
汉寿县农村承包土地的经营权抵押贷款管理办法	2018 年 9 月 6 日	汉政发〔2018〕6 号	（湖南）汉寿县人民政府
兴仁县农村土地承包经营权抵押贷款管理办法(试行)	2018 年 3 月 8 日	仁府办发〔2018〕33 号	（贵州）兴仁县人民政府办公室
沂南县农村承包土地经营权抵押贷款管理办法(试行)	2018 年 8 月 4 日	沂政办发〔2018〕31 号	（山东）沂南县人民政府办公室
漳浦县农村承包土地的经营权抵押贷款管理办法	2018 年 6 月 20 日	—	（福建）漳浦县人民政府

注:—为无法查到发文字号。

需要进一步说明的是,其一,考虑本研究旨在总结、分析各地探索的相对具体的制度构建方案,笔者仅收集了体现为办法、细则之类的提供了较为具体操作规则的规范性文件,而不包括内容相对空泛的诸如意见、方案等文件。其二,表 1 中的一些地方规范性文件并非中央正式确定的试点地区所发布,但考虑它们同样是一种有意义的探索,一并纳入考察范围。其三,网络检索获得的规范性文件中有的信息来源不完整,考虑文件的可靠性,将未载明发布单位、发布时间等信息的文件剔除。其四,纳入最终分析样本的规范性文件,绝大多数直接体现为具有综合调整性的抵押贷款(管理)办法,少数为抵押登记(管理）办法，不过，这类抵押登记（管理）办法规定的事项较为全面，很大程度上仍属于综合调整性的规范性文件。[1] 对于有的地方出台的仅具有专门调整性的抵押登记（管理）办法、抵押贷款风险补偿基金管理办法、抵押物处置办法等规范性文件，[2] 表1未纳入，但文中可能在需要时涉及。其五，中央正式确定的试点为232个县（市、区），在此之外自行进行探索的地方应也有不少，但是，很多地方的规范性文件并未上网，或是因检索途径的限制，本书收集的样本数量有限。不过，虽然从总体数量来看，作为分析样本的规范性文件的数量不多，但从它们的出台时间、所属地域等情况来看（见表2、表3），不失代表性，应该说可支撑开展有意义的类型化分析。

表2 土地经营权抵押地方规范性文件样本的出台时间分布

单位：份

项目	2014年	2015年	2016年	2017年	2018年	总数
数量	7	8	12	4	4	35

从文件出台时间来看，2015年至2018年出台的规范性文件共28份，占比80%；2016年至2018年的规范性文件共20份，占比57%，所选择样本的出台时间及相应数量分布总体上与本轮土地经营权抵押融资改革的推进过程相契合。

表3 我国17个省份35份土地经营权抵押地方规范性文件样本的地区分布

单位：份

省份	数量	省份	数量	省份	数量
甘肃	1	广西	2	福建	1
山东	4	贵州	1	湖南	3
重庆	1	宁夏	2	江西	1
海南	2	江苏	8	河南	1
浙江	3	陕西	1	湖北	2
四川	1	山西	1		

[1] 例如，《宿迁市农村土地承包经营权抵押登记管理办法》（2015年）设专章分别就抵押人和抵押权人、抵押合同的签订、抵押登记、债权实现等作出了规定。

[2] 例如，《界首市农村土地经营权抵押登记办法（试行）》（2017年）、《东方市农村承包土地经营权抵押贷款抵押物处置办法（暂行）》（2018年）、《东方市农村承包土地经营权抵押贷款风险补偿资金管理暂行办法》（2018年）。它们仅着重针对土地经营权抵押的某项事项，如登记、抵押物处置、风险补偿等作出规定。

从文件所属地区来看,35 份样本来自 17 个省(市、自治区),东、中、西部地区都有覆盖,除 1 个规范性文件为省级规范性文件外,其余 34 个分别来自 16 个省份的 34 个县(市、区),由此可以说,它们应具有较强的代表性。

综合各地出台的有关土地经营权抵押的规范性文件来看,土地经营权抵押制度探索涉及诸多方面,主要包括土地经营权抵押的当事人资格,土地经营权抵押的担保财产范围及条件,土地经营权抵押价值评估与认定,土地经营权抵押登记,土地经营权抵押贷款的用途、额度、期限等管理,土地经营权抵押权实现与抵押物处置,土地经营权抵押的风险分担与补偿机制等。

进一步来看,土地经营权抵押当事人、抵押财产范围及条件、抵押登记、抵押权实现与抵押物处置,这四个方面又是备受聚焦的重点内容。是故本章后文将着重围绕这四个方面展开探讨。这里仅就土地经营权抵押价值评估与认定,土地经营权抵押贷款的用途、额度、期限等管理,土地经营权抵押的风险分担与补偿机制等三个方面的探索情况加以简要介绍。

首先,关于土地经营权抵押价值评估与认定。就评估而言,一般可采取抵押权人自行评估、第三方专业机构评估、借贷双方协商确定等多种方式,但有的地方根据贷款额度、土地情况等对评估方式的选择(甚至包括评估机构的选择)作了限定。至于土地经营权抵押价值认定,一般认可当事人根据评估结果加以认定,但有的地方还要求政府有关机构或具有政府背景的机构参与认定。

其次,关于土地经营权抵押贷款的用途、额度、期限等管理。对于土地经营权抵押贷款的用途是否应加以限定,以及该作何种限定,理论界和实务界均持有不同看法。实践中,多数地方仅原则性规定"主要用于"农业生产经营"等"用途,一些地方还明确认可得用于"贷款人认可的其他合法用途"(广西象州县、山东平度市)。至于土地经营权抵押贷款额度、期限、利率等方面的管理,有关试点地区大多就这些方面作了或原则或具体的规定。例如,有的地方规定贷款额度原则上最高不超过评估价值的 70%(河南长垣县[1])。

最后,土地经营权抵押的风险分担与补偿机制。不少地方设立了相应的风险补偿基金,主要用于分担承贷银行的贷款风险。有的地方如广西象州县、

---

〔1〕 2019 年长垣县撤县设市更名为长垣市。考虑到分析样本是在此之前出台的,为了更加客观准确反映实际,本书在阐述有关政策内容时仍以"长垣县"行文。

海南东方市出台了专门的管理办法,但多数仅在有关承包地经营权抵押贷款的管理办法中作出原则性规定。

二、土地经营权抵押的当事人

土地经营权抵押的当事人一般指的是抵押人和抵押权人。哪些主体可以作为抵押当事人,他们需要具备什么条件,这是抵押制度设计的基本内容。就此,理论界与实务界均未完全达成共识,需要进一步探讨予以明确。

(一)抵押人

根据《承包地经营权抵押办法》的规定,土地经营权抵押的抵押人(借款人)包括两类:一是通过家庭承包方式取得土地承包经营权的农户;二是通过合法流转方式获得承包土地的经营权的农业经营主体。根据《农村土地承包法》(2018 年)的规定,抵押人表述为"承包方"和"受让方"。在土地经营权抵押制度构造中,究竟何种表述更为妥适,对于抵押人是否应有一定的资格限制,理论界与实务界并未完全形成共识,需要进一步明确。

1. 土地经营权抵押人的表述

表 4 展示了土地经营权抵押地方规范性文件中有关抵押人(借款人)的表述,[1] 总的来看,关于土地经营权抵押人的表述可谓五花八门。

表 4 地方规范性文件中的土地经营权抵押人(借款人)表述

序号	关于抵押人(借款人)的表述	规定来源地区
1	通过家庭承包以及转包、出租、更换(或表述为"互换")、转让、股份合作等形式流转,或通过招标、拍卖和公开协商等合法方法取得农村土地经营权的承包农户和专业大户、家庭农场、农民专业合作社、农业产业化龙头企业等新型农业经营者主体	甘肃省、沅陵县
2	通过家庭承包方式取得农村土地承包经营权的农户或通过转包、租赁、转让等流转方式获得农村土地承包经营权的单位和个人,主要包括家庭农场、专业大户、农民合作社和农业产业化龙头企业等新型农业经营主体和农户	长垣县

---

〔1〕 本章各类表格均基于表 1 展示的土地经营权抵押地方规范性文件进行统计或梳理。从表 4 开始,为了表格呈现简洁,对于相关规定的文件来源,在不混淆出处的前提下,仅以地名指称。例如,表 4 中的"甘肃省"代表的是《甘肃省农村土地承包经营权抵押贷款管理办法(试行)》。后文不再一一作注。

续表

序号	关于抵押人(借款人)的表述	规定来源地区
3	通过家庭承包方式取得农村土地承包经营权(或表述为承包土地的经营权)的农户,或通过其他承包方式取得农村土地承包经营权(或表述为承包土地的经营权)的承包人以及通过依法流转方式取得农村土地经营权的规模经营业主(或表述为农业经营主)	龙州县、东方市、象州县
4	从事生产经营的组织或个人(通过合法流转取得农村土地经营权的经营业主)	庆元县
5	农村土地承包经营权人或土地承包经营权流转的受让方(贷款对象主要为经流转后获得土地承包经营权,在工商行政管理部门或农工办、农委等农业主管部门登记备案,具有一定比例自有资金的家庭农场、专业大户、农民合作社等新型农业经营主体)	泗阳县
6	经工商行政管理部门或相关主管部门核准登记的企事业法人、农民合作社、家庭农场或其他经济组织,以及其他具有完全民事行为能力的自然人	襄阳市
7	依法取得农村土地承包经营权,并以农村土地承包经营权为抵押向金融机构提出借款申请的农户或农业经营主体	淄博市
8	农村集体经济组织的承包农户,以及其他依法取得农村土地承包经营权、按规定允许从事农业生产经营的组织和个人(以下统称其他组织和个人)	威海市
9	一般农户等农业经营主体	莘县
10	具有完全民事行为能力的,有稳定收入来源;年龄在 18 周岁(含)以上、60 周岁以下的自然人;或经合法登记、有严格章程、运作规范的家庭农场、合作组织和农业企业	海门市、启东市
11	通过家庭承包方式取得农村土地承包经营权的农户,通过其他承包方式取得农村土地承包经营权的承包人,以及依法通过流转方式取得农村土地使用权的受让方	晋城市
12	以合法方式取得农村土地承包经营权的承包农户和专业大户、家庭农场、农民专业合作社、农业产业化龙头企业等新型农业经营主体	涟水县
13	经工商行政管理部门或相关主管部门核准登记的农业企业、专业大户、农民合作社、家庭农场或其他经济组织,以及其他具有完全民事行为能力的自然人	平昌县

续表

序号	关于抵押人(借款人)的表述	规定来源地区
14	通过依法流转或者其他承包方式取得农村土地承包经营权的农户、农村经济合作组织、农业企业或其他主体	宿迁市
15	以合法方式(家庭承包、专业承包、依法流转)取得农村承包土地经营权的承包农户和专业大户、家庭农场、农民专业合作社、农业产业化龙头企业等新型农业经营主体	沛县
16	通过家庭承包方式依法取得土地承包经营权和通过合法流转方式获得承包土地的经营权的农户及农业经营主体	慈溪市、平利县、嵊州市、贺兰县、文昌市
17	通过家庭承包方式取得农村承包土地经营权的农户或通过其他交易方式取得农村承包土地经营权的经营者和新型农业经营主体(以合法方式取得农村承包土地经营权的承包农户和专业大户、家庭农场、农民专业合作社、农产品加工企业、农业产业化龙头企业等新型农业经营主体)	大冶市
18	获得农村承包土地的经营权的农业产业化龙头企业、农民专业合作社(联社)及其成员、直接从事农业生产经营的"全托管"服务组织、家庭农场(专业大户)、农业产业链上下游有供货合同关系的其他组织及农户等	如皋市
19	本县范围内的新型农业经营主体(家庭农场、农业大户、专业合作社、涉农企业)、农村居民等	桃江县
20	承包土地的经营权人[企业法人或农民专业合作社;家庭农场(主)或自然人]	兴化市
21	在修水县内从事农村土地承包经营的、具有完全民事行为能力的自然人或经县市场和质量监督管理局合法登记的法人(含农村专业合作社)	修水县
22	固原市原州区辖区内符合条件的农户和农村土地流转后获得土地经营权的种养大户、家庭农场、农民专业合作社、农业产业化龙头企业等新型农业经营主体	固原市原州区
23	忠县辖区内农业产业化企业、农民合作社、种(植)养殖大户、家庭农场、农业社会化服务组织等新型农业经营主体、农户(以下统称借款人)	忠县
24	土地经营权人	汉寿县
25	在兴仁县域范围内从事农业生产经营活动的农户、个体工商户、企业和其他经济组织	兴仁县

续表

序号	关于抵押人(借款人)的表述	规定来源地区
26	通过家庭承包方式取得农村土地承包经营权的农户;通过转包、出租、互换、转让、股份合作等形式获得承包土地经营权的农户和新型农业经营主体;通过招标、拍卖和协商等合法方式取得的农村土地承包经营权的农户和新型农业经营主体	沂南县
27	未明确规定(以抵押人、贷款申请人笼统指称)	漳浦县

注:表中"工商行政管理部门"为原文件表述。

从表4可以看到,相较《承包地经营权抵押办法》、《农村土地承包法》(2018年)有关抵押人的表述,地方规范性文件的规定有以下三个方面值得关注:

其一,它们指向的对象范围基本上相同,按《农村土地承包法》(2018年)的表达,包括承包方和受让方两类主体,但也有极少数规定的范围较窄。例如,宿迁市的规定没有体现家庭承包农户,庆元县的规定仅体现了受让方。

其二,绝大多数地方规范性文件对抵押人的表述较为细致,即对有关主体作了进一步明晰,同时一些地方规范性文件在用语上有所区别。例如,不少地方规范性文件就"农户"进一步区分规定为家庭承包农户和以其他方式承包的农户,甚至一些文件还特别规定了通过流转方式取得土地经营权的农户。又如,不少地方规范性文件就"受让方"具体规定为种养大户、家庭农场、农民专业合作社、龙头企业等(新型、规模)农业经营主体(农业经营者、业主),有的还将通过流转取得土地经营权的农户也并列写入。不过,也有少数规定得非常简单。例如,有的笼统规定了一个"土地经营权人""一般农户等农业经营主体",甚至以抵押人、贷款申请人笼统指称。

其三,有的地方规范性文件所用措辞与《农村土地承包法》(2018年)等所用法律概念不尽一致。例如,有的使用了"承包农户""承包人"来表述;有的没有明确规定农户,而是在农业经营主体之外,规定"农村居民""其他具有完全民事行为能力的自然人"等主体。

针对上述这样一种情况,值得思考的是,根据《农村土地承包法》(2018年)的授权,国务院有关部门在制定土地经营权融资(抵押)具体办法时,就抵押人的表述,是简单照搬《农村土地承包法》(2018 年)或《承包地经营权抵押办法》的规定,还是宜作进一步细化规定?同时,有关概念使用该如何统一?就此,笔者认为:

第一,制定土地经营权抵押具体办法时宜在沿用《农村土地承包法》(2018 年)所用有关概念基础上就抵押人作进一步的界定,即抵押人包括通过家庭承包方式取得土地承包经营权的承包方(农户)、通过其他方式承包取得土地经营权的承包方、通过流转方式取得土地经营权的受让方。此种界定总体上与《农村土地承包法》(2018 年)有关土地承包、土地经营权和担保人的类型划分、概念对接,既为区分不同抵押类型建立相应的制度安排(如设置不同的条件)奠定基础,同时又不过于繁杂而可能出现不够周延的情况。

例如,关于"受让方"没有必要作列举或是规定所谓新型农业经营主体、规模经营者主体、经营业主等概念。诸如种养大户、家庭农场、农业产业化龙头企业、新型农业经营主体等称谓总体上非属法律概念,在立法层面难以界定、难与《民法典》等立法有关主体概念和分类的规定对接。此外,如果使用新型农业经营主体这类概念,那么就还有必要在其基础上再规定一个"农户"。因为农户也可以通过流转取得土地经营权成为"受让方",依《农村土地承包法》(2018 年)的规定,其也有权以土地经营权抵押。一些地方规范性文件考虑到周延性,就所谓"受让方"同时规定了农户和新型农业经营主体。这样一种规定显然较为累赘。总体而言,在立法技术上,只要能保证周延性,则立法条文宜简则简。事实上,无论是所谓农户还是通常政策层面上所称之新型(规模)经营主体,在土地流转层面,都属于受让方,它们都可纳入抵押人范畴,这是明确的。

第二,在就抵押人作出界定时,不宜在"承包方""承包农户""受让方"之外,再造性地使用承包人、农村居民、自然人等概念。特别是当这些概念用来指向所谓"承包方"时,尤其不妥。《农村土地承包法》(2018 年)已经确立了有关法律概念,相关立法需要与之对接。对于家庭承包主体,《农村土地承包法》(2018 年)明确表述为承包方,同时规定"家庭承包的承包方是本集体经济组织的农户"(第 16 条),此外,有的条文中也使用了"承包农户"(第 27 条)的概念。因此,对于家庭承包土地上的承包方抵押,宜将抵押人表述为"承包方"或是"承包农户"。在某种程度上来讲,后者更为合适,因其表达的意思更为直接、明确又不失简洁。这有利于避免实践中的认知分歧、降低沟通解释成本,因为对于家庭承包土地上的承包方抵押,需要明确抵押人为农户,而非组成农户的家庭成员。[1] 也正是基于家庭承包的承包方是农户,因此,至少在家庭承包土地上的承包方抵押情形中,抵押人不能规定为农村居民、自然人,否则极易导致操作上的混乱。对于其他方式承包土地上的承包方抵押,则直接使用"承包方"概念即可,因为这个承包方不限于农户。而且,诚如前述,由于其他方式承包的主体可以多样化,如可以是农户、农村居民、自然人、企业等,难以周延规定,因而没有必要就此再去细化规定。

2. 承包方抵押情形中抵押人的资格限制

总体而言,承包方抵押情形包括家庭承包土地上的承包方抵押和其他方式承包土地上的承包方抵押。鉴于前者问题相对复杂而且是各界的主要关注点,这里着重针对家庭承包土地上的承包方抵押情形进行探讨。

相关地方规范性文件基本上都不同程度地对抵押人的条件作了规定。在技术层面,有的区分承包方抵押和受让方抵押两种情形在不同条文中作出规定;有的则没有加以区分而规定在一个条文中,其中有的在一定程度上可以结合语境大体识别是针对不同类型的抵押人,但有的则无法或难以区分。就此,笔者分别制表以尽量客观呈现地方规范性文件的规定情况。

在此值得指出,鉴于承包方抵押和受让方抵押这两种情形存在差异,总体上需要在制度层面予以类型化构造,而这也已为政策立法所肯认,因此,在立法技术上,未来制定土地经营权抵押具体办法时,宜区分承包方抵押和受让方抵押这两种情形来规定相应的抵押条件。至于是否有必要对承包方抵押情形,进一步结合家庭承包土地和其他方式承包土地的类型划分再予细分,从而设计不同条文加以区分规定,值得进一步探讨。本研究倾向于就承包方抵押条件作出规定时不用分多个条文规定,但是在一个条文内部可就有关特殊要求作适当区别规定。

从既有研究来看,各方的一大争议点在于承包方(承包农户)以土地经营权抵押时,其是否需要有"稳定的非农职业或者稳定的收入来源"。就此,有学者提出需要设定该项限制,主要是农民对土地的依赖性仍然较强,担心其因抵

---

〔1〕 参见房绍坤:《论土地承包经营权抵押的制度构建》,载《法学家》2014 年第 2 期。

押而可能最终失去土地而失去基本的生活保障;[1]有学者则持反对态度,主要考虑到抵押与转让不同,且抵押人之所以抵押往往是因为没有资金来源,若有则不会抵押了,作出此种限制会与设立抵押制度的初衷相违背。[2]

从相关地方规范性文件的规定(见表5、表6)来看,绝大多数没有直接或明确规定承包方以土地经营权抵押时需有"稳定的非农职业或者稳定的收入来源",但也有个别地方作出了规定,如启东市规定需"有稳定收入来源"。不过,值得关注的是,一些地方规定了多少有些类似的资格限制,如"有合法的经济来源,还款来源可靠,具备按期偿还贷款本息的能力","有偿还贷款本息的能力","有合法的经济来源,现金流较充足,第一还款来源可靠,具备按期偿还贷款本息的能力","有合法、可靠的经济来源"。

表5 承包方抵押情形中的抵押人条件

序号	关于承包方作为抵押人(借款人)的条件	规定来源地区
1	具有完全民事行为能力	甘肃省、龙州县、威海市、东方市、晋城市、宿迁市、沅陵县
2	具有完全民事行为能力的自然人(申请人为公民个人的,应具备完全民事行为能力)	襄阳市、如皋市
3	具有完全民事行为能力的,有稳定收入来源;年龄在18周岁(含)以上、60周岁以下的自然人	启东市
4	具有完全民事行为能力,信用记录良好(具有完全民事行为能力,无不良信用记录)	慈溪市、象州县、贺兰县、文昌市
5	资信良好,遵纪守法,无恶意不良信用记录,具有完全民事行为能力;有合法的经济来源,还款来源可靠,具备按期偿还贷款本息的能力;借款人需满足年龄与贷款期限之和不得超过60周岁(含)	平利县

---

[1] 参见王冠玺、李仁莹:《土地承包经营权抵押范围的再探索》,载《山东大学学报(哲学社会科学版)》2010年第4期。

[2] 参见高圣平:《农地金融化的法律困境及出路》,载《中国社会科学》2014年第8期;房绍坤:《论土地承包经营权抵押的制度构建》,载《法学家》2014年第2期。

续表

序号	关于承包方作为抵押人(借款人)的条件	规定来源地区
6	生产经营符合国家产业政策,属银行等金融机构信贷支持的范围;生产经营有效益、产品有市场;项目投资中,原则上应有不低于30%的自有资金	沅陵县
7	借款人具有完全民事行为能力,有种植经验和经营管理能力	长垣县
8	一般农户作为抵押人的,需具有本县常住户口,年满18周岁,贷款期满时不超过60周岁且具有完全民事行为能力;从事种植业2年(含2年)以上,养殖业3年(含3年)以上,有较丰富的种养殖经验和成熟的种养殖技术,种养殖设施条件完善,产品销售前景较好;无不良信用记录;有偿还贷款本息的能力;在承贷银行开立了结算账户,且日常经营往来资金通过承贷银行相关账户	修水县
9	农户须持有兴仁县常住人口户籍,或在兴仁县域范围内从事本办法第5条规定的其他自然人,具有完全民事行为能力,且贷款到期时不得超过60周岁	兴仁县
10	在修水县内从事农村土地承包经营的、具有完全民事行为能力的自然人	修水县

表6　未区分承包方抵押和受让方抵押情形规定的抵押人条件

序号	关于抵押人(借款人)条件的规定	规定来源地区
1	具有完全民事行为能力,遵纪守法,诚实守信,有一定收入来源	泗阳县
2	信誉良好,无不良信用记录,生产经营正常、效益好,还款有保障	泗阳县
3	有合法的经济来源,现金流较充足,第一还款来源可靠,具备按期偿还贷款本息的能力	襄阳市
4	生产经营正常,无不良信用记录,无违法违规行为	襄阳市
5	自有资金投入比例不低于借款项目所需资金的30%	襄阳市
6	流转土地经营主体原则上为本镇(街道)常住人口,并且所种植、养殖产品全部参加政策性农业保险	沛县

续表

序号	关于抵押人(借款人)条件的规定	规定来源地区
7	无不良信用记录(信用状况良好)	如皋市、嵊州市
8	依法从事种植、养殖等经营活动	固原市原州区
9	征信报告无不良记录;在贷款银行开立结算账户	固原市原州区
10	符合忠县区域产业发展战略和扶持政策,符合银行支持对象;且自有资金投入比例不得低于借款项目所需资金的50%;借款人经营情况正常,现金流较充足、第一还款来源可靠,具备按期偿还贷款本息的能力;个人借款人需年满18周岁,具有完全民事行为能力,且实际年龄与贷款有效期限之和不超过65周岁;借款人无恶意不良信用记录;银行认为必要的其他条件	忠县
11	具有完全民事行为能力,无不良信用记录	汉寿县
12	信用观念强,资信状况良好,具有清偿贷款本息的能力,无未清偿贷款和税费等不良记录,未与贷款行发生过经济纠纷;从事土地耕作或者其他符合国家产业政策的生产经营活动,生产经营正常,并有合法、可靠的经济来源;接受并积极配合贷款行在贷后风险管理时进行的监督检查	兴仁县

现在的问题是,诸如“有合法、可靠的经济来源”“具有按期偿还贷款本息的能力”之类的规定与所谓“有稳定的收入来源”是否具有同质性?更为重要的是,《农村土地承包法》(2018年)对于承包方转让土地承包经营权已经删去以往需“有稳定的非农职业或者有稳定的收入来源”的规定之后,在承包方以承包地的土地经营权抵押时,是否仍需要设定诸如“有合法、可靠的经济来源”之类的资格限制?

从理论上来讲,“有合法、可靠的经济来源”与“有稳定的收入来源”多少有一些差异,前者范围更为宽泛。例如,从贷款人的角度,借款人可用其经营收入和通过其他途径的借款来还款,这些都可作为其还款保证的经济来源。不过,从实际操作上来看,这两者往往又难以区分。结合《农村土地承包法》(2018年)修改土地承包经营权转让条件的情况,以及考虑承包方抵押往往是没有资金来源才抵押,否则就没有必要抵押了,这是否意味着对于承包方抵押就没有必要或不能对其设定“有合法、可靠的经济来源”的资格限制呢?就此,本研究认为需要综合审视。

承包方以其承包地的土地经营权抵押时,依据其是为自己担保还是为他人担保有不同的身份。在为自己担保的情形中,兼具抵押人和借款人身份;而在为他人担保的情形中,则仅为抵押人身份。在实践操作中,银行对借款人是否有合法、可靠的经济来源(在借款期内可能有哪些收入)进而是否具有按期还款能力通常都有一个基本要求,要进行评判和审查。即便借款人是以自己的财产抵押为自己融资,银行同样要审查和评判借款人的第一还款来源情况,而不仅仅考虑抵押物的情况。由此来看,承包方兼具抵押人和借款人身份时,银行从其作为借款人的角度要求其具有合法、可靠的经济来源,并无不当。而且从金融实践来看,即便有关土地经营权抵押的政策立法不写入这一条,银行内部的规定以及在实践操作中仍会对借款人有这样一个要求。当然,如果抵押人不是借款人,银行通常不考虑抵押人的收入来源问题。循此,如果承包方是以其承包地的土地经营权为他人提供抵押担保,其只具有抵押人身份,则不宜要求其具有合法、可靠的经济来源。

基于以上分析,未来国务院有关部门在制定土地经营权抵押具体办法时,对于承包方抵押是否设定诸如"有合法、可靠的经济来源""具备按期偿还贷款本息的能力"的资格限制,有两种参考方案:一是立法中不加以直接规定,而是隐藏在诸如"银行等金融机构规定的其他条件"这样的兜底规定中,由银行根据抵押人是否兼具借款人身份灵活操作。笔者倾向于此种方案。二是立法中区分抵押人是否兼具借款人身份而明确作出区分规定,即对于兼具借款人身份的情形予以设置,否则不用设置。

除了前述有关"有合法、可靠的经济来源"的资格限制问题外,结合地方规范性文件的相关规定,承包方(承包农户)作为抵押人时还有以下四个问题值得关注:

其一,关于民事行为能力的要求。不少地方规范性文件明确规定抵押人需要具有完全民事行为能力。根据民商事理论、立法和实践,要求自然人抵押融资需具有完全民事行为能力并无不当,但是在承包方(承包农户)抵押情形中面临一个问题。前已指出,在此情形下,抵押人应为承包农户而非其家庭成员。尽管我国《民法典》和原《民法通则》、原《民法总则》等立法均将农户(农村承包经营户)规定在"自然人"一章中,但农户何以体现民事行为能力,这在法律和实践操作上都存在障碍。例如,在办理抵押贷款和登记手续时,抵押人究竟是农户还是其代表成员？若为农户，是否需要将所有成员都写上？如果农户中还有未成年人等不具有完全民事行为能力的成员，这类人员又不具备资格，从而会陷入两难境地。对此，可能需要作一定的变通处理。例如，规定承包方(农户)抵押时，家庭推荐的具有完全民事行为能力的成员作为抵押人，或是规定，申请人应当是家庭推荐的具有完全民事行为能力的成员。[1]

其二，关于年龄限制。一些地方对抵押人(借款人)的年龄作了要求，大体有两种类型：一是年龄在18周岁(含)以上、60周岁以下；二是实际年龄与贷款有效期限之和不超过60周岁或65周岁，其中有的同时要求具备这两项条件。一方面，年龄限制应适用于自然人，在承包农户抵押情形中，这种限制实际上应针对的是承包农户所推荐的成员申请人。另一方面，从银行借贷实践来看，对借款人的年龄做相应要求是通行的做法；从控制风险的角度来看，规定借款人(兼为抵押人)年龄在18周岁(含)以上，实际年龄与贷款期限之和不超过60周岁比较合适。

其三，关于在承贷银行开立账户、无不良信用记录的限制。这针对的是抵押人同时又是借款人的情形。而这类要求是银行借贷实践中的通行做法，具有现实的必要性。当然，未来在进行土地经营权抵押专门立法时，可以不用将这些一一规定，而是隐藏在诸如"银行等金融机构规定的其他条件"这样的兜底规定中。

其四，关于项目自有资金比例、户籍、经营产业等限制。项目自有资金比例的要求，很大程度上是为了强调借款人(抵押人)有一定的实力，一方面希望借金融支持撬动自有或社会资本投入经营项目，另一方面保证其还款能力。有关经营产业的要求，如符合国家产业政策，一方面可以起到借金融支持引导产业结构调整优化的作用，另一方面也间接起到保证其还款能力的作用。这两种限制是否合适，特别是，是否需要在未来的土地经营权抵押专门立法中规定，值得进一步研究。总体上，这取决于对土地经营权抵押融资的定位，若偏向于政策性金融支持，则可以设定；否则不宜规定。此外，关于户籍要求，这很

---

[1] 参见《天津市农村土地承包经营权作价出资农民专业合作社登记暂行办法》(津工商企注字〔2009〕13号)第6条规定，以家庭承包方式获取的农村土地承包经营权作价出资的，家庭推荐的具有民事行为能力的成员作为出资人。

大程度上体现的是地方政府希望把更多金融资源供给本地人。就此，本研究认为，对于承包农户抵押而言，此种限制并无必要，因为他们本身就是本地户口。是故这种限制实际上针对的是外来承包方。从放活土地经营权、发展适度规模经营的政策精神出发，不应设置此种限制，因为这会间接阻碍外地人来承包土地(其他方式承包)。

3. 受让方抵押情形中抵押人的资格限制

受让方实际上可细分为三种类型：一是农户；二是自然人；三是经济组织。结合表6和表7可以看到，各地对受让方抵押情形中抵押人的条件也作出了诸多不尽相同的规定。鉴于其中一些针对受让方的资格限制与前述针对承包方的资格限制——特别是抵押人为自然人或农户时——是共通的，前文已有阐述，本部分不再赘述，而是主要围绕经济组织作为受让方以土地经营权抵押时的资格限制进行探讨。

表7　受让方抵押情形中的抵押人条件

序号	关于受让方作为抵押人(借款人)的条件	规定来源地区
1	经工商行政管理部门(现市场监督管理部门)或相关主管部门核准登记的企事业法人、农民合作社、家庭农场或其他经济组织	襄阳市
2	抵押人为企业法人的，应出具同意抵押的有效内部决议等证明文件	甘肃省、东方市、晋城市、宿迁市、象州县、汉寿县
3	项目投资具有一定的自有资金，比例原则上不低于30%	东方市、晋城市、长垣县
4	有前期投入且有可靠的现金流作为第一还款来源	长垣县
5	经合法登记、有严格章程、运作规范的家庭农场、合作组织和农业企业等	启东市
6	项目投资自有资金比例，符合县(区)农工办及金融机构要求	宿迁市
7	具备农业生产经营管理能力，信用记录良好(无不良信用记录)	慈溪市、贺兰县、文昌市

续表

序号	关于受让方作为抵押人(借款人)的条件	规定来源地区
8	具备农业生产经营管理能力,无恶意不良信用记录,具有完全民事行为能力(具备农业生产经营管理能力,且具有完全民事行为能力,无不良信用记录)	平利县、象州县
9	申请人为法人或其他组织的,具备农业生产经营管理能力	如皋市
10	持有有效的营业执照、税务登记证、组织机构代码证;生产经营符合产业政策,属农商行等金融机构信贷支持的范围;生产经营有效益、产品有市场;项目投资中,原则上应有不低于30%自有资金;有规范的财务制度,且愿意接受金融机构及其登记机关的指导和监督;实行公司制的企业法人申请抵押,应经《公司章程》所规定的权力机构的授权或决议;在银行开设基本账户或一般核算账户	沅陵县
11	借款人为家庭农场(主)或自然人的,需具备以下条件:具有兴化市常住户口,具备完全民事行为能力;从事种植业2年(含),养殖业3年(含)以上,有较丰富的种养殖经验和成熟的种养殖技术,种养殖设施条件完善,产品适销对路;按规定参加政策性农业保险;信用记录良好	兴化市
12	经原县市场和质量监督管理局合法登记的法人(含农村专业合作社)借款人为企业法人或农村专业合作社的,应具备以下条件:(1)符合承贷银行对其信用等级要求;(2)合法取得土地流转经营权,其承包经营的存续期限必须在5年以上;(3)具备专业种养殖经营的成熟技术和相关设施条件,具备有效的市场渠道,且从事种养殖及加工生产经营时间不低于2年;(4)种植面积必须达到50亩以上规模;(5)企业及农村专业合作社主要股东、高级管理人员无不良信用记录;(6)有偿还贷款本息的能力;(7)在承贷银行开立了基本账户,且日常经营往来资金通过承贷银行相关账户	修水县
13	土地股份合作社等以土地承包经营权入股成立的经济组织还需提供工商注册登记、组织机构代码证书、组织章程等证件	固原市原州区
14	企业依法注册,且年检合格	兴仁县

总的来看,对于经济组织以土地经营权抵押,一般要求其应经工商登记注册。除此之外,有的还要求经济组织的内部治理机制健全,如有严格章程、运作规范;有规范的财务制度,且愿意接受金融机构及其登记机关的指导和监

督;实行公司制的企业法人申请抵押,应经公司章程所规定的权力机构的授权或决议。有的要求受让方流转取得的土地经营权期限不少于一定期限,具备专业种养殖经营的成熟技术和相关设施条件,具备有效的市场渠道,且从事种养殖及加工生产经营时间不低于一定年限,种植面积必须达到一定规模以上,若是企业及农村专业合作社,其主要股东、高级管理人员无不良信用记录。最后,个别地方还规定,受让方(不限于经济组织)需按规定参加政策性农业保险。

针对以上资格限制,笔者认为:其一,作为经济组织从事经济活动,经合法登记注册是一个基本条件,可在立法中加以规定。其二,关于有严格章程、运作规范、有规范的财务制度等内部治理机制的要求,不宜在立法中加以规定。这是因为内部治理机制一方面,过于抽象,实践中难以把握;另一方面,即便作为考量因素,其也应纳入金融机构的自主审查范畴。其三,受让方特别是作为经济组织是否应具备相应的经营条件和规模(土地经营权的期限问题,下文另行探讨),不宜在立法中加以规定,而应纳入金融机构自主、柔性、综合审查的范畴。其四,关于经济组织股东、管理人员的信用状况,可归入经济组织(抵押人)的信用状况范畴,不用单独规定。其五,关于受让方是否需要参加农业政策性保险,不宜在立法中加以规定。受让方有不同类型,如个体通过流转取得小规模土地的经营权,简单划一地要求他们都必须参加农业政策性保险方可抵押融资,难免影响设立抵押制度的效果发挥。

(二)抵押权人

在理论研究中,关于土地经营权抵押权人是否限定为银行等金融机构,存在不同观点,各方也从不同的角度提出了诸多理由,可以说各有道理。不过,中央政策文件和《农村土地承包法》(2018 年)就此已经明确,即限定抵押权人为金融机构,至少在短期内需要在此制度框架下运行。

从表 8 可以看到,相关地方规范性文件总体上也是将抵押权人限定为金融机构范畴,但是在具体规定上有所差异,而这在一定程度上会影响到能够参与土地经营权抵押融资业务的主体范围大小。值得进一步探讨的是,未来制定土地经营权抵押专门立法时,是照搬《农村土地承包法》(2018 年)的规定,直接将抵押权人简单规定为"金融机构",还是予以细化规定。

表8　地方规范性文件中的土地经营权抵押权人规定

序号	关于土地经营权抵押权人的规定	规定来源地区
1	银行业金融机构	甘肃省、慈溪市、如皋市、象州县、文昌市、汉寿县、沂南县
2	金融机构	龙州县、庆元县、莘县、东方市、涟水县、启东市、宿迁市、沛县、平利县、桃江县、沅陵县、贺兰县、固原市原州区、兴仁县、漳浦县
3	银行	泗阳县、襄阳市、海门市、平昌县、长垣县、兴化市、忠县
4	金融机构（另规定：小额贷款公司、民间资本管理公司、民间融资登记服务中心等机构可参照本办法办理农村土地承包经营权抵押融资业务）	淄博市
5	银行业金融机构（另规定：小额贷款公司等地方金融组织办理农村土地承包经营权抵押贷款业务，参照本办法执行）	威海市
6	商业银行或担保机构（其中贷款人限定为商业银行及其分支机构）	大冶市
7	嵊州市范围内的银行业金融机构和其他放贷机构	嵊州市
8	江西修水农村商业银行、中国农业银行修水县支行、中国邮政储蓄银行修水县支行、修水九银村镇银行、中国工商银行修水支行、中国银行修水支行、中国建设银行修水支行、江西银行修水支行、九江银行修水支行	修水县

总的来看，金融机构相较银行、银行金融机构等是一个上位概念，范围宽泛。从理论上讲，凡是根据我国金融监管部门规定具有开展抵押融资业务资质的金融机构都能开展土地经营权抵押融资业务，这有利于拓宽土地经营权抵押融资渠道。而有关地方规范性文件仅将抵押权人限定为银行、银行业金融机构乃至商业银行、担保机构，显然较大程度地限缩了可办理土地经营权抵

押融资业务的机构范围,这不利于土地经营权抵押融资业务的开展,影响到设立土地经营权抵押融资制度的效果发挥。

此外,金融机构的范围宽泛,并不是所有的金融机构都能够开展抵押融资业务,不能开展抵押融资业务的金融机构自然也无法开展土地经营权抵押融资业务。但这并不意味着,在土地经营权抵押专门立法中,需要将具有开展抵押融资业务资质的金融机构类型予以列举规定。这主要是因为,从现实情况来看,金融机构的类型划分较为复杂,也很难周延列举规定。有的地方一方面规定抵押权人是"金融机构";但另一方面又规定小额贷款公司、民间资本管理公司、民间融资登记服务中心等机构可参照办理土地经营权抵押融资业务。此种规定,一方面在立法技术上欠周延,因为贷款公司等本身就属于金融机构范畴;另一方面有变相限缩土地经营权抵押融资的抵押权人范围之嫌。

基于以上认知,在未来土地经营权抵押专门立法中,宜参照《农村土地承包法》(2018 年)的规定,直接规定抵押权人为金融机构即可。至于实践中,哪些金融机构能够开展抵押融资业务,以及这些金融机构是否开展土地经营权抵押融资业务,可以按照金融监管部门的规定和自身所具备的资质条件和业务能力、范围来确定。

三、土地经营权抵押财产的范围与条件

本部分着重探讨两个问题:一是土地经营权抵押中,除土地经营权外,还有哪些财产可以或需要纳入担保财产范围;二是就土地经营权本身而言,应当符合哪些条件才能用于办理抵押,哪些情形下不得设定抵押。

(一)抵押财产范围

土地经营权抵押中,除土地经营权显然应作为抵押(担保)财产外,是否需要将地上附着物等相关财产纳入抵押财产范围?若需要,具体可包括哪些?对此,学界展开了一定的探讨,但是从总体来看,并未完全形成共识。例如,有观点认为,地上附着物应纳入抵押财产范围,但需要区分农作物和定着物农业设施具体分析,而农业机械等生产资料因属于可随时脱离承包地而存在的动产,不应纳入担保财产范围。[1] 也有观点认为地上附着物是否纳入担保财产

---

〔1〕 参见许明月:《农村承包地经营权抵押融资改革的立法跟进》,载《比较法研究》2016 年第 5 期。

范围可由当事人约定,或是明确指出抵押权的效力不能及于地上农作物。[1]表9为地方规范性文件对土地经营抵押财产范围的规定。

表9　地方规范性文件中的土地经营权抵押财产规定

序号	关于土地经营权抵押财产的规定	规定来源地区
1	农村土地经营权;地上附着物	甘肃省、漳浦县
2	农村土地承包经营权(农村土地经营权);地上附着物一并抵押	龙州县
3	农村土地经营权及地上(含地下)附着物	庆元县
4	土地承包经营权及其附着物	泗阳县、兴仁县
5	农村土地经营权;地上(含地下)附着物一并抵押	襄阳市、沛县
6	农村土地承包经营权(土地经营权);对于附加地上附着物保险的抵押人,优先办理贷款	淄博市
7	土地承包经营权;地上或地下附着物一并抵押	威海市
8	承包土地的经营权	莘县、平利县、如皋市、嵊州市、文昌市、忠县
9	农村承包土地的经营权(农村土地流转经营权);地上附着物一并抵押	东方市
10	农村土地承包经营权	海门市、涟水县
11	农村土地承包经营权;地上附着物一并抵押	晋城市、宿迁市、象州县
12	农村土地承包经营权及地面附着物	沅陵县
13	承包土地经营权;地上(含地下)定着物	平昌县
14	农村土地经营权	启东市、贺兰县

〔1〕参见房绍坤:《论土地承包经营权抵押的制度构建》,载《法学家》2014年第2期。

续表

序号	关于土地经营权抵押财产的规定	规定来源地区
15	鼓励贷款人围绕"1 + X"模式创新信贷产品,开展"农村承包土地经营权 + 地上(地下)附着物"抵押贷款,即以土地经营权为核心抵押物,捆绑农业设施、粮食或经济作物、农机具等附着物发放贷款	慈溪市
16	农村承包土地的经营权、经营权预期收益及地上(地下)附着物	大冶市
17	农村土地承包经营权(土地经营权),以及地上种养物	桃江县
18	土地承包经营权(但是另行规定:抵押权实现时,抵押权人有权依法处置该宗农村土地上农产品或地租收入并以处置所得价款优先受偿)	长垣县
19	承包土地经营权及地上种养殖物	兴化市
20	农村承包土地(耕地)经营权	修水县
21	土地承包经营权	固原市原州区
22	土地经营权及地上种养物	汉寿县
23	土地经营权及附着物	沂南县

从表9可以看到,各地对于抵押财产的规定不尽一致。除了有关土地经营权的称谓不统一之外,主要差异在于是否明确要求地上(地下)附着物一并抵押,同时有关"附着物"之类的财产的表述和范围也不尽相同。

对于地上附着物等有关财产是否纳入抵押财产范围,首先需要明确其含义和特点。我国《土地管理法》(2019年)、《民法典》中都明确使用了"地上附着物"的概念,[1]但是未予进一步界定。结合前述有关地方规范性文件的规定,需要着重回答以下两个问题:

其一,地上附着物是否包含地下附着物,有无必要使用"地上(含地下)附着物"的表达。从文义来看,这两个概念的指向不同。但是,严格来讲,所谓地下附着物本身应与土地构成一个整体,在土地经营权抵押中,其应纳入土地经营权所指向的土地范畴,没有必要再予分离进而作为独立的一种财产类型。

其二,地上附着物是否需要再作细分,如区分地上农作物、地上种养殖物、

〔1〕 参见《土地管理法》(2019年)第48条;《民法典》第243条。

地上定着物或地上定着物农用设施等。在理论上,有的学者将地上附着物进一步区分为地上农作物、定着物农用设施,在此基础上提出,原则上地上农作物不纳入担保财产范围,但在抵押权实现期间农作物则纳入担保财产范围,而定着物农用设施是固定在土地上为正常从事农业生产经营所必须,应纳入担保财产范围。[1] 有学者则直接围绕地上农作物(而非地上附着物)进行探讨,主张地上农作物不纳入担保财产范围。[2] 在《土地管理法》(2019 年)、《民法典》中,地上附着物和青苗是区分的,严格来讲青苗应属于地上农作物范畴。而在一些地方的土地征收补偿规定中,笼统将"果树、林木、苗木、花卉、温室(大棚)、青苗、中药材、水产养殖、农田水电设施等"都纳入地上附着物范畴。[3]

根据《土地管理法》(2019 年)、《民法典》将"地上附着物"和"青苗"予以区别规定的精神,以及地上农作物等财产的特点,土地经营权抵押情境中,原则上宜按如下规则处理:第一,没有必要对"地上附着物"予以进一步细分,增加法律衔接和适用的麻烦。第二,明确"地上附着物"的基本意涵,即特指不可与土地分离或是分离将直接影响自身和土地价值之物。第三,基于"地上附着物"的基本含义,对于有学者提出的地上定着物农用设施,将其可归入地上附着物范畴;至于地上农作物,可根据个案情况决定是否归入地上附着物范畴。一般来讲,地上农作物难以纳入地上附着物范畴。地上农作物与土地之间并不存在类似建筑物与土地一样不可分离的物理关系,同时须按其生产规律进行收割、采摘。若将地上农作物一并抵押,抵押期间抵押人无法获取农作物,实践中抵押人通常同时是土地经营者,而这会影响经营权人的积极性。[4] 但是,也不排除在特殊情况下,地上农作物实际上不可与土地分离,若分离将直接影响自身和土地价值。此时,该地上农作物实际上就可归入地上附着物范畴。基于以上认知,在对土地经营权抵押进行专门立法时,可规定:地上附着物一并抵押,地上农作物是否一并抵押,由当事人自主约定。

---

〔1〕 参见许明月:《农村承包地经营权抵押融资改革的立法跟进》,载《比较法研究》2016 年第 5 期。

〔2〕 参见房绍坤:《论土地承包经营权抵押的制度构建》,载《法学家》2014 年第 2 期。

〔3〕 参见《唐山市征收土地地上附着物补偿标准暂行规定》(唐山市人民政府令〔2013〕第 14 号)第 2 条。

〔4〕 参见许明月:《农村承包地经营权抵押融资改革的立法跟进》,载《比较法研究》2016 年第 5 期;房绍坤:《论土地承包经营权抵押的制度构建》,载《法学家》2014 年第 2 期。

(二)土地经营权作为抵押财产的条件

综观各地有关土地经营权作为抵押财产所应具备的条件之规定,在技术层面有两种做法:一种做法是,不特别区分承包方抵押和受让方抵押情形而笼统规定在一个条文中,或是虽有区分,但就用于抵押的土地经营权的条件作了共通性规定(见表10)。另一种做法是,区分承包方抵押和受让方抵押情形而就各自情形中土地经营权作为抵押财产应具备的条件予以分别规定(见表11、表12)。

表10 未区分承包方抵押和受让方抵押情形规定的土地经营权抵押条件

序号	关于土地经营权作为抵押财产的条件	规定来源地区
1	土地承包经营权产权关系清晰,依法取得农村土地承包经营权证或签有《农村土地承包经营权流转合同》	泗阳县
2	依法取得农村土地承包经营权证或农村土地经营权证	汉寿县
3	土地经营权合法取得,并拥有具备法律效力的权属证明材料(如农村土地承包经营权证、合法合规的承包经营或租赁合同)	漳浦县
4	承包土地的经营权必须依法登记并取得农村土地经营权证书	如皋市
5	农村土地经营权证或承包、流转合同等具有法律效力的权属证明文件	襄阳市
6	土地的经营权必须经依法登记	海门市
7	取得农村承包土地经营权的手续符合相关法律和国家政策规定	大冶市
8	农村承包土地经营权合法	平昌县
9	农村土地承包经营权(承包土地的经营权)必须经依法登记,并拥有具备法律效力的权属证明材料	涟水县、沛县
10	具备承包土地的经营权属的相关证明	莘县
11	有合法的承包、流转经营协议和手续,有效期限不低于3年;且不超过二轮承包期限	海门市、涟水县、如皋市
12	农村土地经营权(农村承包土地经营权)剩余年限不少于3年	襄阳市、平昌县

续表

序号	关于土地经营权作为抵押财产的条件	规定来源地区
13	农民承包土地的经营权应该依法依规取得	桃江县
14	原则上不能超过家庭承包土地总面积的70%	莘县
15	经营土地未改变农业用途	莘县、海门市、涟水县、如皋市、桃江县、沅陵县、汉寿县、漳浦县、大冶市
16	已依法签订规范有效的农村土地承包(流转)合同,或已取得承包(流转)土地经营权权属确认证明,并已按合同约定方式支付了土地租金	嵊州市、如皋市
17	取得由县人民政府颁发的农村土地承包经营权证或农村土地流转经营权证,且经营合同期5年以上(含5年)、经营权存续期限在3年以上(含3年)	桃江县
18	具备持续生产能力的林(茶)场、养殖场、农业种植基地、观光农业基地、家庭农场、农业产前产中产后服务组织及其他符合抵押条件的农村土地	沅陵县
19	具备持续生产能力的果场、茶园、养殖场、农业种植基地及其他符合抵押条件的农村土地	漳浦县
20	具备持续生产能力的果园、茶园、养殖场、农业种植基地及其他符合抵押条件的农村土地,且经营面积在50亩以上或基础设施投入在30万元以上	兴仁县
21	承包土地的经营权合法取得,并拥有具备法律效力的权属证明材料(如土地承包经营权证、合法合规的农村土地承包合同或流转合同)	沅陵县
22	承包土地的经营权产权关系清晰,符合"依法、自愿、有偿"的土地流转原则,农村承包土地的经营权流转合同和相关手续符合国家法律、法规、政策	沅陵县

鉴于承包方抵押和受让方抵押这两种情形存在差异,总体上需要在制度层面予以类型化构造,而这也已为政策立法所肯认。因此,在立法技术上,未来制定土地经营权抵押具体办法时,宜区分承包方抵押和受让方抵押这两种

情形来规定相应的抵押条件。其中就包括土地经营权本身应具备的条件。基于以上认知,下文区分两种情形作进一步进行考察和探讨。

1. 承包方抵押情形中的土地经营权抵押条件

结合表10和表11可以看到,各地对承包方抵押情形中土地经营权用于抵押所应具备的条件规定,一方面,存在一些基础性的共通要求,主要体现为产权关系清晰,抵押人合法取得相应权利的凭证;另一方面,在具体条件设置上又不尽相同,包括用以证明土地经营权权属的凭证类型,以及其他还需具备的条件。

表11　承包方抵押情形中的土地经营权抵押条件

序号	关于土地经营权作为抵押财产的条件	规定来源地区
1	土地承包合同书或农村土地承包经营权证	甘肃省
2	合法取得农村土地承包经营权证	龙州县、东方市、晋城市、慈溪市、平利县、象州县、长垣县、贺兰县、固原市原州区、汉寿县、沂南县
3	依法取得农村承包土地的经营权,承包经营的存续期限一般不得少于3年	兴化市
4	农村土地承包经营权证或农村土地经营权证	淄博市
5	签订农村土地承包合同,依法取得农村土地承包经营权	威海市
6	经营土地未改变农业用途	汉寿县
7	抵押人为农户的:取得县(区)农工办或乡镇农经部门鉴证的土地流转合同	宿迁市
8	用于抵押的土地承包经营权要留足口粮田(原则上不能超过农户土地承包经营权的70%)	长垣县
9	用于抵押的农村土地承包经营权是具备持续生产能力且符合其他抵押条件的集体耕地、果场、养殖场、养殖水面、农业种植基地	长垣县

其一,关于土地经营权权属凭证要求。总的来看,主要有两种做法:一种是限定需要经合法登记取得农村土地承包经营权证作为凭证;另一种则无此

限制,诸如土地承包合同书、农村土地承包经营权证乃至其他权属证明材料都可以作为凭证。个别地方如宿迁市规定抵押人为农户的,需取得有关部门鉴证的土地流转合同,即合同需要经过鉴证。[1] 总的来看,第二种做法主要是为了照顾现实中有的地方还没有完成确权登记的情况。但是结合抵押登记的制度安排,从提高交易安全和交易效率的角度考虑,未来制定土地经营权抵押专门立法时,宜统一要求应提交经合法登记而取得的相应权属证书。具体言之,家庭承包土地上,承包方(农户)以承包地的土地经营权抵押,需提交农村土地承包经营权证。需要说明的是,虽然此种情形中,依法律规定抵押客体应为"土地经营权",但实践中没有必要特别为其制作一个土地经营权证,以避免增加不必要的成本,只需在农村土地承包经营权证和登记簿上记载相应地块的土地经营权办理抵押的情况即可。而在其他方式承包土地上,《农村土地承包法》(2018 年)第 53 条已经明确规定,以其他承包方式承包取得的是"土地经营权",第 53 条同时明确规定,以其他方式承包取得的土地经营权须"经依法登记取得权属证书",才可以用于流转(包括抵押)。循此,在接下来的农地制度改革中,可针对这类土地经营权登记颁发农村土地经营权证,进而在这类土地上的承包方抵押情形中,可要求承包方提交农村土地经营权证作为权属凭证。

其二,关于土地未改变农业用途。不少地方都明确规定,用于抵押的农地未改变农业用途。根据我国土地用途管制的制度安排,同时考虑到土地经营权抵押制度的宗旨主要在于破解农业发展中的资金供给不足问题,因此规定这样一项条件是合理也是必要的。

其三,关于土地经营权的存续期限。总体观之,多数地方没有明确规定,但也有个别地方予以规定。从理论上来讲,土地经营权的期限长短会影响其担保能力,特别是借款期限一般不超过土地经营权的存续(剩余)期限,若土地

---

[1] 《宿迁市农村土地承包经营权抵押登记管理办法》第 5 条规定"抵押人是指通过依法流转或者其他承包方式取得农村土地承包经营权的农户、农村经济合作组织、农业企业或其他主体。"第 6 条和第 7 条分别就"抵押人为农户的""抵押人是农村经济合作组织或农业企业的"所应具备的条件进行规定。严格来讲,所谓"抵押人为农户的",实际上包括两种情形:一是农户通过流转取得土地经营权,其以流转取得的土地经营权抵押;二是农户通过其他方式承包取得土地经营权,其以承包取得的土地经营权抵押。按理,农户以其他方式承包取得土地经营权,签订的是承包合同,其以该项土地经营权抵押时,至少需要提交该项承包合同。而该规定却在第 6 条中仅规定了一个"流转合同",令人费解,或者说有失严谨。当然,根据《农村土地承包法》(2018 年)第 53 条的规定,以其他方式承包取得的土地经营权须"经依法登记取得权属证书",才可以用于流转(包括抵押)。

经营权的存续期限过短,则会导致担保能力差,抵押的意义不彰。不过,对承包方抵押情形而言,该规定并无必要。因为无论是在家庭承包还是其他方式承包土地上,承包方用以抵押的土地经营权都属于物权,这不同于流转取得的土地经营权需要借助存续期限来实现物权化,且实践中它们的存续期间一般都较长。即便实际办理抵押时,承包方享有的土地承包经营权(土地经营权)剩余期限不长,也不会影响其物权属性,立法上不宜直接规定它不能用于抵押,而是由抵押权人自主决定是否接受抵押。

其四,关于承包农户是否只能以部分承包地上的经营权抵押。总的来看,绝大多数地方没有此种限制,但也有个别地方(如莘县)作出此种限制。这种限制主要是担心农民因抵押而失地进而丧失生活保障。对于其他方式承包土地上的承包方抵押,因为这类土地基本不涉及农民基本生活保障问题,因此,无须设定此种限制,这并无争议。对于家庭承包土地上的承包方抵押情形,笔者认为也没有必要作出此种限制。一方面,农户通过家庭承包取得的承包地面积本就有限,若再加限制,会影响到其抵押担保能力,进而影响设立土地经营权抵押制度的效果发挥。另一方面,根据我国农地制度安排,农户流转土地经营权并不影响承包关系,不会导致最终失地的法律效果,而且抵押也不一定就会导致处置土地经营权。更为重要的是,农户依法自愿流转土地经营权是其一项基本权利,这已为《农村土地承包法》等国家立法明确规定,应尊重农民的这项权利,也应相信他们会作出理性的判断。

其五,关于土地规模(下限)、生产能力。总的来看,绝大多数地方没有这类规定,特别是针对承包方抵押情形明确有此类规定的极少。土地规模、生产能力大小主要影响其担保能力,不应作为一个资格条件在立法中加以限定,而是可作为抵押权人是否接受抵押以及发放多少贷款的自主考量因素。特别是在承包方抵押情形中,用于抵押的土地经营权属于物权,无须结合土地规模因素来考量土地经营权的性质界定问题。

2. 受让方抵押情形中的土地经营权抵押条件

结合表10和表12,并对照表11,可以看到,各地对于受让方抵押情形中土地经营权作为抵押财产应具备的条件之规定,一方面,存在一些基础性的共通要求,主要体现为产权关系清晰,抵押人合法取得相应权利的凭证;另一方面,在具体条件设置上又不尽相同,包括用以证明土地经营权权属的凭证类型,以及其他还需具备的条件。此外,有的条件与承包方抵押情形中土地经营权应具备的条件相同。鉴于受让方用以抵押的土地经营权为流转取得的土地经营权,其与承包方抵押情形中的土地经营权有所差异,本部分着重就其中一些特殊问题展开探讨。

表 12　受让方抵押情形中的土地经营权抵押条件

序号	关于土地经营权作为抵押财产的条件	规定来源地区
1	合法签订的《农村土地承包经营权流转合同》	甘肃省
2	依法签订的《农村土地承包经营权流转合同》,经登记并取得农村土地经营权证(农村土地流转经营权证)	龙州县、东方市
3	持有经过登记的《农村土地承包经营权流转合同》,或取得的农村土地承包经营权证	晋城市
4	合法取得土地经营权,并经依法登记取得的县级政府颁发的农村土地流转经营权证	庆元县
5	土地承包经营权发生流转的,有农村土地流转经营权证	固原市原州区、汉寿县
6	已经与承包方或者经承包方书面委托的组织或个人签订了合法有效的经营权流转合同,或依流转合同取得了土地经营权权属确认证明,并已按合同约定方式支付了土地租金	慈溪市、贺兰县、沂南县
7	所经营土地未改变农业用途	庆元县、威海市、长垣县
8	承包土地经营权的存续期限必须在 3 年以上	修水县
9	依法取得农村承包土地的经营权,承包经营的存续期限一般不得少于 3 年	兴化市
10	农村土地承包经营权流转合同和农村土地承包经营权证、农村土地经营权证等文件资料	淄博市
11	签订农村土地承包合同或农村土地承包经营权流转合同,依法取得农村土地承包经营权	威海市
12	取得县(区)农工办或乡镇农经部门鉴证的土地流转合同	宿迁市
13	农村承包土地经营权剩余年限不少于 3 年(未区分规定)	平昌县

续表

序号	关于土地经营权作为抵押财产的条件	规定来源地区
14	流转土地经营权属关系清晰,符合“依法、自愿、有偿”的土地流转原则,承包经营租赁协议和手续符合国家法律法规政策,有效租赁期限不低于3年且不超过二轮承包剩余时间	启东市
15	土地流转时,应取得由县级农村产权交易平台统一印制并颁发的农村土地经营权流转证书	启东市
16	土地流转时,取得县级农村产权交易平台出具的交易鉴证书	沛县
17	凭大冶市农村综合产权交易鉴证书、《农村土地承包经营权流转合同》和具备法律效力的权属证明材料办理抵押手续	大冶市
18	已经与承包方或者经承包方书面委托的组织(个人)签订了合法有效的经营权流转合同,并已按合同约定方式支付了土地流转费	平利县
19	必须取得由县人民政府颁发的农村土地承包经营权证或农村土地流转经营权证,且经营合同期5年以上(含5年)、经营权存续期限在3年以上(含3年)(未区分规定)	桃江县
20	已经与承包方或者经承包方书面委托的组织或个人签订了合法有效的经营权流转合同,或依流转合同取得了土地经营权权属确认证明,并已按合同约定方式支付了土地租金,经登记取得象州县农村土地承包经营权流转证	象州县
21	依法签订《农村土地承包经营权流转合同》,并取得农业行政主管部门出具的农村土地承包经营权流转证(或经营权证)等他项权利证明	长垣县
22	不得改变土地所有权性质、不得转移农村承包土地经营权和改变农业用途	平昌县
23	合法取得土地流转经营权,其承包经营的存续期限必须在5年以上;面积必须达到50亩以上规模	修水县
24	具备持续生产能力的林地、果园、茶园、养殖场等农业种养植基地及其他符合抵押条件的农村土地	庆元县

其一,关于土地经营权权属凭证要求。在受让方抵押情形中,是否要求必须取得相应的权证,这是各地规定的一个主要区别点。这在根本上涉及我国对于土地经营权制度如何构造,核心是对于流转取得的土地经营权,怎么区分它是物权性的土地经营权还是债权性的土地经营权,包括怎么来表征这种不同性质的土地经营权。诚如前述,《农村土地承包法》(2018 年)就此作了模糊处理,需要结合具体情况来确定流转取得的土地经营权的性质。根据《农村土地承包法》有关土地经营权流转的制度安排,至少在家庭承包土地上,流转取得的土地经营权原则上为债权性质的土地经营权。为了能够用于抵押,需要予以物权化。就此,一般认为,流转取得的土地经营权作为抵押财产(物权化)应符合一定的要求,如权利必须要有较长时间的存续期限、经规范的书面合同创设、经合法登记等。[1] 应该说,着眼于债权物权化的基本理论和抵押实践的有效实现,这些要求是适宜、必要的。而且,为便于外界区分和识别,可以考虑至少对于符合相应条件而具有物权属性的土地经营权,在登记的基础上为权利人制作一个农村土地经营权证,对于债权性的土地经营权则不用登记颁证。由此,在受让方抵押情形中,抵押人应提交经依法登记取得的农村土地经营权证作为权利凭证。

其二,关于土地经营权的流转期限和存续期限。在这个问题上,应与承包方抵押情形有所区别,即受让方以流转取得的土地经营权抵押,应对该项土地经营权的存续期限有一定的要求。特别是,以出租方式取得的土地经营权,原则上为债权性质,需要物权化方能用于抵押。一般认为,流转取得的土地经营权至少要有一定的存续期限,才有必要甚至才能予以物权化,否则没有现实意义。《农村土地承包法》(2018 年)第 41 条规定:“土地经营权流转期限为五年以上的,当事人可以向登记机构申请土地经营权登记。未经登记,不得对抗善意第三人。”这体现了对具有不同流转期限的土地经营权予以区别对待的精神。可以循此思路,以 5 年为一个基本要求,规定受让方用以抵押的土地经营权的流转期限须为 5 年以上。结合土地经营权登记颁证制度统筹思考,可把流转期限为 5 年以上作为土地经营权获得物权属性进而给予颁证的一个条件。需要指出的是,没有必要在立法中限定抵押时土地经营权的存续(剩余)期限。

---

〔1〕 参见许明月:《农村承包地经营权抵押融资改革的立法跟进》,载《比较法研究》2016 年第 5 期。

剩余期限长短不再影响土地经营权的物权属性,而主要影响担保能力大小,这应作为抵押权人是否接受抵押以及发放多少贷款的自主考量因素。

最后需要说明的是,在受让方抵押情形中,与承包方抵押情形一样,有必要要求土地未改变农业用途,不应把土地规模(包括上限和下限)和生产能力作为一个资格条件在立法中加以规定,而只是将其作为抵押权人是否接受抵押以及发放多少贷款的自主考量因素。应当说,即便对于流转取得的土地经营权,也没有必要将其规模(面积大小)作为物权化的一个条件,而且这也不现实。从理论上讲,土地权利属性与其面积大小并无直接关系。例如,我国现实中农户以家庭承包方式取得的土地面积通常较小,而这并不构成土地承包经营权作为物权的障碍。此外,我国对农村土地没有采用物的编成主义,而是以户为单位进行登记颁证,受让方取得的土地经营权来自众多农户,对于流转取得的土地经营权登记颁证很多时候也是分别进行,基本上不可能将受让方从众多农户流转取得的土地统一登载在一个农村土地经营权证上。

四、土地经营权抵押权的设立规则

严格来讲,土地经营权抵押权的设定规则十分宽泛,有关抵押当事人、抵押财产范围和条件等都属于这一范畴。但为了便于论述,本研究予以适当区分,在本部分仅着重围绕设立程序限制、抵押登记效力与登记部门这两个现实中较为关注的主题展开探讨。

(一)设立程序限制:同意权问题

1. 承包方抵押是否须经发包方或有关主体同意

在承包方抵押情形中,是否须经发包方同意,各界基本上持否定态度。《承包地经营权抵押办法》亦没有作此要求,只是规定承包方需将抵押事宜明确告知发包方(第6条、第7条)。《农村土地承包法》(2018年)第47条也只是规定,承包方抵押需向发包方备案。表13为一些地区承包方抵押情形中"同意权"的有关规定,一方面,多数地方没有要求须经发包方同意;[1]但另一方面,各地对于这一问题的态度也还未完全形成共识。

---

[1] 其中,慈溪市、象州县、贺兰县、文昌市、沂南县、平利县规定,承包方已明确告知发包方承包土地的抵押事宜;如皋市规定,发包人知晓承包土地经营权抵押事宜。

表 13 承包方抵押情形中的"同意权"规定

类型	同意权主体	规定来源地区
有明确规定	发包方	庆元县、晋城市、平昌县、长垣县
	发包方和发包方村委会、乡政府	龙州县
	发包方和抵押物共有人	襄阳市、淄博市
	不明确	甘肃省
未见明确规定	—	泗阳县、威海市、莘县、东方市、海门市、涟水县、启东市、宿迁市、沛县、慈溪市、大冶市、平利县、嵊州市、桃江县、象州县、沅陵县、贺兰县、兴化市、文昌市、修水县、固原市、原州区、忠县、汉寿县、兴仁县、沂南县、漳浦县

从表 13 来看,多数地方没有规定是否须经发包方或其他主体同意。按民事权利"法无禁止即可为"的规则推导,应理解为没有此项要求。少数地方规定承包方抵押须经有关主体同意,其中大多都明确规定至少需要经发包方同意,但也有个别地方没有明确同意权主体(甘肃省),[1]有的则规定了多个同意权主体,除发包方外,涉及发包方村委会、乡政府、抵押物共有人。

应当说,要求抵押物共有人同意,这是合理的,而要求承包方抵押须经发包方同意乃至乡政府同意,则有失妥当,这已经为各界广为认可。根据我国《农村土地承包法》有关土地经营权流转的制度安排,承包方依法流转土地经营权无须发包方同意,更无须地方政府同意。承包方抵押土地经营权,从宽泛意义上来讲,亦属于承包方流转土地经营权的范畴。即便对"流转"作狭义理解,因抵押权实现而产生土地经营权流转的效果,最终也将归入承包方流转土地经营权的范畴。是故在承包方抵押情形中,不应设定须经发包方乃至有关政府同意的限制。与此同时,为了更加明确指引实践操作,未来制定土地经营权抵押专门立法时,可以明确规定抵押时须提交抵押物共有人同意的书面证明。

---

〔1〕《甘肃省农村土地承包经营权抵押贷款管理办法(试行)》第 7 条规定:"抵押人是土地承包农户的,应同时具备以下条件……(三)同意抵押、流转和处置的书面证明……"

2. 受让方抵押是否须经承包方或有关主体同意

在受让方抵押情形中，土地经营权人设定抵押权是否须经承包方乃至同时还须经发包方等有关主体同意，理论界与实务界均未完全形成共识，而且分歧较大。在理论界，有观点提出基于用于抵押的土地经营权为物权，且从鼓励土地经营权抵押等角度出发，无须征得发包方或承包方同意；[1]有观点提出原则上受让方抵押须经承包方同意，否则会导致对土地承包经营权的侵害，但是可在土地经营权设立登记时提出统一要求，使登记的土地经营权都具有可抵押、再流转的权能，如此，对于经登记的物权化的土地经营权，抵押时则无须再取得承包方同意。[2] 根据《承包地经营权抵押办法》第 7 条的规定，在受让方抵押情形中，要求须经承包方同意可用于抵押和再流转，同时承包方要明确告知发包方有关抵押事宜。《农村土地承包法》(2018 年)第 47 条也只是规定，受让方抵押，须经承包方书面同意并向发包方备案。表 14 为一些地区受让方抵押情形中的“同意权”规定。

表 14　受让方抵押情形中的“同意权”规定

类型	同意权主体	规定来源地区
有明确规定	承包方	甘肃省、威海市、慈溪市、大冶市、平利县、象州县、贺兰县、文昌市、汉寿县、沂南县
	发包方	平昌县、长垣县
	发包方和承包方	龙州县、庆元县、晋城市
	发包方或原承包人	宿迁市
	发包方和承包方、抵押物共有人	淄博市
	发包方和抵押物共有人	襄阳市
未见明确规定	—	泗阳县、莘县、东方市、海门市、涟水县、启东市、沛县、如皋市、嵊州市、桃江县、沅陵县、兴化市、修水县、固原市原州区、忠县、兴仁县、漳浦县

〔1〕 参见焦富民:《“三权分置”视域下承包土地的经营权抵押制度之构建》，载《政法论坛》2016 年第 5 期。

〔2〕 参见许明月:《农村承包地经营权抵押融资改革的立法跟进》，载《比较法研究》2016 年第 5 期。

从表 14 可以看到，对于受让方抵押是否须经承包方乃至其他主体同意，各地规定很不一致。一方面，不少地方没有明确规定，按照民事权利“法无禁止即可为”的原则，似乎应理解为无须经得承包方、发包方等主体同意。另一方面，也有不少地方要求须经承包方等有关主体同意，其中有关同意权主体的规定又不尽相同。例如，有的仅要求经承包方同意，有的仅要求经发包方同意，有的要求需同时经得承包方和发包方同意，有的要求经发包方或承包方同意即可，有的还要求须经抵押物共有人同意。

针对前述各种观点或制度安排，笔者认为，其一，须经抵押物共有人同意，这是合理的，理论上和实践操作上都没有争议，可在立法中加以明确。

其二，须经发包方同意的要求不合理。受让方以流转取得的土地经营权抵押，根本上属于再流转范畴或是最终可能产生再流转的法律效果。根据《农村土地承包法》(2018 年)的规定，土地经营权流转(创设)和再流转都无须经发包方同意。循此逻辑，在受让方抵押情形中，须经发包方同意并无正当性基础。

其三，须经承包方同意，同时应告知发包方抵押事宜具有合理性，但是在制度设计上可以优化安排。诚如前述，受让方以流转取得的土地经营权抵押，根本上属于再流转范畴。根据《农村土地承包法》(2018 年)第 46 条的规定，受让方再流转土地经营权须经承包方同意，并向本集体经济组织备案。此种规定旨在保障土地承包经营权人的权益不受侵害，同时保障发包方的知情权，便于发包方掌握有关情况和进行必要的监管。循此逻辑，受让方抵押须经承包方同意，并告知发包方有关抵押事宜，是必要的。

但是，诚如有学者指出，若须经承包方同意，也可能带来一些问题。例如，受让方特别是规模经营主体通常从众多农户流转取得土地经营权，可能需要经常性抵押融资，若每次融资都需要向众多承包方征求意见，负担巨大，而且还可能出现一些承包方同意一些不同意而使得抵押融资面临诸多障碍的情况。[1] 针对这种情况，可结合土地经营权登记颁证制度统筹设计。承前文所述，对于符合相应流转条件而具有物权属性或者说需要予以物权化的土地经营权，可在登记的基础上为权利人制作一个农村土地经营权证。对于登记颁

〔1〕 参见许明月：《农村承包地经营权抵押融资改革的立法跟进》，载《比较法研究》2016 年第 5 期。

证，可附加这样一个条件，即承包方同意土地经营权可抵押和再流转。如此一来，受让方抵押时无须再另行、专门就土地经营权抵押去征得承包方的同意。

（二）抵押登记的效力与登记部门

1. 抵押登记的效力

总体上，理论界特别是法学界一般主张土地经营权抵押登记应采取登记生效主义（或称登记要件主义），即土地经营权抵押权自登记时设立。[1]《承包地经营权抵押办法》就此未予明确，只是规定登记部门应对抵押的土地经营权权属进行审核、公示（第14条）。《农村土地承包法》（2018年）则明确采用了登记对抗主义的制度安排，第47条第2款规定："担保物权自融资担保合同生效时设立。当事人可以向登记机构申请登记；未经登记，不得对抗善意第三人。"

从表15可以看到，各地对这一问题的态度也不一致，一些地方明确规定采用登记生效（要件）主义，[2]有的地方采用登记对抗主义，还有的地方规定抵押合同自登记之日起生效，不少地方则只是规定实行抵押登记制度，但对于登记的效力没有明确。例如，《沛县农村承包土地的经营权抵押登记办法（试行）》作为专门的登记管理办法，都没有就登记的效力进行明确规定。

表15　土地经营权抵押登记效力的规定

序号	关于抵押登记效力的规定情况	规定来源地区
1	抵押权自登记时设立	龙州县、威海市、东方市、晋城市、宿迁市、象州县、沅陵县
2	抵押自登记之日起生效	海门市、涟水县、启东市、大冶市、长垣县
3	抵押合同自登记之日起生效	慈溪市、漳浦县
4	可以自愿办理抵押物登记，抵押合同自签订之日起生效。当事人未办理农村土地承包经营权抵押登记的，不得对抗第三人	淄博市

---

〔1〕参见许明月：《农村承包地经营权抵押融资改革的立法跟进》，载《比较法研究》2016年第5期；高圣平：《承包土地的经营权抵押规则之构建——兼评重庆城乡统筹综合配套改革试点模式》，载《法商研究》2016年第1期；焦富民：《"三权分置"视域下承包土地的经营权抵押制度之构建》，载《政法论坛》2016年第5期；房绍坤：《论土地承包经营权抵押的制度构建》，载《法学家》2014年第2期。

〔2〕《海门市农村土地承包经营权抵押贷款办法（试行）》未就抵押登记的效力作出明确规定，不过《海门市农村土地承包经营权抵押登记管理办法（试行）》明确规定抵押自登记之日起生效。

续表

序号	关于抵押登记效力的规定情况	规定来源地区
5	未见明确规定，但不少有诸如“实行登记管理制度”“应依法办理登记手续”“抵押必须进行登记”“取得登记证明后贷款人发放贷款”之类的规定	甘肃省、庆元县、泗阳县、襄阳市、莘县、平昌县、沛县、平利县、如皋市、嵊州市、桃江县、贺兰县、兴化市、文昌市、修水县、固原市原州区、忠县、汉寿县、兴仁县、沂南县

《农村土地承包法》(2018年)对土地经营权担保物权的成立采用“登记对抗主义”而非“登记生效主义”，主要是考虑到，在“登记对抗主义”之下，担保物权的成立更加容易，更加注重效率，更加尊重当事人的意思自治，同时也能够降低当事人的登记负担和登记机构的工作量。[1] 客观而论，立法上的这些考虑有其道理，但同时也可以看到，此种安排更多考虑的是当事人和登记机构的效率、成本，而且是单项交易、工作成本，而不是土地经营权抵押乃至流转市场的整体交易安全乃至整体效率。

应该说，土地经营权抵押登记更宜遵循一般的担保物权设立规则，采用登记生效(要件)主义。一般认为，“三权分置”中的土地经营权与原《物权法》第180条第1款第3项规定的可用以抵押的“以招标、拍卖、公开协商等方式取得的荒地等土地承包经营权”类似或者说最为接近。[2] 而根据原《物权法》第187条规定，以这类土地承包经营权抵押，应办理抵押登记，且“抵押权自登记时设立”。[3] 根据类推适用规则，土地经营权抵押登记亦宜采取登记生效(要件)主义。[4]

《民法典》出台后，《物权法》被废止。《民法典》物权编对原《物权法》第

---

〔1〕 参见黄薇：《中华人民共和国农村土地承包法释义》，法律出版社2019年版，第202页。

〔2〕 原《物权法》第180条第1款规定：“债务人或者第三人有权处分的下列财产可以抵押：(一)建筑物和其他土地附着物；(二)建设用地使用权；(三)以招标、拍卖、公开协商等方式取得的荒地等土地承包经营权；(四)生产设备、原材料、半成品、产品；(五)正在建造的建筑物、船舶、航空器；(六)交通运输工具；(七)法律、行政法规未禁止抵押的其他财产。”

〔3〕 原《物权法》第187条规定：“以本法第一百八十条第一款第一项至第三项规定的财产或者第五项规定的正在建造的建筑物抵押的，应当办理抵押登记。抵押权自登记时设立。”

〔4〕 参见许明月：《农村承包地经营权抵押融资改革的立法跟进》，载《比较法研究》2016年第5期；高圣平：《承包土地的经营权抵押规则之构建——兼评重庆城乡统筹综合配套改革试点模式》，载《法商研究》2016年第1期；焦富民：《“三权分置”视域下承包土地的经营权抵押制度之构建》，载《政法论坛》2016年第5期；房绍坤：《论土地承包经营权抵押的制度构建》，载《法学家》2014年第2期。

180 条第 1 款规定作了调整，删掉了第 3 项即“以招标、拍卖、公开协商等方式取得的荒地等土地承包经营权”，[1] 与此同时，实质上延续了原《物权法》第 187 条的规定。[2] 可以说《民法典》对原《物权法》第 180 条第 1 款作出上述调整，更多是技术上的调整，实质精神并没有变化，而且实际上还扩大了可用于抵押的土地经营权范围。与此同时，综合《民法典》第 402 条的规定，对于不动产抵押登记，《民法典》仍统一确立了登记生效主义的制度安排。从不动产抵押登记的一般原理和《民法典》有关不动产抵押登记的基本制度构造来看，对土地经营权抵押登记采取登记生效主义更为妥当。从某种程度上讲，《农村土地承包法》对土地经营权抵押登记实行登记对抗主义的制度安排，似乎并不符合物权法的规定和精神。

从实践来看，对于担保物权的设立，我国实行的一般规则是“登记生效主义”。该模式经过长期运行，已经深度嵌入担保市场，并深刻塑造了市场主体的行为习惯。如果担保市场真的认可土地经营权抵押这个事物，自然会接受对其适用“登记生效主义”；若不认可土地经营权抵押，即便对当事人实行所谓更“友好”的“登记对抗主义”也无济于事。相反，对土地经营权抵押单独实行“登记对抗主义”反而可能会带来不利影响。因为土地经营权抵押只是土地经营权市场的一个环节，在制度设计上，如果对抵押当事人考虑过多，对不确定的第三人（潜在交易相对人）关注不足，将会影响这个土地经营权市场的整体培育和发展。析言之，“登记对抗主义”不仅不会对土地经营权抵押市场的培育和发展有实质性的促进作用，而且从长远和整体主义视角出发，会产生较大的弊端，不如遵循一般的担保物权设立规则，采用登记生效（要件）主义。

需特别指出的是，个别地方规定“抵押合同自登记之日起生效”有失妥当。根据有关物权法理论和规则，若无法律规定的合同无效情形，抵押合同应自签订时成立并生效，抵押是否登记只影响抵押权是否设定，而不影响抵押合同的

---

〔1〕《民法典》第 395 条第 1 款规定：“债务人或者第三人有权处分的下列财产可以抵押：（一）建筑物和其他土地附着物；（二）建设用地使用权；（三）海域使用权；（四）生产设备、原材料、半成品、产品；（五）正在建造的建筑物、船舶、航空器；（六）交通运输工具；（七）法律、行政法规未禁止抵押的其他财产。”

〔2〕《民法典》第 402 条规定：“以本法第三百九十五条第一款第一项至第三项规定的财产或者第五项规定的正在建造的建筑物抵押的，应当办理抵押登记。抵押权自登记时设立。”

效力。[1] 这从一个侧面也反映出,《民法典》的宣传阐释或者说普法工作还需要持续开展。

2. 抵押登记部门

根据《承包地经营权抵押办法》第 14 条的规定,土地经营权抵押登记部门可以是农业主管部门或政府授权的农村产权流转交易平台。从表 16 可以看到,各地对于土地经营权抵押登记部门的规定很不一样,既有农业(林业)主管部门,也有农村产权交易流转平台(名称也是各异),还有农工办(部)、农村经营管理部门、公证处等机构。

表 16　土地经营权抵押登记部门的规定

序号	登记部门	文件来源地区
1	县(市、区)农业(林业)行政主管部门(农业局)	甘肃省、龙州县、庆元县、威海市、东方市、晋城市、文昌市、修水县、漳浦县、嵊州市
2	农业局+其他部门(农机具等农用设施抵押)	慈溪市
3	农工办(农村工作办公室)、农工部、农委	泗阳县、海门市、涟水县、宿迁市、忠县
4	县(市、区)农村经营管理部门	襄阳市、汉寿县
5	区县农村土地承包管理部门	淄博市
6	农村产权交易中心或公证处	莘县
7	农村产权交易中心(农村综合产权流转交易中心、农村产权交易服务中心、农村综合产权交易服务中心、农村产权交易管理中心、农村综合产权交易管理服务中心)	启东市、沛县、如皋市、长垣县、贺兰县、兴化市、固原市原州区、兴仁县、沂南县
8	市三农金融服务中心(市农村综合产权交易中心)	大冶市
9	县农村产权交易中心(在桃江县农村产权交易中心未成立前,具体工作由县人民政府金融工作办公室和县农村经济经营服务站联合办理)	桃江县、象州县

[1] 参见黄薇主编:《中华人民共和国民法典释义》(上),法律出版社 2020 年版,第 779 页。

续表

序号	登记部门	文件来源地区
10	农村承包土地经营权流转交易中心(农村土地流转服务中心)	平利县
11	县农村经济经营管理局负责农村承包土地的经营权抵押登记的监督管理,所属的县土地流转服务中心具体负责办理农村承包土地的经营权抵押登记、变更和注销手续,并出具他项权利证明书	沅陵县

诚然,在土地经营权抵押试点或探索阶段,各地现实情况纷繁复杂,从使该项制度尽快落地的角度,允许各地根据自身情况设置相应的登记部门,不失为一种办法。但是,从建立统一、高效、便民的土地经营权市场角度出发,需要就抵押登记部门的设置进行协调。在不动产统一登记过渡期内,宜将土地经营权抵押登记部门和土地承包经营权登记颁证部门衔接,确立农业(林业)行政主管部门为土地经营权抵押登记部门。

我国原《物权法》第 127 条明确规定,土地承包经营权登记颁证部门为县级以上人民政府,[1]实践中具体承办部门通常为农业行政主管部门。2015 年出台、2019 年修订的《不动产登记暂行条例》一方面将土地承包经营权纳入不动产统一登记制度范畴(第 5 条),同时也于第 33 条第 2 款规定"不动产统一登记过渡期内,农村土地承包经营权的登记按照国家有关规定执行"。《农村土地承包法》(2018 年)没有明确规定土地承包经营权的登记部门,仅于第 24 条规定"国家对耕地、林地和草地等实行统一登记,登记机构应当向承包方颁发土地承包经营权证或者林权证等证书,并登记造册,确认土地承包经营权"。《民法典》物权编调整了原《物权法》第 127 条的规定,也不再明确规定土地承包经营权登记颁证部门为县级以上人民政府。[2] 尽管《农村土地承包法》(2018 年)、《民法典》都没有明确规定土地承包经营权登记颁证部门,但现实中一般仍是由县级以上人民政府作为登记办证部门,农业行政主管部门为具

〔1〕 原《物权法》第 127 条规定:"土地承包经营权自土地承包经营权合同生效时设立。县级以上地方人民政府应当向土地承包经营权人发放土地承包经营权证、林权证、草原使用权证,并登记造册,确认土地承包经营权。"

〔2〕《民法典》第 333 条规定:"土地承包经营权自土地承包经营权合同生效时设立。登记机构应当向土地承包经营权人发放土地承包经营权证、林权证等证书,并登记造册,确认土地承包经营权。"

体承办部门。

如果土地经营权抵押登记部门不是农业行政主管部门,将会出现土地承包经营权登记颁证部门和土地经营权抵押登记部门不一致的情况,这不仅不便于当事人和登记机关办理登记,也难免会给相关当事人查询带来麻烦,还有可能增加登记错误的风险。[1]

五、土地经营权抵押权的实现方式

土地经营权抵押制度构建的一个核心和难点是,当债务人不履行到期债务或发生当事人约定的实现抵押权的情形,土地经营权抵押权可以通过什么方式实现,[2]既能保证农户承包权,又能使抵押权人顺利实现抵押权。[3] 一般认为,我国物权法规定的折价、拍卖、变卖这三种抵押权实现方式原则上可适用于承包地经营权抵押,但也需视情形而定;同时,还有必要根据土地经营权的特殊性,进行抵押权实现方式的创新。不过,对于物权法规定的抵押权实现方式的适用如何"视情形而定",例如,是否区分土地经营权抵押类型而定,以及可以引入什么样的创新实现方式,目前还颇有歧异。

笔者总体上认为,结合我国《农村土地承包法》(2018 年)有关土地经营权抵押、流转的制度安排,土地经营权抵押权实现在很大程度上无法适用我国原《物权法》规定的折价、拍卖、变卖等三种传统方式,而更多时候需要采取创新的实现方式。可以将出租(转包)、入股等流转方式和托管确立为土地经营权抵押权实现的创新方式。在土地经营权抵押专门立法中,借助农村土地制度的概念体系来构造土地经营权抵押权实现方式的相应规则,是一种较为可取的做法。[4]

(一)折价在土地经营权抵押权实现中的适用

在既有研究中,多数学者认为,土地经营权抵押权实现不能采取折价的方

---

〔1〕 参见许明月:《农村承包地经营权抵押融资改革的立法跟进》,载《比较法研究》2016 年第 5 期。

〔2〕 从广义来讲,实现土地经营权抵押权不等同或者说限于处置土地经营权,但鉴于其核心和难点在于土地经营权的处置问题,本研究主要在该层面进行分析。

〔3〕 参见国务院《关于开展农村承包土地的经营权和农民住房财产权抵押贷款试点的指导意见》(国发〔2015〕45 号)"二、试点任务"之"建立抵押物处置机制,做好风险保障"。

〔4〕 参见谭贵华、吴大华:《农村承包地经营权抵押权的实现方式》,载《农业经济问题》2020 年第 6 期。

式。理由是,在土地经营权抵押中,抵押权人仅限于银行等金融机构,如果采取折价的方式实现抵押权,不从事农业经营的金融机构将取得土地经营权,这既与其身份不符,也不利于土地的利用。[1]

不过,也有学者指出,不应将土地经营权抵押限制在向金融机构融资担保方面,而是可以用于各种债权的担保,若非如此,这项制度的创设对于促进农业发展的作用会受到限制。[2] 有观点提出,可将土地经营权抵押分为民间抵押和金融抵押两类,[3]一方面确立金融机构为主要抵押权人,另一方面也允许承包人因应急(如治病、还款)需要而将土地经营权抵押给一般的组织或个人。[4] 当抵押权人为承包户和其他农业经营者时,所谓"身份不符、不利于土地利用"的障碍便不存在,应允许采取折价的方式实现抵押权。还有观点指出,即便抵押权人为金融机构,也可以采用折价的方式,只是当其取得土地经营权后,须及时组织转让,不得将土地闲置,也不得自行在土地上从事投资行为。[5]

根据各方争议焦点,无论是在承包方抵押还是受让方抵押情形中,折价的方式能否适用,首要关键在于抵押权人的身份问题,[6]而其根本上又取决于是否将土地经营权抵押限定为只能向金融机构提供融资担保。从逻辑上讲,在确定制度安排时,应当先进行政策选择,然后再进行规则设计。[7] 就理论层面而言,不作上述有关限定,能够更加充分发挥土地经营权抵押的制度功能。然

---

〔1〕 有关代表性论述,参见房绍坤:《论土地承包经营权抵押的制度构建》,载《法学家》2014 年第 2 期;焦富民:《"三权分置"视域下承包土地的经营权抵押制度之构建》,载《政法论坛》2016 年第 5 期;高圣平:《承包土地的经营权抵押规则之构建——兼评重庆城乡统筹综合配套改革试点模式》,载《法商研究》2016 年第 1 期。

〔2〕 参见许明月:《农村承包地经营权抵押融资改革的立法跟进》,载《比较法研究》2016 年第 5 期。

〔3〕 参见曾大鹏:《土地承包经营权抵押的法律困境与现实出路》,载《中国农村观察》2017 年第 2 期。

〔4〕 参见韦福:《农村土地承包经营权抵押关系主体及其权利义务的立法构想》,载《广西社会科学》2012 年第 6 期。

〔5〕 参见韦福:《论农村土地承包经营权抵押权实现的法律规制》,载《农业经济》2012 年第 5 期。

〔6〕 折价具有转让的法律效果。土地经营权是否可以,或是在什么情形下可以采取转让的方式流转,也是影响折价能否适用于土地经营权抵押权实现的一个重要因素。不过,在折价的适用问题上,若基于抵押权人的身份就可以用"排除法"得出结论,也就没有必要在此就这个因素展开分析。

〔7〕 参见杜万华主编:《最高人民法院公司法司法解释(四)理解与适用》,人民法院出版社 2017 年版,第 444 页。

而，基于风险管控等考虑，[1]我国在推进这项改革时作出了限定的政策选择，《农村土地承包法》(2018 年)更是以法律的形式予以确定(第 47 条)。在此框架下土地经营权抵押的抵押权人只能是金融机构。如此一来，土地经营权抵押权实现时不能采用折价的方式处置承包地经营权。

其一，以折价的方式处置承包地经营权将产生金融机构通过流转取得土地经营权的法律效果，根据《农村土地承包法》(2018 年)的规定，受让方须具有农业经营能力或资质，而金融机构并不具备此种条件，因此不能成为适格的主体。

其二，所谓金融机构可以"先取后转"的做法，可操作性差，而且实属多此一举。例如，"及时"流转难以界定，对闲置等问题的监督也是徒增成本。有学者提出，基于经济利益的考量，金融机构自己会及时变现，长期占有农地"待价而沽"或"闲置土地"等现象难以产生。[2] 循此逻辑，与其"先取后转"，不如从一开始就采用其他方式处置土地经营权获得优先受偿，这更符合其经济利益。

值得关注的是，一些地方的土地经营权抵押贷款试点办法虽然将抵押权人限定为金融机构，但是仍把折价规定为抵押权的实现方式之一。例如，广西壮族自治区象州县、福建省屏南县、湖南省桃江县就抵押权人规定的是"银行业金融机构"或"金融机构"，但在抵押权实现方面均规定，抵押权人可依约定以"抵押物(财产)折价或者拍卖、变卖"所得价款优先受偿。[3]

对于这类规定，或许不应笼统地进行字面解读，而是需要结合抵押物的内容加以细化把握。广西壮族自治区象州县等地出台的试点办法，均规定土地经营权抵押贷款是以土地经营权及地上附着物为抵押财产。抵押权实现时，虽然不能以折价的方式处置土地经营权，但用以处置地上附着物应是没有制度障碍的。不过，即便可以进行此种解读，从立法技术的角度来看，这种规定也略显粗疏，容易引发歧异，未来在正式立法和制度构建上有必要更加精细化。

---

[1] 代表性观点是，抵押给一般自然人和企业可能引发高利贷和以抵押担保为名私下买卖土地，因此只能是有资质的银行机构才可以接受农地抵押担保。参见冯华、陈仁泽：《农村土地制度改革，底线不能突破(权威访谈·学习贯彻十八届三中全会精神)——专访中央农村工作领导小组副组长、办公室主任陈锡文》，载《人民日报》2013 年 12 月 5 日，第 2 版。

[2] 参见曾大鹏：《土地承包经营权抵押的法律困境与现实出路》，载《中国农村观察》2017 年第 2 期。

[3] 参见《象州县农村土地承包经营权抵押贷款试点管理暂行办法》第 3 条、第 30 条；《屏南县农村土地承包经营权抵押登记办法(试行)》第 1 章的第 2 条、第 4 章"抵押物的监管与处置"的第 2 条；《桃江县农村承包土地的经营权抵押贷款管理办法》第 3 条、第 26 条。

(二)拍卖和变卖在土地经营权抵押权实现中的适用

一般认为,土地经营权抵押权的实现可以采用拍卖、变卖的方式。但是,也有观点主张,需要区分土地经营权抵押的类型加以确定。例如,高圣平教授提出,基于“农户的土地承包经营权 + 农业经营主体的土地经营权”这一承包地权利结构,土地经营权抵押可分为两种情形:一是农户以未流转的土地承包经营权设定抵押,抵押权表现为“土地承包经营权抵押权”;二是农业经营主体以其依法取得的土地经营权设定抵押,抵押权表现为“土地经营权抵押权”。在第一种情形中,不能采取拍卖、变卖的方式实现抵押权,因为这将导致农户丧失土地承包经营权,从而无法“保证农户承包权”;而在第二种情形中则可以采取拍卖、变卖的方式实现抵押权,因为处置的是抵押人的土地经营权,土地承包经营权仍由农户享有,农户承包权并不受影响。[1]

对于此种“区分论”,焦富民教授持不同看法。其指出,虽然政策文件上的“承包土地的经营权”或“土地经营权”表现为两种法权形式:农户的土地承包经营权和农业经营主体的土地经营权,但是就抵押而言,都是以土地经营权进行抵押,所谓“土地承包经营权抵押”实为农户以蕴含在土地承包经营权上的土地经营权作抵押。在抵押权实现方面,“应本着化繁就简的原则,宜进行一体化规定”。无论是哪种抵押情形,通过拍卖、变卖的方式实现抵押权,都不涉及土地承包经营权的移转和土地承包关系的变化,仅仅是土地经营权发生转让,因而都可适用。[2]

综合来看,就土地经营权抵押权实现能否采用拍卖、变卖的方式,学界的分歧在很大程度上源于土地经营权抵押的类型构建差异,争议焦点又在于承包方抵押情形如何进行法律构造。而若再加审视,鉴于拍卖、变卖的实质与承包地流转中的“转让”相同,它们能否适用于土地经营权抵押权实现,实与土地经营权流转方式的法律构造密切相关,需要通盘考量。

1. 土地经营权抵押抑或土地承包经营权抵押

在“三权分置”框架下,承包地流转受让方以流转取得的土地经营权设定

---

〔1〕 参见高圣平:《承包土地的经营权抵押规则之构建——兼评重庆城乡统筹综合配套改革试点模式》,载《法商研究》2016 年第 1 期。

〔2〕 参见焦富民:《“三权分置”视域下承包土地的经营权抵押制度之构建》,载《政法论坛》2016 年第 5 期。

抵押在法律上表达为“土地经营权抵押”,这没有争议。按照学界主流观点,承包地未发生流转情形下,没有必要对土地承包经营权予以权利分置,[1]此时,承包地的权利架构仍表现为“所有权—土地承包经营权”两权分离,而这也为《农村土地承包法》(2018 年)所确认。当下的问题是,承包方抵押究竟表达或理解为“土地经营权抵押”还是“土地承包经营权抵押”?

《承包地经营权抵押办法》第 6 条规定的是“农户以其获得的土地经营权作抵押申请贷款”。《农村土地承包法》(2018 年)第 47 条规定的是,“承包方可以用承包地的土地经营权向金融机构融资担保”,其中“融资担保”包含抵押情形。从文义来看,承包方用以担保的客体应是土地经营权。

不过,来自立法部门的专家在解读时指出,该规定指的是“承包方自己就可以用土地承包经营权向金融机构融资担保”。[2] 在理论界,有学者亦曾主张,承包方抵押应表达为“土地承包经营权抵押”,理由主要包括以下三点:[3]其一,农户在没有流转其承包地的情况下不实行权利分置,享有的是“土地承包经营权”,根据物权法定原则的要求,其用以设定抵押时,抵押权的客体亦应为“土地承包经营权”。其二,在承包方抵押情形中,也无须为抵押权人先设定土地经营权,再为其设定土地经营权抵押权,因为抵押权人只需取得抵押权,无须取得土地经营权,而如果抵押权人为金融机构,其也不能取得土地经营权。其三,承包方先“为自己在土地承包经营权上设定经营权,再以经营权作为标的,为债权人设定抵押权”,[4]又面临“土地经营权本为他物权,自应在他人之物上设定”和“在登记簿上不便记载”的障碍。

诚然,基于“所有权—土地承包经营权”的“两权分离”架构,在承包方抵押

---

[1] 参见陈小君:《土地经营权的性质及其法制实现路径》,载《政治与法律》2018 年第 8 期;高圣平:《承包地三权分置的法律表达》,载《中国法学》2018 年第 4 期;高飞:《土地承包权与土地经营权分设的法律反思及立法回应——兼评〈农村土地承包法修正案(草案)〉》,载《法商研究》2018 年第 3 期;蔡立东、姜楠:《农地三权分置的法实现》,载《中国社会科学》2017 年第 5 期;耿卓:《农地三权分置改革中土地经营权的法理反思与制度回应》,载《法学家》2017 年第 5 期。

[2] 全国人大常委会法工委民法室副主任杜涛先生的解读,参见《全国人大常委会就农村土地承包法修正案草案举行发布会》,载中国网 2018 年 12 月 29 日,http://www.china.com.cn/zhibo/content_74311970.htm。

[3] 参见高圣平:《承包土地的经营权抵押规则之构建——兼评重庆城乡统筹综合配套改革试点模式》,载《法商研究》2016 年第 1 期;高圣平:《论承包地流转的法律表达——以我国〈农村土地承包法〉的修改为中心》,载《政治与法律》2018 年第 8 期。

[4] 蔡立东、姜楠:《承包权与经营权分置的法构造》,载《法学研究》2015 年第 3 期。

的制度设计上表达为“土地承包经营权抵押”,不失为简明且符合逻辑的做法。然而,既然《农村土地承包法》(2018 年)最终选择并明确规定承包方以“承包地的土地经营权”担保,此时再表达或解释为“土地承包经营权抵押”则有失妥当。

进一步来看,根据承包地“三权分置”的政策精神,将承包方抵押表达为“土地经营权抵押”也更为适宜。如果表达为土地承包经营权抵押,那么抵押权实现时处置的也应是土地承包经营权,而这将意味着自始至终都不实行“三权分置”。对此,有观点提出,虽然表达为土地承包经营权抵押,但抵押权实现时仅处置土地经营权即可。[1] 这似乎能在一定程度上回应与“三权分置”政策精神不契合的问题,但本身又存在逻辑困境:为何以“土地承包经营权”设定抵押,最终处置的却是“土地经营权”? 一般认为,抵押也是一种流转形式,[2] 至少属于广义上的流转范畴,可将其解释为特殊的流转形式。由此,承包方办理抵押时,就可以且有必要对土地承包经营权进行权利“分置”,即分离出一项土地经营权,以土地经营权设定抵押。

至于承包方抵押情形下土地经营权的生成问题,在理论上可解释为,承包方(土地承包经营权人)基于对自身权利的处分,保留土地承包权,将土地承包经营权所蕴含的土地经营权抵押给他人(金融机构)。[3]

目前学界主流观点认为,土地经营权是在承包地流转中土地承包经营权人以土地承包经营权或承包地为客体为他人设定的一项权利。[4] 其有两层基本含义:一是承包地流转时才创设土地经营权;二是“土地经营权并不包含于

〔1〕 参见高圣平:《承包土地的经营权抵押规则之构建——兼评重庆城乡统筹综合配套改革试点模式》,载《法商研究》2016 年第 1 期。

〔2〕 例如,《农村土地承包法》(2018 年)第 53 条规定:“通过招标、拍卖、公开协商等方式承包农村土地,经依法登记取得权属证书的,可以依法采取出租、入股、抵押或者其他方式流转土地经营权。”另可参见《农村土地承包法》(2002 年)第 49 条。

〔3〕 有学者亦指出,根据政策安排,承包方抵押指的是“承包经营权人以承包经营权中的经营权设定抵押”;“承包经营权本身是一种物权,当承包人以其中的经营权设定抵押时,其经营权直接从承包经营权中分离出来作为抵押中的担保财产”。参见许明月:《农村承包地经营权抵押融资改革的立法跟进》,载《比较法研究》2016 年第 5 期。

〔4〕 参见房绍坤:《民法典物权编用益物权的立法建议》,载《清华法学》2018 年第 2 期;陈小君:《土地经营权的性质及其法制实现路径》,载《政治与法律》2018 年第 8 期;许明月:《改革开放 40 年我国农地制度的变迁与展望》,载《东方法学》2018 年第 5 期。也有学者解释为“农户以其承包地作为客体为受让人设立土地经营权”。参见崔建远:《民法分则物权编立法研究》,载《中国法学》2017 年第 2 期。

土地承包经营权之中,土地承包经营权人也不拥有用于流转的土地经营权”。[1] 应当说,这种解释对于区分土地经营权和土地承包经营权具有很好的说明价值。但是,对土地经营权作出如此绝对的限缩性界定,也使其回应现实需求的解释力有一定的局限,这尤其体现在承包方抵押情形中。

如果将土地经营权限定为土地承包经营权人“为他人”设定的权利,承包方“用承包地的土地经营权”向金融机构抵押面临以下障碍:一是金融机构不具有农业经营能力或资质,不能取得土地经营权,因此不能直接为其设定土地经营权。二是如果土地经营权必须是为“他人”设定的权利,而在承包方抵押情形中,又应是以自己的“承包地的土地经营权”抵押,这将出现悖论,或者说这意味着不承认承包方享有土地经营权。三是如果解释为承包方“先为自己设定”土地经营权,再以其抵押,又有在自有之物上为自己创设他物权的逻辑障碍。

总体而言,结合“三权分置”的政策精神和《农村土地承包法》(2018 年)的规定,需要视情形对土地经营权作出较为灵活的解释,即不宜坚持只有流转才是土地经营权产生的(唯一)法律事实。[2] 《农村土地承包法》(2018 年)第 9 条确认了“三权分置”改革的核心要义,即“承包方承包土地后,享有土地承包经营权,可以自己经营,也可以保留土地承包权,流转其承包地的土地经营权,由他人经营”。从实质层面来看,土地经营权主要表征的是实际经营承包地的权利,它对于受让方而言是源自土地承包经营权之财产性权利让渡而形成的权利,[3] 对于承包方而言,则是通过承包合同直接获得的以承包土地为客体的原始土地经营权。[4] 在不发生承包地流转时,这项权利自当由承包方享有,土地承包经营权和土地经营权的主体合一。《农村土地承包法》(2018 年)第 9 条所规定的“流转其承包地的土地经营权”中的“其”字以及第 17 条第 3 项规定

---

〔1〕 陈小君:《土地经营权的性质及其法制实现路径》,载《政治与法律》2018 年第 8 期。

〔2〕 如果坚持流转是土地经营权分置的唯一法律事实,那么承包方何以享有土地经营权就很难解释;如果肯认承包方享有土地经营权,就应否认流转是土地经营权分置的唯一法律事实。参见高海:《“三权”分置的法构造——以 2019 年〈农村土地承包法〉为分析对象》,载《南京农业大学学报(社会科学版)》2019 年第 1 期。现在的客观情况是,《农村土地承包法》已经确认了承包方是以“承包地的土地经营权”抵押,如果不肯认承包方享有土地经营权,那么只有承认立法出现错漏,并就此进行重构。

〔3〕 参见刘云生、吴昭军:《政策文本中的农地三权分置:路径审视与法权建构》,载《农业经济问题》2017 年第 6 期。

〔4〕 参见丁文:《论“三权分置”中的土地经营权》,载《清华法学》2018 年第 1 期。

的承包方享有“依法流转土地经营权”的权利，也都从一个侧面反映出此种意涵。

析言之，土地经营权在制度和现实层面应具有多元面向：其一，在不发生承包地流转（广义）情况下，这项权利隐而不显，土地承包经营权与土地经营权主体合一。其二，在承包方采取出租等转移承包地占有的流转方式进行流转（狭义）情况下，将土地经营权授予他人，由他人经营。其三，在承包方抵押情形下，只是将土地经营权抵押给金融机构，不转移占有，仍由自己经营，但在抵押权实现时可能发生狭义层面的流转，由金融机构以外的他人取得。

最后，在现实操作中，可为抵押权人颁发一个农村土地经营权证（抵押专用）或其他形式的证明，以作为抵押的外在表征。[1] 而对于所谓“登记簿上不便记载”的难题，应当说，这在技术上并不是什么障碍，只需注明某地块的土地经营权设定抵押的信息即可。

2. 土地经营权流转方式的法律构造与拍卖、变卖的适用

如果将承包方抵押表达为土地承包经营权抵押，结合《农村土地承包法》（2018 年）第 34 条有关“土地承包经营权转让”的制度安排，那么将有适用拍卖、变卖方式处置土地承包经营权的空间。只是在适用时至少需要满足两个条件：一是发包方同意；二是受让方只能是本集体经济组织的其他农户。但与此同时，这也将陷入一种两难处境，鉴于土地承包经营权转让时，“原承包方与发包方在该土地上的承包关系即行终止”，以拍卖、变卖的方式处置土地承包经营权，难免与中央明确提出的承包地经营权抵押权实现须以“保证农户承包权”为前提这一精神相冲突。

不过，诚如前述，承包方抵押的客体理应是土地经营权，而且这已为《农村土地承包法》（2018 年）所确认。基于以拍卖、变卖的方式处置土地经营权将产生土地经营权转让的效果，在承包方抵押情形中，这两种方式能否适用于抵押权实现，无疑取决于承包方能否采取转让的方式流转土地经营权。

---

〔1〕 2018 年重庆市实施了一项改革，办理不动产抵押登记，登记机构不再在不动产权利证书上记载抵押信息，抵押权人不得以任何理由和形式收执应由抵押人持有的不动产权利证书；登记机构依据登记簿向抵押权人核发的《重庆市房地产权证（抵押专用）》等证书或证明是不动产抵押的合法凭证。参见《重庆市国土房管局、重庆市金融办、重庆银监局关于进一步规范不动产抵押登记证书证明收执有关事项的通知》（渝国土房管〔2018〕566 号）。笔者的建议，部分受此项改革的有关举措启发。

一般认为,根据中央政策文件精神,承包地"三权分置"中的土地经营权应当是可以转让的。[1] 但是,综合《农村土地承包法》(2018年)第34条、第36条、第46条等的规定,在立法设计上确立的是"土地承包经营权转让"和"土地经营权流转"制度,其中土地经营权流转又大体分为两种类型:一是初始流转,即承包方将土地经营权流转给他人(第36条);二是再流转,即受让方将流转取得的土地经营权再流转给他人(第46条)。第36条规定:"承包方可以自主决定依法采取出租(转包)、入股或者其他方式向他人流转土地经营权,并向发包方备案。"按照通常的法解释,承包方应当无法以转让方式流转土地经营权。如若不然,则立法理应将"转让"这样一种极为重要的流转方式与"出租(转包)"等一并列举规定为承包方可采取的土地经营权流转方式。

此种设计或许受到了这样一种理论主张的影响,即承包方以转让方式流转承包地,不发生"三权分置"问题,流转标的仍是"土地承包经营权",因为按学界通说,转让意味着解除承包关系,原承包农户丧失土地承包经营权。[2] 即使按农民的朴素认知,转让也即意味着失去土地,无论名义上转让的是土地经营权还是土地承包经营权。由此,在立法上直接确立"土地承包经营权转让"制度更符合人们的惯常理解。应当说,这样的立法设计及其背后的理论考量有其道理。

站在法解释学立场,因循法律逻辑,基于承包方不能采取转让的方式流转土地经营权,在承包方以土地经营权抵押的情形中,抵押权实现应是无法采取拍卖、变卖的方式来处置土地经营权的。如果强行变通适用,则存在制度抵牾问题。

从实践来看,根据不少地方的试点规定,因抵押权实现而取得的土地经营权,流转期届满要"自动"或"无条件"返还承包方。[3] 这种安排主要是着眼于"保证农户承包权",避免承包方因土地经营权抵押权实现而彻底失去土地。

---

〔1〕 参见孙宪忠:《推进农地三权分置经营模式的立法研究》,载《中国社会科学》2016年第7期。

〔2〕 参见高圣平:《论承包地流转的法律表达——以我国〈农村土地承包法〉的修改为中心》,载《政治与法律》2018年第8期。

〔3〕 参见《甘肃省农村土地承包经营权抵押贷款管理办法(试行)》第22条;《威海市农村土地承包经营权抵押贷款管理办法》第24条;《泗阳县农村土地承包经营权抵押贷款暂行办法》第24条;《东方市农村土地承包经营权抵押融资管理暂行办法》第24条;《广安市农村土地经营权抵押融资管理办法(试行)》第24条;《宿迁市农村土地承包经营权抵押登记管理办法》第23条。

而如果以此种精神为基本遵循，让处置的土地经营权在流转期届满后返还承包方，同时又没有制度和观念障碍，那么也应排除适用拍卖、变卖的抵押权实现方式。

在受让方抵押情形中，以拍卖、变卖的方式处置土地经营权，将发生以转让方式对土地经营权进行再流转的法律效果。《农村土地承包法》(2018 年)并未对土地经营权再流转的具体形式作出规定，第 46 条仅笼统规定："经承包方书面同意，并向集体经济组织备案，受让方可以再流转土地经营权。"这里的"再流转"具体包括哪些方式，其外延与第 36 条的"流转"是否一致，目前也未见官方解释予以明确。笔者以为土地经营权再流转并不涉及土地承包关系的变化，不存在无法保证农户承包权的问题，原则上应当准予受让方采用转让的方式进行再流转。基于此种认识，在受让方抵押情形中，便可以采取拍卖、变卖的方式处置土地经营权。

(三)土地经营权抵押权实现方式的创新

除《民法典》规定的抵押权实现方式之外，需要根据土地经营权的特殊性，进行土地经营权抵押权实现方式的创新，这已成为各界共识。理论界提得较多的是强制管理，[1]有学者提出了转变担保方式、增加担保、接管经营等方式。[2]相关试点办法也作出了这样或那样的规定。就此，值得深入探讨的是，立足实践，究竟哪些称得上创新，可以作为土地经营权抵押权实现的特殊方式，它们在立法上又该如何进行表达?

1. 土地经营权抵押权实现方式的试点规定

《承包地经营权抵押办法》第 15 条规定，土地经营权抵押权实现，可以"采取贷款重组、按序清偿、协议转让、交易平台挂牌再流转等多种方式处置抵押物"。各地试点办法，虽然有的照搬该规定，[3]但多数作了不尽相同的规定，而且可谓五花八门，归纳起来，大体有以下八种：

(1)流转。不少试点办法就土地经营权抵押权的实现方式专门列举"流

---

[1] 参见房绍坤:《论土地承包经营权抵押的制度构建》，载《法学家》2014 年第 2 期；焦富民:《"三权分置"视域下承包土地的经营权抵押制度之构建》，载《政法论坛》2016 年第 5 期；高圣平:《承包土地的经营权抵押规则之构建——兼评重庆城乡统筹综合配套改革试点模式》，载《法商研究》2016 年第 1 期。

[2] 参见许明月:《农村承包地经营权抵押融资改革的立法跟进》，载《比较法研究》2016 年第 5 期。

[3] 参见《嵊州市农村承包土地的经营权抵押贷款试点暂行办法》第 19 条。

转”一项,其中有的未细化规定可以采取的具体流转方式,[1]有的则予以进一步明确。例如,广西象州、安徽铜陵的试点办法就“流转”的含义,具体规定可通过“出租、转让、入股等流转方式将该农村土地承包经营权依法让渡,所获租金等优先受偿”。[2] 此外,一些试点办法并未笼统规定“流转”的实现方式,而是直接限定性规定了“转让”“转包”等方式。例如,《桃江县农村承包土地的经营权抵押贷款管理办法》第26条规定“可采取以下五种方式处置:(一)转让。依法通过县农村产权交易中心将抵押物投入流转市场,通过获取转让收益清偿贷款本息……”《屏南县农村土地承包经营权抵押登记办法(试行)》第4章“抵押物的监管与处置”之第2条第1项也作了类似规定。山西晋城市则规定抵押权实现,银行可“申请县(市、区)人民政府确定的有关部门依法收储、转包用于抵押的农村土地承包经营权或者向人民法院提起诉讼”。[3]

(2)变更。例如,《象州县农村土地承包经营权抵押贷款试点管理暂行办法》第30条规定:“可以通过以下方式处分抵押物……(二)变更。抵押权人可以凭抵押人同意处置抵押物的承诺书,委托原抵押登记机关发布该农村土地承包经营权流转信息,通过流转市场依法变更,在不改变土地用途的情况下,变更土地经营人,由新的土地经营人履行还贷义务。”《桃江县农村承包土地的经营权抵押贷款管理办法》第26条第2项亦作了基本相同的规定。

(3)变现。一些试点办法就抵押权实现方式专列“变现”一项,在具体规定上又大体分为两种类型:一是明确“变现”的方式指的是“以抵押物折价或者拍卖、变卖所得的价款优先受偿”;[4]二是将“变现”笼统规定为“抵押权人与抵押人协议处置抵押物,所得价款优先受偿”。[5]

---

〔1〕 例如,《如皋市农村承包土地的经营权抵押贷款试行办法》第30条第1项规定:“处置抵押物,可采取以下方式:(一)流转。抵押权人依法通过市农村产权交易服务中心将抵押物进行流转,通过获取再流转收益清偿贷款本息。”

〔2〕 参见《象州县农村土地承包经营权抵押贷款试点管理暂行办法》第30条第1项;《铜陵市农村土地承包经营权抵押融资管理办法》第23条第1项。

〔3〕 参见《晋城市农村土地承包经营权抵押贷款办法(试行)》第24条。

〔4〕 参见《象州县农村土地承包经营权抵押贷款试点管理暂行办法》第30条第3项;《屏南县农村土地承包经营权抵押登记办法(试行)》第4章“抵押物的监管与处置”之第2条第2项;《桃江县农村承包土地的经营权抵押贷款管理办法》第26条第3项。

〔5〕 参见《如皋市农村承包土地的经营权抵押贷款试行办法》第30条第2项;《海门市农村土地承包经营权抵押贷款办法(试行)》第22条第2项;《启东市农村土地承包经营权抵押登记管理办法(试行)》第21条第2项。

(4)理赔。例如,《象州县农村土地承包经营权抵押贷款试点管理暂行办法》第30条规定:“可以通过以下方式处分抵押物……(四)理赔。通过投保农村产权融资贷款保证保险,明确抵押权人为保险合同的第一受益人,由保险公司先行理赔所获价款优先受偿。”

(5)托管。例如,《如皋市农村承包土地的经营权抵押贷款试行办法》第30条第3项规定:“处置抵押物,可采取以下方式……(三)托管。抵押人无法正常经营时,抵押权人与抵押人可选择第三方对抵押土地托管运作,所得收益优先偿还债务。”江苏海门市、启东市等地的办法也作出如此规定。浙江慈溪市亦规定可采取“委托市农合联执委会临时托管”的方式处置抵押物。〔1〕

(6)收储。例如,山西晋城市、山东沂南县等地规定可以采取“收储”的方式处置抵押物。其中,沂南县还出台了《农村承包土地经营权收储管理办法(试行)》,成立了农村承包土地经营权收储公司。〔2〕根据沂南县的相关规定,抵押权实现时,经抵押权人和收储公司协商一致,将土地经营权委托给收储公司通过挂牌流转、协商流转、土地托管等方式进行处置,收储公司处置经营权所得收入,首先支付委托费用及偿还代付,剩余部分交抵押权人,超出贷款本息部分归还借款人。〔3〕

(7)集体回购。例如,《文昌市农村承包土地的经营权抵押贷款实施细则(试行)》(文府〔2017〕48号)第21条规定,抵押权实现时可以采取“由村集体进行回购”的方式处置抵押物。

(8)诉讼、调解、仲裁。诸如海南文昌县、江苏如皋市、江苏海门市、江苏启东市、福建屏南县、湖南桃江县、山西晋城市等不少地方的试点办法把诉讼、调解、仲裁与前文所述的流转、变更、变现等并列规定为处置抵押物的方式。

2.抵押权实现方式创新的判断标准与试点规定的初步评析

总的来看,相关试点规定较为粗糙,也未严格按照法律逻辑进行规定。对相关试点规定作进一步类型化分析,它们大体可分为三种类型:其一,诉讼、调

---

〔1〕参见《慈溪市农村承包土地的经营权抵押贷款试点实施暂行办法》(慈政办发〔2016〕59号)第17条。

〔2〕参见袁军宝:《山东沂南成立农地经营权收储公司畅通农地流转处置渠道》,载新华网,http://www.xinhuanet.com/local/2017-05/16/c_1120982565.htm。

〔3〕参见吕兵兵:《一头挑起农民“身家” 一头撬动各路“金家”》,载《农民日报》2017年7月18日,第7版。

解、仲裁实质上是纠纷解决方式,并非通常意义上的抵押权实现或者说抵押物处置方式。其二,贷款重组、按序清偿、理赔等方式虽然旨在实现抵押权,但实际上回避了抵押物的处置问题,本身不是抵押物的处置方式。有学者所提的转变担保方式、增加担保也属于此种范畴。其三,协议转让、交易平台挂牌再流转、流转、变更、变现、托管、集体回购、收储等方式直面土地经营权的处置。下文仅围绕第三类展开探讨。

创新具有多维面相,需要结合语境依据具体情境确定判断标准。就土地经营权抵押权实现方式创新而言,所谓创新首先是相对于我国物权法规定的一般抵押权实现方式来讲的,即采取与折价、拍卖、变卖不同的方式处置承包地经营权。其次这种不同应是实质上的不同,可从两个维度来把握:一是处置的法律效果,即导致土地经营权发生物权性流转还是债权性流转,抑或属于其他处置方式。二是处置的收益形式,即属于固定类收益还是非固定类收益。收益形式对于能否顺利实现抵押权具有重要影响。固定类收益,也可称确定型收益,即在处置时价款和支付时间便基本确定下来。而非固定类收益,也可称非确定型收益,什么时候乃至最终能否实现收益,在处置时基本无法确定,如股权投资收益即属于此种类型。折价、拍卖、变卖都产生转让的法律效果,属于物权性流转范畴,收益形式则都属于固定类收益,只要其他处置方式在这两个方面中的一个有所不同,便可称为抵押权实现方式的创新。

“协议转让”“交易平台挂牌再流转”实属“流转”的具体形式。其中,协议转让属于“流转”中的“转让”方式,与拍卖、变卖在本质上是相同的。[1] 交易平台挂牌再流转强调依托交易平台进行流转,[2] 就其“流转”一词的含义而言,作宽泛理解,可涵盖互换、转让、出租、转包、入股等方式。只是结合抵押权实现这一特殊语境(处置对象单向流动),至少需要将互换排除在外。转让本质上与拍卖、变卖相同。而出租、转包则属于债权性流转,在法律效果上与折价、拍卖、变卖有本质的不同,其作为抵押权实现方式无疑是一种创新。至于入股,

---

〔1〕 参见焦富民:《“三权分置”视域下承包土地的经营权抵押制度之构建》,载《政法论坛》2016 年第 5 期。

〔2〕 一些承包地经营权抵押试点规定在界定“流转”这一抵押权实现方式时规定了通过农村产权交易平台进行流转,在这些规定中,“流转”的含义实际上等同于《承包地经营权抵押办法》中的“交易挂牌再流转”。

就其法律效果,理论界一直有债权性流转说和物权性流转说之争,[1]笔者倾向于后者,囿于主题,这里不展开探讨。不过,无论是持物权性流转说还是债权性流转说,入股被公认是不同于转让、出租、转包的特殊流转方式。此外,入股作为一种股权投资,它的收益形式属于非固定类收益,从这个角度来看,其作为抵押权实现方式也可以说是一种创新。

"变更"实际上是"流转"的另一种表达,或者说是完成"流转"的一项手续。在笔者看来,将"变更"与"流转"并行规定,有违逻辑,徒增人们认知上的紊乱感。至于"变现",根据广西象州县等地的规定,实际上是协议折价、拍卖、变卖的统称。"集体回购",即由集体收购,实为将承包地转让给集体,本质上与拍卖、变卖并无不同。

"托管"是一种委托他人经营管理承包地,并以所得收益优先还债的制度安排。根据相关试点规定,"托管"不同于"流转",采取托管的处置方式,并不导致承包经营权流转,抵押人不会丧失承包地经营权,这在本质上有别于物权法规定的抵押权实现方式,由此可纳入创新的实现方式范畴。

"收储"在一般语境中指的是"收购 + 储备",本质上与"变卖"相同。在承包地经营权的处置中,根据相关试点规定,其指的是"委托 + 处置",某种程度上亦可纳入托管的范畴,但就其"处置"的方式来看,又表现为流转、托管等多种方式。因此,这种"收储"更多是概念上的重塑,以及技术上对流转、托管等方式的"整合和组装"。析言之,"收储"本身难言创新,即便在某些情形下体现出创新性,也只是因其具体采用的处置方式而可归入诸如出租、托管等创新方式范畴。

综合来看,在既有相关试点规定的土地经营权抵押权实现方式中,可称为创新的有:出租(转包)、入股等流转方式和托管。值得进一步探讨的是,在土地经营权抵押制度构建层面,如何将它们在法律上妥适地表达出来?

3. 土地经营权抵押权实现方式创新的法律表达

作为土地经营权抵押权实现的创新或者说特殊方式,宜以何种形式嵌入

---

[1] 参见高海:《土地承包经营权入股的法律性质探析》,载《法学论坛》2011 年第 3 期;温世扬、张永兵:《土地承包经营权入股之法律性质辨析》,载《河南财经政法大学学报》2014 年第 1 期;朱广新:《土地承包权与经营权分离的政策意蕴与法制完善》,载《法学》2015 年第 11 期;高圣平:《论承包地流转的法律表达——以我国〈农村土地承包法〉的修改为中心》,载《政治与法律》2018 年第 8 期。

何许法律制度体系？站在不同的制度体系、概念体系，如何进行转换与衔接？

(1)入法路径

总体而言，不宜在物权法担保物权制度中就土地经营权抵押权的创新实现方式作出规定，但需要在其一般抵押权实现方式条款中规定“法律法规另有规定的，从其规定”以示衔接。进而，在土地经营权抵押专门立法中就抵押权实现方式作出具体规定，这是务实的最佳选择。

有学者提出，作为一种担保，土地经营权抵押只能采用嵌入的方式纳入现存担保制度体系中，“专门立法没有必要，也不科学”。[1] 诚然，土地经营权抵押权是一种担保物权，应纳入物权法担保物权制度体系。不过，我国目前还没有，在短期内也难以真正将土地经营权确立为一般抵押财产，土地经营权抵押规则的构建有诸多特殊之处需要考量。

正因为如此，对于土地经营权抵押这一复杂而又特殊的制度内容，《农村土地承包法》(2018 年)总体上也仅作出了一般性的规定。该法第 47 条还特别规定一款：“土地经营权融资担保办法由国务院有关部门规定”，为土地经营权抵押专门立法及细化规定有关规则留下衔接空间。

作为民事基本立法，原则上仅规定基础性、普遍性的内容，对于特殊制度安排，一般由民事特别法规定。我国《民法典》物权编有关规定体现了此种精神。但是，抵押权实现方式条款未顾及土地经营权抵押权实现的特殊性而留有可使用其他特殊方式的余地，颇为遗憾。[2] 就此，一种较为节省立法成本的方案是，以现行规定为基础，增加一款：“法律法规另有规定的，从其规定。”如此一来，既不用颠覆性重构现行已然运行成熟的抵押权实现制度体系，又可为土地经营权抵押权实现等特殊制度相机进行创新留下空间。

特别是，一般(传统)抵押权的实现方式在很大程度上不能适用于土地经营权抵押，而土地经营权抵押权的实现方式很大程度又需要与土地经营权流转等制度、概念体系对接，在土地经营权抵押专门立法中就抵押权实现方式作

---

〔1〕 参见许明月：《农村承包地经营权抵押融资改革的立法跟进》，载《比较法研究》2016 年第 5 期。

〔2〕 《民法典》第 410 条规定：“债务人不履行到期债务或者发生当事人约定的实现抵押权的情形，抵押权人可以与抵押人协议以抵押财产折价或者以拍卖、变卖该抵押财产所得的价款优先受偿。协议损害其他债权人利益的，其他债权人可以请求人民法院撤销该协议。抵押权人与抵押人未就抵押权实现方式达成协议的，抵押权人可以请求人民法院拍卖、变卖抵押财产。抵押财产折价或者变卖的，应当参照市场价格。”

出具体规定，也有利于更加顺畅地借助相应的概念体系来进行表达。

(2)规范表达

在传统政策立法表述中，土地经营权出租（转包）、入股属于承包地流转制度体系中的概念，土地托管则被视为农业社会化服务（农业生产托管）的一种典型形式。[1] 对于这些分属不同制度体系、话语体系的概念，需要找到一种合适的方式写入抵押权实现制度体系。

其一，出租（转包）、入股等流转方式。一些地方试点规定将“流转”与“拍卖”、“变卖”等并列规定为土地经营权抵押权的实现方式。就此，有学者指出，“‘拍卖’‘变卖’‘协议变现’均为‘流转’的方式，将其与‘流转’相并而论，不仅违背法律逻辑，而且使人无法明确含义”。[2] 应当说，这种规定方式确实存在上述问题，但同时也反映出土地经营权抵押权实现方式在立法表达上的一个难题。

就实质层面而言，目前抵押权可以说都是以“流转”的方式实现，但准确来讲，也只能对应“流转”中的“转让”方式。诸如出租（转包）、入股等一些“流转”方式不能反过来归入物权法规定的抵押权实现方式范畴。

如果基于土地经营权抵押应嵌入物权法担保物权制度体系，就土地经营权抵押权实现方式的法律表达，亦坚持以一般抵押权实现制度的概念体系为基础来构造相应规则，那么以“拼接”的方式作出相应规定，似乎是一种务实的问题解决之道。在《民法典》物权编规定的抵押权实现方式之外，再规定一个“流转”，可以较为完整而又精练地表达出这样一种意思，即土地经营权抵押权实现可以视情况采取多种流转方式处置土地经营权。但是，这种规定方式确也存在表达不够严谨的问题，毕竟“流转”中的“转让”实质上与拍卖、变卖、折价相同。

作为解决方案之一，可以考虑将“流转”替换为“出租（转包）、入股等流转方式”加以规定。[3] 立法技术上，单独规定一项：“采取出租（转包）、入股等流

---

[1] 参见2016年、2017年、2019年、2020年的中央一号文件；2017年原农业部、国家发展改革委、财政部《关于加快发展农业生产性服务业的指导意见》。

[2] 高圣平：《承包土地的经营权抵押规则之构建——兼评重庆城乡统筹综合配套改革试点模式》，载《法商研究》2016年第1期。

[3] 关于“出租”和“转包”的关系，理论界与实务界均有不同见解，相关法律法规和政策在表述上也不尽相同，《农村土地承包法》(2018年)第36条表述为“出租（转包）”，这里以此为遵循。

转方式处置土地经营权,以所得流转收益优先受偿。”其中,“等”字用以预留空间,例如,理论与实践提出的信托流转,[1]考虑《农村土地承包法》未明确将其列举为流转方式,这里也不宜列举出来,但根据现实需要可通过解释将其纳入“等”字范畴。诚然,这种规定在形式上难以彻底避免所谓逻辑不够严谨的问题,但有理由相信,结合体系性解释等多元解释方法的运用,能够将“具体的个案事实与这些规则合乎逻辑地连接起来”[2]。不过,这种方案或许会因为概念杂糅而让人感到别扭。

解决方案之二,是以农村土地制度的概念体系为基础来构造相应规则。凡是实现土地经营权抵押权将发生承包地流转法律效果的,在土地经营权抵押权实现方式的规范表达中,使用诸如转让、出租(转包)、入股等概念。使用这些已经为农村土地承包法所确认的常用法律概念,来表达相应的制度意涵,或许更为准确。毕竟因土地经营权抵押权实现而需要流转承包地,最终还是要遵循《农村土地承包法》(2018 年)有关流转规则来进行处置。

鉴于承包方抵押和受让方抵押中的抵押权实现方式不尽相同,集中体现为前者不可采取转让方式,而后者可以,在立法操作上,宜进行区分设计。例如,较为完整的表述为:通过家庭承包方式取得土地承包经营权的农户以承包地的土地经营权设定抵押的,抵押权实现时可以依法采取出租(转包)、入股等流转方式处置土地经营权,抵押权人以该土地经营权流转所得价款优先受偿。通过合法流转方式获得土地经营权的农业经营主体以流转取得的土地经营权设定抵押的,抵押权实现时可以依法采取转让、出租(转包)、入股等流转方式处置土地经营权,抵押权人以该土地经营权流转所得价款优先受偿。

其二,托管。在土地经营权抵押有关试点规定中,托管与流转往往被作为不同的抵押权实现方式而予以同时规定。此外,根据有关政策文件的表述,土

[1] 相关研究,参见高圣平:《农地信托流转的法律构造》,载《法商研究》2014 年第 2 期;徐海燕、张占锋:《我国土地经营权信托模式的法律思考》,载《法学杂志》2016 年第 12 期;陈敦:《土地信托与农地“三权分置”改革》,载《东方法学》2017 年第 1 期;马建兵、王旭霞:《农村土地信托受托人主体性分析及立法选择》,载《社会科学家》2018 年第 12 期;袁泉:《中国土地经营权信托:制度统合与立法建议》,载《重庆大学学报(社会科学版)》2018 年第 6 期;房绍坤、任怡多:《新承包法视域下土地经营权信托的理论证成》,载《东北师大学报(哲学社会科学版)》2020 年第 2 期。

[2] 雷磊:《法律概念是重要的吗》,载《法学研究》2017 年第 4 期。

地托管不同于土地流转，前者是在不流转土地经营权的条件下将农业生产的全部或部分环节委托给服务组织完成或协助完成的服务型规模经营形式；后者则属于土地流转型规模经营形式。[1] 一般认为，相较土地流转，土地托管对于农户等经营主体有特别的优势，在流转中，农户需完整地将经营权移转，丧失对土地收益的剩余索取权，仅获得固定的流转收益；而在托管中，农户仍享有剩余索取权。[2] 总体观之，托管不属于流转的范畴，这可以说已经成为一种广泛存在的认知。[3]

此外，托管也不能包含于物权法规定的一般抵押权实现方式中。一些学者提出需要在物权法规定的抵押权实现方式之外增加诸如"强制管理""托管经营"的方式用以处置承包地经营权。它们的含义实质上与相关试点规定的"托管"相同。它们都强调委托他人管理(经营)抵押财产、不改变抵押财产权属或者说不流转承包地经营权。

基于以上分析，除了前述转让、出租(转包)、入股等流转方式之外，还可将托管单独确立为土地经营权抵押权实现的一种方式。而且鉴于托管不发生承包地流转，不存在无法"保证农户承包权"的问题，无论在承包方抵押还是受让方抵押情形中，都可适用。至于在立法上使用何种称谓，可能"托管"相较"强制管理""接管经营"更为适宜。一方面，"托管"已在土地经营权抵押等"三农"政策和实践中较为广泛地使用；另一方面，"托管"可以涵盖协议托管和强制托管两层含义，它们应当都可以用于处置土地经营权，而"强制管理"的语义所指是限于"强制"托管，在立法中使用此概念有一定的局限性。相应规范可

---

〔1〕 参见2017年原农业部、国家发展改革委、财政部《关于加快发展农业生产性服务业的指导意见》"五、不断创新服务方式"之"(十八)大力推广农业生产托管"。另参见2016年、2017年、2019年、2020年的中央一号文件。

〔2〕 参见于海龙、张振：《土地托管的形成机制、适用条件与风险规避：山东例证》，载《改革》2018年第4期。

〔3〕 参见陈义媛：《土地托管的实践与组织困境：对农业社会化服务体系构建的思考》，载《南京农业大学学报(社会科学版)》2017年第6期；孙新华：《村社主导、农民组织化与农业服务规模化——基于土地托管和联耕联种实践的分析》，载《南京农业大学学报(社会科学版)》2017年第6期；胡凌啸等：《农资零售商转型驱动的土地托管模式实现机制研究——基于产业链纵向整合理论的解释》，载《中国农村观察》2019年第2期；孙小燕、刘雍：《土地托管能否带动农户绿色生产?》，载《中国农村经济》2019年第10期；孙小燕等：《土地托管与兼业农户粗放种粮的缓解机制及效果检验》，载《中国人口·资源与环境》2021年第6期；豆书龙、张明皓：《中国特色土地托管实践的多元理论分析》，载《西北农林科技大学学报(社会科学版)》2021年第4期；豆书龙、张明皓：《供销部门土地托管何以遭遇困境?——以山东省共享县为例》，载《中国农村经济》2021年第1期。

表述为:抵押权人和抵押人可以选择第三方对抵押土地托管运作,所得收益优先偿还债务。双方无法达成协议的,抵押权人可以请求人民法院实施强制托管。

第五章　土地经营权流转审查审核法律制度

我国《农村土地承包法》(2018 年)第 45 条新增一项重要规定,即县级以上地方政府应当建立工商企业等社会资本通过流转取得土地经营权的资格审查、项目审核制度。不过,此项审查审核的性质是什么以及如何开展,《农村土地承包法》未予明确,而是授权“具体办法由国务院农业农村、林业和草原主管部门规定”。

为落实 2018 年修正的《农村土地承包法》,农业农村部对《农村土地承包经营权流转管理办法》(已失效)进行修订,于 2021 年 1 月出台了《农村土地经营权流转管理办法》。《农村土地经营权流转管理办法》(2021 年)虽然对土地经营权流转审查审核制度作出了相对具体的规定,但在不少问题上也未提供清晰无疑的规则。[1]

例如,《农村土地经营权流转管理办法》(2021 年)第 29 条第 4 项规定:“审查审核通过的,受让主体与承包方签订土地经营权流转合同。未按规定提交审查审核申请或者审查审核未通过的,不得开展土地经营权流转活动。”实践中,如果当事人未经审查审核而径行签订流转合同,开展流转活动,究竟应承担何种不利后果,如合同效力如何、是否给予相应处罚,从《农村土地经营权流转管理办法》(2021 年)文本中无从所知。2020 年 12 月修订的《土地承包纠纷

〔1〕《农村土地经营权流转管理办法》(2021 年)也采取了“授权立法”的做法,第 32 条规定:“县级以上地方人民政府可以根据本办法,结合本行政区域实际,制定工商企业等社会资本通过流转取得土地经营权的资格审查、项目审核和风险防范实施细则。”

司法解释》对于这个问题也没有回应。

当前土地经营权流转审查审核的具体规则之所以模糊不清(有意或是无奈),地方在实施过程中有时感到无所适从,很大程度上是因为制度定位含混。对于土地经营权流转审查审核的定位,立法者的阐释和回应不明晰,有一种“犹抱琵琶半遮面”之感,各界认知亦莫衷一是。

例如,《农村土地承包法》(2018 年)出台后,全国人大农业与农村委员会专家编写的法律释义明确指出,第 45 条有关审查审核的规定旨在为设立行政许可提供法律依据,[1]而全国人大常委会法工委专家编写的法律释义则未予此般直接回应,只是笼统指出县级以上地方政府是“对工商企业等社会资本流转土地经营权进行风险控制的主体”,“承担社会资本流转土地经营权资格审查、项目审核、风险防范的主体责任”。[2] 农业农村部有关负责人在对《农村土地经营权流转管理办法》(2021 年)进行解析时也没有就土地经营权流转审查审核的性质进行说明。[3] 在理论界,有观点认为从立法讨论和规定的情况来看,土地经营权流转审查审核的行政许可属性是明确的,但也有观点对设置行政许可意义上的土地经营权流转审查审核制度提出了疑虑。[4] 及至 2022 年 1 月,在我国全面实行行政许可事项清单管理的背景下,国务院办公厅以通知附件形式发布的《法律、行政法规、国务院决定设定的行政许可事项清单(2022 年版)》列明“工商企业等社会资本通过流转取得土地经营权审批”属于行政许可事项。[5] 尽管如此,从笔者调研了解的情况看,农民、农业经营主体和相关管理部门对这项制度普遍有一种“无所适从”之感。

鉴于制度的定位直接关乎制度构建的走向,制度的实施亦需要统一、明确、坚定的共识基础,本章总体上首先聚焦土地经营权流转审查审核的立法定位展开探讨,再基于定位进一步探讨具体制度的构建。在具体研究思路上,考

[1] 参见何宝玉主编:《〈中华人民共和国农村土地承包法〉释义》,中国民主法制出版社 2019 年版,第 113 页。

[2] 参见黄薇主编:《中华人民共和国农村土地承包法释义》,法律出版社 2019 年版,第 154 页、第 193 ~ 195 页。

[3] 参见李慧:《农村土地经营权流转四问——解析〈农村土地经营权流转管理办法〉亮点》,载《光明日报》2021 年 2 月 5 日,第 4 版。

[4] 参见高圣平:《农村土地承包法修改后的承包地法权配置》,载《法学研究》2019 年第 5 期。

[5] 参见国务院办公厅《关于全面实行行政许可事项清单管理的通知》(国办发〔2022〕2 号)。

虑经政策推动和试点实践,待成熟后再以法律确认,是我国农村土地制度改革的惯常模式,[1]笔者首先回顾土地经营权流转审查审核的政策推动背景,以此理解制度设计的缘起;其次考察地方探索实践情况,审视实务困惑;在此基础上,结合《行政许可法》(2019 年)的规定,就本书所持的制度定位立场进行分析;最后立足这个定位,探讨土地经营权流转审查审核具体制度的构建。

一、土地经营权流转审查审核的政策推动

(一)政策推动的文本回顾

工商企业等社会资本进入农业,对于带动农业产业化发展具有积极作用,但也会带来一些问题,如长时期、大面积租赁农地,容易抬高农地流转价格和农业生产经营成本,挤占农民就业空间,加剧耕地"非粮化""非农化"倾向,[2]可能导致农村社会治理结构发生不确定性变化,影响农村社会稳定。[3] 是故,对于工商企业等社会资本流转取得农地需要予以必要的警惕和规范。对此,中央早有清晰认识。2001 年《中共中央关于做好农户承包地使用权流转工作通知》(中发〔2001〕18 号)即指出,"为稳定农业,稳定农村,中央不提倡工商企业长时间、大面积租赁和经营农户承包地,地方也不要动员和组织城镇居民到农村租赁农户承包地"。只是由于早期工商企业租赁农地的情况尚不是特别突出,国家政策和立法并没有提出特别明确的限制。

随着我国总体进入以工促农、以城带乡的发展阶段,工商资本下乡被普遍认为是解决"三农"问题,推动城乡一体化发展的有效举措乃至必然要求。地方特别是"县乡政府对于工商资本下乡可谓情有独钟,至于城市资本下乡、按规范程序集中土地承包经营权开展规模化经营的,更是给予鼓励政策"。[4] 在

---

〔1〕 参见刘云生、吴昭军:《政策文本中的农地三权分置:路径审视与法权建构》,载《农业经济问题》2017 年第 6 期。

〔2〕 参见 2015 年原农业部、中央农办、原国土资源部、原国家工商总局《关于加强对工商资本租赁农地监管和风险防范的意见》(以下简称《工商资本租赁农地监管意见》);何宝玉主编:《〈中华人民共和国农村土地承包法〉释义》,中国民主法制出版社 2019 年版,第 112 ~ 113 页;黄薇主编:《中华人民共和国农村土地承包法释义》,法律出版社 2019 年版,第 192 页;高圣平、王天雁、吴昭军:《〈中华人民共和国农村土地承包法〉条文理解与适用》,人民法院出版社 2019 年版,第 294 页。

〔3〕 参见李永生、程鸿飞:《工商企业租赁农户承包耕地要监管》,载《农民日报》2013 年 2 月 2 日,第 2 版。

〔4〕 赵俊臣:《警惕基层政府操纵农地流转》,载《改革内参》2011 年第 10 期。转引自韩松:《新农村建设中土地流转的现实问题及其对策》,载《中国法学》2012 年第 1 期。

此背景下,工商企业等社会资本租赁农地的态势不断发展。据原农业部有关统计,截至2012年12月底,全国家庭承包耕地流转面积达到2.7亿亩,其中流入工商企业的耕地面积为0.28亿亩,比2009年增加115%;[1]截至2016年年底,全国家庭承包耕地流转面积共计4.79亿亩,其中流入企业的耕地面积为0.46亿亩。[2]

伴随工商企业租赁农地的规模快速增长,潜藏其中的隐患逐步显现,有关流转纠纷呈不断上升趋势。人们对社会资本特别是工商企业大规模租赁农地的担忧日益强烈,进而呼吁对此进行限制。例如,有学者立足调研提出,在农地流转中要节制资本,防止资本对农民土地的兼并导致农民失业破产;[3]应对工商企业租赁农地设定严格的资质和条件,限定工商企业不得大面积、长时间租赁农地等。[4]

基于我国农业农村实际,2013年中央一号文件首次明确但也仅是原则性提出"探索建立严格的工商企业租赁农户承包耕地(林地、草原)准入和监管制度"。之后,我国于政策层面就加强工商企业(资本)租赁农地的监管和风险防范不断予以强调。

2014年中共中央办公厅、国务院办公厅印发的《关于引导农村土地经营权有序流转发展农业适度规模经营的意见》进一步指出,"各地对工商企业长时间、大面积租赁农户承包地要有明确的上限控制,建立健全资格审查、项目审核、风险保障金制度,对租地条件、经营范围和违规处罚等作出规定。工商企业租赁农户承包地要按面积实行分级备案,严格准入门槛,加强事中事后监管"。

2015年中央一号文件提出,"尽快制定工商资本租赁农地的准入和监管办法,严禁擅自改变农业用途"。2015年原农业部等4部门专门联合印发《工商资本租赁农地监管意见》,进一步提出"对工商资本租赁农地实行分级备案,严

---

[1] 参见李永生、程鸿飞:《工商企业租赁农户承包耕地要监管》,载《农民日报》2013年2月2日,第2版。

[2] 参见农业部经管总站体系与信息处:《2016年农村家庭承包耕地流转情况及纠纷调处情况》,载《农村经营管理》2017年第8期。

[3] 参见韩松:《新农村建设中土地流转的现实问题及其对策》,载《中国法学》2012年第1期。

[4] 参见张云华:《规范农地租赁 谨防土地兼并——关于工商企业大规模租赁农地行为的调研报告》,载《中国土地资源报》2011年12月19日,第7版。

格准入门槛，探索建立程序规范、便民高效的工商资本租赁农地资格审查、项目审核制度”，并对组织实施工作作了较为具体的安排。2015 年中共中央办公厅、国务院办公厅印发的《深化农村改革综合性实施方案》亦强调“对工商资本租赁农户承包地作出明确规定，建立严格的资格审查、项目监管和定期督查机制，禁止以农业为名圈占土地从事非农建设，防止‘非粮化’现象蔓延”。

2016 年中央一号文件重申“完善工商资本租赁农地准入、监管和风险防范机制”。2016 年中共中央办公厅、国务院办公厅印发的《完善三权分置意见》亦再强调“完善工商资本租赁农地监管和风险防范机制，严格准入门槛”。

（二）政策文本中的确定与不确定

总体而言，中央提出建立工商资本租赁农地的资格审查、项目审核制度的出发点在于加强土地经营权流转的风险管控。应当说，加强风险管控是“放活土地经营权”，引导土地经营权有序流转的重要基础性工作。因为在某种程度上，制度实践的生命力取决于该制度良好的风险控制能力。据此，尽管我国实施承包地“三权分置”的重点是“放活土地经营权”，但加强土地经营权流转风险管控亦需协同推进。而严格准入门槛，加强土地经营权流转审查审核，由此强化风险源头管控，对于预防和减少土地经营权流转风险具有重要的意义。[1]

然而不确定的是，“严格准入门槛”“建立严格的工商企业租赁农户承包耕地准入制度”等政策要求在法律层面究竟体现为何种性质的制度安排。直观上建立工商企业租赁农地的准入制度，意味着增设行政许可，有关立法部门专家便持这种观点。[2] 但是，根据我国《行政许可法》（2019 年）的规定，行政许可的设定须有法律依据。至少在《农村土地承包法》（2018 年）出台前，缺乏这样的法律依据。更何况，即便《农村土地承包法》（2018 年）新增第 45 条的有关规定后，该规定是否一定意味着设定行政许可，也并非清晰无疑。2013 年中央一号文件提出探索建立工商企业租赁农户承包耕地准入和监管制度后，便引发了这“有没有什么法律依据”的疑问。对此，原农业部农村经济体制与经营管理司负责人一方面指出“许多国家和地区都有限制工商企业直接经营农地

---

〔1〕 参见李长健、杨莲芳：《三权分置、农地流转及其风险防范》，载《西北农林科技大学学报（社会科学版）》2016 年第 4 期。

〔2〕 参见刘振伟：《完善农村土地承包制度》，载全国人大农业与农村委员会法案室编著：《农村土地承包法律制度研究》，中国法制出版社 2017 年版，第 20 页。

的法律规定”,另一方面则援引《农村土地承包法》(2002年)第33条第4项和第48条第2款规定[1]作了简单回应。[2] 应当说,其援引的这两项规定都远不足以作为设定行政许可的直接依据,因为前者并没有规定需由行政部门审查受让方是否具有农业经营能力;后者中的“审查”也只是由发包方而非行政部门审查,且仅限于对外发包“四荒地”情形。

且不论法律依据问题,从深层次讲,将土地经营权流转审查审核确立为行政许可也面临不少疑虑。党的十八大以来我国深入推进简政放权,“三权分置”改革也以“放活土地经营权”为重点,在此背景下增设行政许可,似乎与相应改革方向不太匹配。在《农村土地承包法》修改过程中,就土地经营权流转,有意见提出“应当报地方人民政府备案”。但考虑“各地政府都在开展‘放管服’改革,报送政府备案与简政放权的改革方向不匹配”等原因,该意见未被采纳。[3] 在一般的土地经营权流转层面上,行政备案未获认可,针对社会资本流转取得土地经营权,却又增设行政许可,这是否妥当,尽管后者有其特殊性。例如,有学者指出,建立土地经营权流转审查审核制度的主要目的是“防止土地过度集中和确保农地农用”,而为达到该目的,“是否一定要通过增设行政许可的方式”?[4]

此外,中央有关政策文件在提出建立工商资本租赁农地资格审查、项目审核制度的同时,亦提出要按面积实行分级备案。对于此中备案与审查审核的关系,相关文件未予明确。一般认为,根据文件精神,在操作上应是先通过审查审核再备案。不过,个别文件也偶尔使用了“备案审查”的提法。[5] 无论作何种理解,不无疑问的是,在定位上审查审核究竟是属于备案的范畴,还是属于与备案相互独立的制度安排?若是前者,就不宜再将审查审核设定为行政许可,否则就沦为名为备案实为许可的“变相许可”。若是后者,也存在审查审

---

[1] 前者规定:“受让方须有农业经营能力。”后者规定:“由本集体经济组织以外的单位或者个人承包的,应当对承包方的资信情况和经营能力进行审查后,再签订承包合同。”

[2] 参见李永生、程鸿飞:《工商企业租赁农户承包耕地要监管》,载《农民日报》2013年2月2日,第2版。

[3] 参见黄薇主编:《中华人民共和国农村土地承包法释义》,法律出版社2019年版,第154页。

[4] 参见高圣平:《农村土地承包法修改后的承包地法权配置》,载《法学研究》2019年第5期。

[5] 《工商资本租赁农地监管意见》之“三、加强工商资本租赁农地规范管理”中指出“要通过备案审查准确掌握工商资本租地情况,以利更好实施监督”。

核如何定位以及如何协调其与备案关系的问题，假如将审查审核设定为行政许可，那备案似乎就没有同时存在的必要。

一方面，前述立法部门专家指出建立工商企业租赁农地的准入制度，意味着增设行政许可；另一方面，又提出在立法上可“对建立工商资本租赁农地准入制度作出授权性规定，明确工商企业租赁农户承包地实行备案制，包括资格审核、项目审核、租地条件、经营范围等”。[1] 其后一主张实质上便是将审查审核纳入备案的范畴，而这就与其前一主张存在抵牾。客观而论，前后两项主张分别来看都各有其依据，但置于整体视角下则陷入一种两难境地。这种境况在很大程度上导致了后文所述的实务困惑，也为清晰定位土地经营权流转审查审核制度带来了困难。

二、土地经营权流转审查审核的探索实践

（一）探索实践中的典型做法

中央提出探索建立工商资本租赁农地的资格审查、项目审核和分级备案制度，地方层面也积极跟进。据统计，到 2018 年全国已有 20 多个省（自治区、直辖市）出台了有关对工商企业租赁农地进行审查审核和监管的政策文件。[2]

根据“严格准入门槛”等政策精神，土地经营权流转审查审核应是实质性的，审查审核通过方予备案，否则不予备案，或是先备案然后进行审查审核；无论谁先谁后，若不能通过审查审核，就不能进行土地经营权流转。循此安排，土地经营权流转审查审核实质上具有行政许可性质。但是，诚如前述，至少在《农村土地承包法》（2018 年）出台前，就土地经营权流转实施行政许可缺乏法律依据。

为了避免法律风险，实践中大体有两种思路：一是淡化或模糊审查审核结果的刚性效力。例如，仅规定不符合审查审核条件的，不享受有关扶持、优惠

〔1〕 参见刘振伟：《完善农村土地承包制度》，载全国人大农业与农村委员会法案室编著：《农村土地承包法律制度研究》，中国法制出版社 2017 年版，第 20 页。

〔2〕 参见何宝玉主编：《〈中华人民共和国农村土地承包法〉释义》，中国民主法制出版社 2019 年版，第 113 页。

政策,或是再加上诸如“与国家法律政策相抵触的,要进行限制或禁止”[1]“要责令企业(组织或个人)进行整改”[2]之类的规定。二是将审查审核解释为备案的内在环节。[3] 在笔者调研过程中,重庆市巴南区农村经营管理站一位一线工作人员便告知,他们在开展这项工作时也是心存顾虑,面对当事人有关增设行政许可的质疑,有时不得不进行此种变通解释。

就土地经营权流转审查审核与分级备案的衔接,实践中大体有“审查备案”(先审查后备案)或是“备案审查”(先备案后审查)[4]这样两种制度安排。囿于可靠的一手资料难以全面收集,[5]无法从统计学意义上得出哪种更占主流,但就笔者收集的资料来看,更多呈现为“审查备案”乃至简称“备案”的制度安排,只是在细节设计上不尽相同。为了提高分析的可靠性,本书着重以“审查备案”模式为对象,以笔者调研的重庆市巴南区、[6]永川区[7]为例加以介绍和分析。

1.“审查备案”的基本流程。(1)巴南区:工商资本租赁农地需填报巴南区

---

[1] 参见福建省农业厅等3部门联合出台的《关于加强对工商资本租赁农地监管和风险防范的实施意见(试行)》(闽农经管〔2015〕259号)。这种规定回避了“若不通过审查审核,是否限制或禁止”这个问题。与此对应的另一种写法则更清晰,如重庆市农业委员会等3部门联合出台的《关于加强对工商资本租赁农地监管和风险防范的指导意见》(渝农发〔2015〕283号)指出,“不符合(审查审核)相应条件或与国家法律、法规和政策相抵触的,要进行限制或禁止”。

[2] 参见河北省农业厅等4部门联合出台的《关于加强对工商资本租赁农地监管和风险防范的实施意见》(冀农管发〔2015〕45号)。不过,至于当事人不整改,又当如何,无从知晓。

[3] 这种做法实际上在其他领域也存在。例如,我国食品安全企业标准备案便存在“审查备案”运行模式,即把“备案”理解为“审查备案”,反过来则又将“审查备案”解释为“备案”。参见沈岿:《食品安全企业标准备案的定位与走向》,载《现代法学》2016年第4期。

[4] 河北省农业厅等4部门联合出台的《关于加强对工商资本租赁农地监管和风险防范的实施意见》(冀农管发〔2015〕45号)可谓确立了“备案审查”的制度安排,其指出,“审查审核应规定具体时限,一般不超过接受申请或备案后的15个工作日内完成,并提出书面审查审核意见”。

[5] 笔者通过北大法宝法律法规(地方性法规)数据库,以“工商资本租赁农地”为关键词进行检索,仅命中目标8个,均为地方规范性文件或工作文件,其中2个为省级文件,6个为县、市级文件(其中2个还是重复的)。以“工商企业租赁农地”为关键词,依循上述路径进行检索,仅命中目标2个,分别为2011年福建省、浙江省原国土资源厅转发原国土资源部《关于严禁工商企业租赁农地后擅自改变用途进行非农建设的紧急通知》(2011年)的通知。又以“工商资本租赁农地”+省份名称(如湖南)作为关键词在百度搜索引擎进行检索,能检索到的可靠完整规范文本也极少。最后检索时间2021年11月9日。

[6] 关于巴南区探索实践情况的介绍,主要参考巴南区农业委员会等3部门联合下发的《巴南区加强对工商资本租赁农地监管和风险防范实施意见》(巴南农业发〔2016〕63号,以下简称《巴南区意见》)、《重庆市巴南区人民政府办公室关于实施流转农村土地会商制度的通知》(巴南府办发〔2018〕38号)。

[7] 关于永川区探索实践情况的介绍,主要参考永川区农业委员会等3部门联合下发的《关于切实做好工商资本租赁农地监管和风险防范工作的通知》(永农委发〔2016〕31号,以下简称《永川区通知》);《永川区农村土地经营权流转管理实施办法》(永川府办发〔2019〕83号)第9条、第38条等。

工商资本租赁农地审查备案表,[1]一般由“镇(街)对备案表所填写的内容初审后签署意见,并报区农业委员会审查备案”。对于100亩以上土地流转事宜,须经区政府常务会议研究审议,审议通过后由区农委备案;若流转土地超过1000亩,则经区政府常务会议初审后报市农委备案。(2)永川区:土地经营权流转按“协商洽谈—资格审查—签订合同—履约保证—备案归档”的程序进行。其中,“资格审查”包括两个层级,一是村级初审,二是镇街评审。通过审查的,签订流转合同。签订流转合同后,所有合同无论面积大小,村组都应向镇街土地流转服务中心备案;流转规模50亩以上的,镇街应报区农委备案;流转规模1000亩以上的还需报市农委备案。

2. 审查审核的主要事项。(1)巴南区:审查审核的重点是经营主体的资质、商业信誉、征信情况、农业持续经营能力、租赁土地的经营项目、土地用途、风险防范以及是否符合当地产业布局和现代农业发展规划。(2)永川区:重点对受让方资质信用、资金实力、技术水平、经管能力等进行资格审查;对受让方项目建设内容、产业发展规划、社会经济效益等进行项目评估。

3. “审查备案”的基本效力。(1)巴南区:符合审查条件并按相应条件生产经营的租地主体“可以享受相关产业扶持政策和优惠措施”;否则,“不得享受”。此外,根据《重庆市巴南区农村土地经营权证登记管理办法(试行)》(巴南府发〔2017〕14号)第8条的规定,土地经营权证申领需要提供“土地流转备案证明”。这意味着未经备案,无法申请土地经营权证。(2)永川区:通过“资格审查”的,签订流转合同;未通过的,告知流转双方,流转程序终止。未按规定备案,经镇街、区农委告知仍未完善备案手续的,录入相关企业信用信息公示平台,并对其失信行为在惠农政策扶持、财政资金补贴等方面予以限制。

(二)探索实践中的两难境地

淡化或模糊审查审核结果的刚性效力,可能导致当事人不重视、不参与,审查审核部门也不重视、走过场的工作局面,而这显然无法有效落实“严格准入门槛”的政策精神。

---

〔1〕《巴南区意见》正文中表述的是“巴南区工商资本租赁农地备案表”,但附件表格载明的名称为“巴南区工商资本租赁农地审查备案表”。这从一个侧面也反映出将“审查备案”解释为“备案”的内在倾向。

将审查审核解释为备案的内在环节，也会面临以下两难境地，要么处于名为备案实为许可的状态而招致变相设置行政许可的诘难，要么因定位为备案而出现耗费审查机关大量成本却不能收到适当收益的问题。[1] 这里着重就后者进行阐释。

一方面，土地经营权流转审查工作难度大、成本高。首先，审查涉及的事项较多，且需对有关内容进行实质性审查。其次，审查依据的标准并不明确。如资格审查的重点是评估受让方是否具有适宜的农业经营管理能力，而这很难设计精细化的判断标准，若寻求设计精细化标准，同样需要付出较高的制定和执行成本。最后，审查主体的审查能力堪忧。流转审查本身难度大，而现实中有关部门审查工作人员有限，能力和意识也是参差不齐，如何既兼顾审查效率又保证审查质量是一个不小的难题。

另一方面，土地经营权流转审查的意义和效益存疑。若把审查解释为备案的内在环节，而备案在法律上对当事人的约束力有限，投入大量成本开展的审查有多大的意义，这是实务中的又一大困惑。为了推动审查备案工作，地方实践中往往通过宣传以及把审查备案和扶持政策挂钩，引导或促使当事人积极配合。但这更多是一种正向激励或软约束，当事人并不一定积极响应。虽然有地方作出诸如“资格审查未通过，流转程序终止”之类的规定，但由于缺乏上位法依据，当事人即便未通过审查备案而径行签订流转合同，在法律层面也不能据此否定其合同效力，阻止其开展流转活动。

此外，当事人的经营能力等情况是变化的，即便通过审查备案，也不一定能够完全避免流转风险，这又进一步增加了审查者的疑惑。加之严格把关会增加自身负担且易遭受当事人诘难，审查主体有时会有懈怠心理乃至敷衍了事。然而法律上又缺乏明确的针对审查主体的责任追究措施，难以从法律层面进行追责。为了回应该难题，一些地方只有通过其他方式施压。例如，《永川区通知》指出，“凡未按要求严格审核备案，发生流转权属争议、欠缴租金、生产经营引发的矛盾纠纷、信访突出问题，按照‘属地管理’和‘谁主管、谁负责’原则处理”。这类责任追究机制更多是政治问责、行政问责，存在问责形式过于笼统、问责机制较为模糊等问题。

---

[1] 参见沈岿：《食品安全企业标准备案的定位与走向》，载《现代法学》2016 年第 4 期。

三、将土地经营权流转审查审核设定为行政许可的理据

客观而论，无论对土地经营权流转审查审核作何种定位，都会有利有弊，关键在于利弊取舍。从逻辑上讲，在确定制度安排时，应当先进行政策选择，然后再进行制度设计。[1] 基于政策推动和探索实践情况，将土地经营权流转审查审核确立为行政许可应是妥适和务实的选择。为了规范行政许可的设定，我国《行政许可法》(2019 年)第 12 条、第 13 条分别就"可以设定"和"可以不设"行政许可的事项进行了规定。本部分结合这两条规定进一步展开分析。

(一)政策考量："可以设定"的依据

《行政许可法》(2019 年)第 12 条第 1 项至第 5 项列举规定了五类可以设定行政许可的事项，第 6 项规定了一个兜底(开放)条款，即法律、行政法规可以根据需要对前五项规定之外的事项设定行政许可。

从宽泛意义上解释，将土地经营权流转审查审核设定为行政许可，可从《行政许可法》(2019 年)第 12 条前五项规定中找到依据。[2] 例如，《行政许可法》(2019 年)第 12 条第 1 项规定的事项范围本身就非常宽泛，对其设定行政许可的目的是防止危险和保障安全。[3] 社会资本流转取得土地经营权，往往是大面积、长时期占有农地，容易挤占农民就业空间，导致农村社会治理结构发生不确定性变化进而影响社会稳定；也更容易出现"非粮化""非农化"，从而影响国家粮食安全的问题。因此，对其设置行政许可意义上的审查审核制度也可说是为了防止危险和保障安全。

退一步讲，即便不能直接纳入《行政许可法》(2019 年)第 12 条前五项所规定的事项，诚如有学者所言，至少可归入第 6 项规定的事项，属于农村土地承包法的特殊政策考量。[4] 根据立法精神，为了防止滥设行政许可，在运用兜底条款设定行政许可时，应当比照前几项的性质和类别，应是那些通过事后补救难

---

〔1〕 参见杜万华主编：《最高人民法院公司法司法解释(四)理解与适用》，人民法院出版社 2017 年版，第 444 页。

〔2〕 《行政许可法》(2019 年)第 12 条第 1 项规定的是"直接涉及国家安全、公共安全、经济宏观调控、生态环境保护以及直接关系人身健康、生命财产安全等特定活动，需要按照法定条件予以批准的事项"。

〔3〕 参见张春生、李飞主编：《中华人民共和国行政许可法释义》，法律出版社 2003 年版，第 55 页。

〔4〕 参见高圣平：《农村土地承包法修改后的承包地法权配置》，载《法学研究》2019 年第 5 期。

以有效消除影响或者造成难以挽回的重大损害的其他事项。[1] 即便如此，将土地经营权流转审查审核设定为行政许可也符合这一精神。

实行土地经营权流转审查审核，旨在通过严格准入监管，强化土地经营权流转的风险源头管控。一般而言，严格准入监管意味着要实行预防性规制，而“预防性规制的基本方式是行政许可”[2]。

其一，着眼防止土地过度集中这一政策目标，需要通过设置行政许可才能有效实现。社会资本流转取得土地经营权有其特殊性，通常体现为长时间、大面积占有农地，使其成为“事实上的农地主人，农民难以收回自己的承包地”[3]。若不加以预防性规制以致形成土地过度集中的局面，会产生通过事后补救难以有效消除的风险隐患，如挤占农民就业和生存空间，导致农村社会治理结构发生不确定性变化。而当社会资本涉及外资时，其潜在影响更是不容忽视。正因为如此，中央文件特别强调对工商企业长时间、大面积租赁农地要有明确的上限控制。而要落实“上限控制”，实际上已必然要求实行许可制。

其二，即便作为次要的政策目标，行政许可意义上的土地经营权流转审查审核制度对于管控农地“非农化”“非粮化”建设、损害农民土地权益等风险具有重要作用。社会资本有强烈的逐利性特征。一些社会资本流转取得土地经营权并非真正从事农业经营，而是“借农业产业化经营之名行圈占农村土地之实”[4]，其主要目的或为“炒地”、套取政府补贴资金、从事非农业建设等。

一旦社会资本通过流转取得土地经营权长时间、大面积占有农地，对流转土地进行大规模开发利用，其往往是不可逆或是难以逆转的，纠偏的成本较大。例如，“非农化”“非粮化”的边界并非清晰无疑，若由于认知偏差或故意打“擦边球”等原因改变农地用途，即便依据土地用途管制制度事后可以解决，但对土地已经造成的损害难以弥补，而且会导致不必要的投入浪费。又如，一些社会资本缺少足够的农业经营能力但又出于各种原因大规模流转土地，后续

---

〔1〕 参见张春生、李飞主编：《中华人民共和国行政许可法释义》，法律出版社2003年版，第61页。

〔2〕 章剑生：《现代行政法基本理论》（上卷）（第2版），法律出版社2014年版，第374页。

〔3〕 张云华：《规范农地租赁 谨防土地兼并——关于工商企业大规模租赁农地行为的调研报告》，载《中国土地资源报》2011年12月19日，第7版。

〔4〕 刘振伟：《巩固和完善农村基本经营制度》，载《农村工作通讯》2019年第1期。

开发难以为继从而出现农地撂荒，引发租金纠纷等事件，影响社会稳定。单纯的事后纠纷解决机制难以消解这类影响。

（二）比较优势："可以不设"的回应

根据《行政许可法》（2019 年）第 13 条的规定，对于第 12 条规定的事项，若通过以下四种方式能够规范，可以不设行政许可：其一，公民、法人或者其他组织能够自主决定；其二，市场竞争机制能够有效调节；其三，行业组织或中介机构能够自律管理；其四，行政机关采用事后监督等其他行政管理方式能够解决。总的来看，第 1 项至第 3 项都属于非行政管理方式，其中，鉴于市场调节的基本要义是尊重市场主体自主决定，第 1 项和第 2 项又可统归市场调节的范畴，第 3 项则体现为社会中间主体自律管理。置于土地经营权流转这一特殊场景，本部分拟从以下两大层面，聚焦三个重点，论述《行政许可法》（2019 年）第 13 条规定的方式并不能有效实现土地经营权流转审查审核的政策目标。

1. 市场调节和农村集体组织管理不能有效实现政策目标

（1）市场调节失灵

现实中，农民总体上对于土地是否过度集中、流转对象的身份乃至流转土地的用途并不敏感，他们关注的重点是流转费用的高低及能否稳定支付。尽管一些农民意识到诸如土地过度集中、"非农化"和"非粮化"的风险与危害，但由于搭便车效应和社会惰化效应，从个体的角度也难以有效阻止。

在地方政府强化招商引资推动乡村振兴的大背景下，不少社会资本出于"炒地"、套取政府资金补贴，或是借"农文旅"融合发展、农村三产融合发展之名搞非农化建设，长时间、大面积租地，有的动辄几千上万亩。基于资本的逐利性，它们同样不会关注土地过度集中可能导致的社会治理结构改变、土地用途改变影响国家粮食安全等问题。事实上，也正是这些现象的存在且呈现出蔓延趋势，最终促使国家出台强化监管的政策立法。[1]

（2）农村集体组织（发包方）管理失灵

总体上，在既有农村土地承包政策立法框架下，发包方缺乏相应的管理动力、能力和手段。其一，承包方有权依法自主流转土地经营权，发包方不得强

---

〔1〕 参见李永生、程鸿飞：《工商企业租赁农户承包耕地要监管》，载《农民日报》2013 年 2 月 2 日，第 2 版。

迫或阻碍，至少无权以防止土地过度集中为由加以干预，而且对于跨组、跨村的大规模土地流转所形成的土地集中，单个发包方也无能为力。

其二，虽然承包方流转土地经营权依法要向发包方备案，但这种备案纯属报备性质，缺乏激励和约束机制。现实中，部分当事人并不积极备案，即便备案，也主要体现为资料存档，发包方没有动力也无法律依据开展实质层面的预防式管理。例如，虽然法律规定土地经营权流转应当遵循"不得改变土地的农业用途""受让方须有农业经营能力或者资质"等原则，但发包方并没有相应的管理权限，无从介入落实。

其三，对于土地经营权人擅自改变土地的农业用途、严重破坏土地生态环境等行为，虽然《农村土地承包法》(2018 年)第 64 条规定若承包方在合理期限内不解除流转合同，发包方有权要求终止，但是这属于事后补救机制，很多时候难以挽回重大损失，且发包方同样没有动力和足够的手段去落实。

2. 行政备案等其他行政管理方式不能有效实现政策目标

事后监督不能实现防止土地过度集中的目标，对于改变土地农业用途等情形虽有一定的规范作用，但也存在诸如难以挽回损失等局限性。此外，土地经营权流转审查审核在政策和立法层面均已成"既定事实"，是故，这里着重结合有关探索实践情况，就行政许可与行政备案两种制度安排进行比较分析。

根据中央文件精神，土地经营权流转审查审核是一种实质性审查。无论将审查审核解释为备案的内在前置环节还是确立为行政许可，既然审查审核必须是实质性的，那么它们均会面临一个共同的问题，即因审查工作难度大而耗费审查机关大量成本。二者的最大区别在于，审查审核作为备案内在前置环节时，其对当事人权利的影响相对较小，柔性执行空间大，对审查机关的要求和压力相对较小；而作为行政许可时，则刚好反之。此中差异将使土地经营权流转审查审核设定为行政许可能够收到更大的收益。

第一，在行政许可制度框架下，审查机关将承受更大的压力，恣意空间相对较小，这将促使职责主体更好地履职，进而在严格准入监管和鼓励土地经营权流转之间求得平衡。

不同于行政许可，行政备案除了缺乏明确的法律依据和后果，在实际操作上还存在许多法律不确定性。[1] 在以往的土地经营权流转审查实践中，为了尽可能规避法律风险和承担责任，审查机关将审查解释为备案的构成要素以至于在外观上呈现为备案制度，这为其“软执行”创造了条件。一种典型情况是审查流于形式，走过场；另一种典型情况则是审查工作久拖不决，这使得相应的土地经营权流转处于一种不确定状态。

若将土地经营权流转审查审核确立为行政许可，根据行政许可法的要求，势必需要对审查主体、内容、程序、责任等作出更加精细化的安排，这将有助于降低审查工作的不确定性，提高审查效能，同时也能为审查主体的依法行政提供更有力的保障，避免问责泛化、随意化。

第二，在行政许可制度框架下，土地经营权流转审查审核不仅强化对当事人的约束力，同时也将强化其救济权。一方面，未经审查获得许可，当事人不能开展流转活动，即便签订流转合同也是无效的。这将切实起到制度设计所预设的严格准入监管的作用。另一方面，尽管当事人的流转自主权受到一定影响，但其救济权将得以强化。在备案制度框架下，当事人面对审查的久拖不决和不利的审查结果，其难以通过法律途径获得救济，然而在许可制度框架下，当事人能有更多的法律救济途径。与其将流转审查审核解释为备案的内在前置环节进而以“名为备案实为许可”的状态存在，不如将其明确为行政许可。

第三，将土地经营权流转审查审核确立为行政许可后，没有必要再同时实行分级备案（行政备案）的制度安排，由此可简化制度体系。行政备案制度的功能主要是信息收集功能和监督功能。[2] 行政许可已能够充分实现这些功能，再确立一个行政备案，徒增无谓的制度成本。中央政策文件最初设想的是既要建立审查审核制度，又要实行分级备案，二者如何衔接始终成为政策落实和制度探索中的一个棘手问题。《农村土地经营权流转管理办法》的草案曾经同时设计了资格审查、项目审核和分级备案的制度安排，[3] 不过正式出台的

---

〔1〕 参见陈惠珍：《许可抑或备案：我国碳排放准入监管的法制进路》，载《法学评论》2016 年第 5 期。

〔2〕 参见朱最新、刘云甫：《行政备案制度研究》，知识产权出版社 2012 年版，第 57 页。

〔3〕 参见《农村土地经营权流转管理办法（修订草案征求意见稿）》（2019 年 9 月）第 40 条、第 41 条。该草案有关分级备案的规定也非常原则，且继续采取了类似“授权立法”的做法。

《农村土地经营权流转管理办法》(2021 年)只确立了资格审查、项目审核制度,没再规定分级备案,这无疑是一大进步,同时在某种程度上也蕴含了将审查审核确立为行政许可的导向。如今将土地经营权流转审查审核明确为行政许可,可谓顺势而为的“临门一脚”,却能极大起到汇聚共识的作用。

四、土地经营权流转审查审核制度的具体构建

在明确土地经营权流转审查审核为行政许可后,制度建设和实施的方向将更加清晰。尽管笔者主张将土地经营权流转审查审核确立为行政许可是更为妥适和务实的选择,但也承认,行政许可不能“包治百病”,而且同样会面临一些两难困境。例如,如果不通过审查审核,审查机关可能会面临行政复议和诉讼,这也可能使审查机关偏向“软执行”。如果通过审查审核,这又意味着受让方的经营能力和项目获得了政府的背书,而现实情况又非常复杂,一旦事后出现经营失败、毁约而损害农民权益等情况,农民可能会以政府通过审查为由寻求政府兜底。但是,这类问题可以说是各类行政许可均会面临的共性问题,不能简单因噎废食,而是需要通过进一步细化健全制度安排予以克服。

此外,将土地经营权流转审查审核确立为行政许可的主要顾虑在于,其可能会影响社会资本投入农业的积极性,不利于放活土地经营权,同时会大幅提高行政成本。在制度构建和实践中,这些顾虑需要予以充分考虑并积极回应。总的来说,资本下乡的利弊共存,制度构造的关键和难点在于既要将资本下乡的优势转变为振兴乡村的建设性力量,又要排除负面影响,而规范资本准入监管便是既发挥资本积累动力又管控资本负面影响的重要举措。[1]

基于以上认知,本部分本着尽可能在“强化风险管控”与“用活土地经营权”之间求得平衡这一精神,以行政许可法确立的行政许可制度框架为指引,[2]着重围绕审查审核(许可)的实施机关、内容(条件)、程序和期限、效力等基本问题展开探讨。

---

〔1〕 参见冯娟:《工商资本参与乡村振兴的内涵与路径》,载《西北农林科技大学学报(社会科学版)》2021 年第 5 期。

〔2〕《行政许可法》(2019 年)第 18 条规定:“设定行政许可,应当规定行政许可的实施机关、条件、程序、期限。”

(一)审查审核机关

《农村土地承包法》(2018年)第45条规定"县级以上地方人民政府应当建立"土地经营权流转审查审核制度。按照全国人大常委会法工委专家编写的法律释义,县级以上地方人民政府承担审查的"主体责任"。〔1〕应该说,诸如"应当建立""主体责任"等提法或解读都并不意味着只能由县级以上地方人民政府作为审查审核机关或者说许可的实施机关。

《农村土地经营权流转管理办法》的草案曾作出这样一种设计,县级人民政府应当建立由农业农村等行政主管部门和农村集体经济组织代表、农民代表、农业专家等组成的审查委员会,"负责开展……审查审查工作";"审查委员会的日常工作由农业农村行政主管部门负责"。〔2〕此方案体现了仅在县级层面设置审查审核机关的思路。总的来看,尽管其就审查审核机关作了进一步明确,但有关细节安排值得商榷。

一方面,上述设计似乎意味着新组建一个行政机关即审查委员会承担审查审核(许可)职责,但又将其日常工作交由农业农村主管部门负责,这不仅面临增设行政机构的困境,〔3〕还存在审查委员会和农业农村主管部门之间职责不清的问题。

另一方面,如果仅在县级层面设置审查审核机关实施审查审核(许可),在工作开展中可能存在不利于便民、影响效率的问题。在以往的土地经营权流转审查审核探索实践中,通常根据土地流转面积设置多个层级审查审核主体,实行分级审查审核,最低层级为村委会(社区居委会),主要承担初审工作,逐级往上为乡镇(街道)、县级以上政府或其主管部门。在通过审查审核的基础上,再行分级备案,备案与审查审核主体不尽一致,如备案主体的最高层次可达省级政府主管部门。〔4〕

作为一项行政许可制度,土地经营权流转审查审核机关应当是行政主体,而且其职责应当明晰。此外,根据《行政许可法》(2019年)第6条的规定:"实

〔1〕参见黄薇主编:《中华人民共和国农村土地承包法释义》,法律出版社2019年版,第195页。

〔2〕参见《农村土地经营权流转管理办法(修订草案征求意见稿)》(2019年9月)第38条。

〔3〕例如,审查委员会究竟是不是一个独立的行政主体?若是,如何独立承担责任?其成员的身份如何界定?若不是,其与农业农村行政主管部门的职责如何界分?

〔4〕参见《巴南区意见》《重庆市巴南区人民政府办公室关于实施流转农村土地会商制度的通知》《永川区通知》《永川区农村土地经营权流转管理实施办法》。

施行政许可,应当遵循便民的原则,提高办事效率,提供优质服务。”

最终出台的《农村土地经营权流转管理办法》(2021 年)大幅度地调整了相关制度设计,总体上确立了分级审查审核的制度安排,主要规定如下:其一,受让主体按照分级审查审核规定,分别向乡镇政府土地承包管理部门或者县级以上地方政府农业农村主管(农村经营管理)部门提出申请;其二,县级以上地方政府或者乡镇政府组织有关部门和人员进行审查审核并在规定时间内作出审查审核意见。[1]

应该说,这项制度安排总体上较为科学。现实中,具体个案中的土地流转面积有大有小,很多时候还比较小。不区分土地流转面积大小,一概由县级以上政府(部门)进行审查审核,不仅无谓增加当事人的流转成本,也会给县级以上政府(部门)带来极大的工作压力。与此同时,土地流转面积不大时,其对审查审核主体的能力要求并不高,没有必要非得由县级以上政府(部门)进行审查审核。因此,综合考虑便民高效和审查能力等因素,根据土地流转面积大小,实行分级审查审核显得更为科学,其中对于一定流转面积以下的由乡镇政府(部门)进行审查审核,既可减轻县级以上政府(部门)的工作压力,亦符合行政许可应遵循便民高效原则的立法精神。

当然,如果严格按照全国人大常委会法工委专家编写的法律释义提出的,县级以上地方政府应承担审查审核的“主体责任”,[2]这种直接将乡镇政府确立为一定情形下的审查审核机关的制度安排,或许与此要求不太匹配。如果这一理解成立的话,根据行政许可法的规定,可以考虑设置另一种替代方案,即在立法上明确县级以上政府(部门)作为审查审核机关即行政许可实施机

---

[1] 《农村土地经营权流转管理办法》(2021 年)第 29 条第 2 项规定:“受让主体按照分级审查审核规定,分别向乡(镇)人民政府农村土地承包管理部门或者县级以上地方人民政府农业农村主管(农村经营管理)部门提出申请,并提交流转意向协议书、农业经营能力或者资质证明、流转项目规划等相关材料。”第 3 项规定:“县级以上地方人民政府或者乡(镇)人民政府应当依法组织相关职能部门、农村集体经济组织代表、农民代表、专家等就土地用途、受让主体农业经营能力,以及经营项目是否符合粮食生产等产业规划等进行审查审核,并于受理之日起 20 个工作日内作出审查审核意见。”

[2] 参见黄薇主编:《中华人民共和国农村土地承包法释义》,法律出版社 2019 年版,第 195 页。

关,同时其可以委托乡镇政府(部门)实施行政许可。[1] 此种安排较大程度上体现了县级以上政府承担“主体责任”的考量,且职责主体明确,亦不影响审查审核机关在实际履职时邀请有关部门和组织的人员组建相应的会商组织开展审查审核工作。

最后,值得特别关注的是,最终的立法设计确立了“政府部门受理申请,政府组织并出具审查审核意见”的运作机制。这意味着在土地经营权流转审查审核中,乡镇政府或县级以上地方政府才是法律意义上的行政许可的实施机关。应该说,由政府而非政府部门作为行政许可的实施机关,这种情况在现实中相对较少。立法上如此安排,或许是考虑土地经营权流转审查审核的事项较为复杂,需要多个部门配合,若仅确立农业农村部门作为此项许可的实施机关,其自身难以有效开展,而要组织其他部门参与,其他部门不一定予以有效配合。由农业农村部门作为受理部门,但以政府的名义组织开展审查审核并出具审查审核意见,便可以解决这个问题。据此而论,这种安排值得肯定。与此同时,这其中也会衍生出一些问题。例如,以政府为行政许可的实施机关,当事人提起行政复议时,只能向上一级政府提出。这可能会给当事人寻求救济带来更高的成本,从而影响社会资本流转土地经营权的积极性。如果坚持既定的基本制度安排,则应在细节制度设计上充分考量此种运行成本。

(二)审查审核内容

根据《农村土地承包法》(2018年)第45条的规定,土地经营权流转审查审核包括“资格审查”和“项目审核”。在行政许可制度框架下,土地经营权流转审查审核的内容即行政许可条件。我国行政许可法明确规定,设定行政许可应当规定许可条件。《农村土地承包法》(2018年)第45条没有就审查审核内容作出规定,只有依据其中的授权条款由部门规章作出具体规定。[2]

---

〔1〕《行政许可法》(2019年)第24条规定:“行政机关在其法定职权范围内,依照法律、法规、规章的规定,可以委托其他行政机关实施行政许可。委托机关应当将受委托行政机关和受委托实施行政许可的内容予以公告。委托行政机关对受委托行政机关实施行政许可的行为应当负责监督,并对该行为的后果承担法律责任。受委托行政机关在委托范围内,以委托行政机关名义实施行政许可;不得再委托其他组织或者个人实施行政许可。”

〔2〕《农村土地承包法》(2018年)第45条第3款规定:“具体办法由国务院农业农村、林业和草原主管部门规定。”

根据《行政许可法》(2019年)第16条的规定,规章等下位法可以在上位法设定的行政许可范围内,对实施该行政许可作出具体规定,其中包括行政许可条件,只是"对行政许可条件作出的具体规定,不得增设违反上位法的其他条件"。[1] 据此,在通过规章对审查审核内容(行政许可条件)作出具体规定时,也需要找到上位法依据。

根据全国人大常委会法工委专家编写的法律释义,"资格审查"是指对流入方"是否具备农业经营能力或相应资质进行审查",确保其能够作为适格主体进行土地开发经营;"项目审核"则是对流入方的具体开发项目予以把关审核,着重"确保项目开发不得改变土地的农业用途,不得破坏农业综合生产能力和农业生态环境"。[2]

《农村土地经营权流转管理办法》的草案曾打算专门用两个条文分别列举规定社会资本通过流转取得土地经营权应当符合的"资格条件"和"项目条件"。[3] 其中,资格条件包括:"(一)有从事农业经营的资质;(二)有适宜的农业经营能力;(三)其他应具备的条件。"项目条件包括:"(一)经营项目明确;(二)土地用途合法;(三)有风险防范机制;(四)符合当地产业布局;(五)符合当地现代农业发展规划;(六)有利于农业生产安全和生态环境保护;(七)其他应当具备的条件。"总的来看,上述条件是参照《工商资本租赁农地监管意见》的有关要求和表述,[4]并结合各地实践做法而规定的,[5]具有政策和实践依据。

但是,最终出台的《农村土地经营权流转管理办法》(2021年)没有采用这种规定方式,而只是在就审查审核的一般程序作出规定时捎带嵌入了有关审

---

〔1〕《行政许可法》(2019年)第16条规定:"行政法规可以在法律设定的行政许可事项范围内,对实施该行政许可作出具体规定。地方性法规可以在法律、行政法规设定的行政许可事项范围内,对实施该行政许可作出具体规定。规章可以在上位法设定的行政许可事项范围内,对实施该行政许可作出具体规定。法规、规章对实施上位法设定的行政许可作出的具体规定,不得增设行政许可;对行政许可条件作出的具体规定,不得增设违反上位法的其他条件。"

〔2〕参见黄薇主编:《中华人民共和国农村土地承包法释义》,法律出版社2019年版,第194页。

〔3〕参见《农村土地经营权流转管理办法(修订草案征求意见稿)》(2019年9月)第35条和第36条。

〔4〕参见《工商资本租赁农地监管意见》之"三、加强工商资本租赁农地规范管理"。

〔5〕参见《关于〈农村土地经营权流转管理办法(修订草案征求意见稿)〉的说明》,载《农业农村部关于〈农村土地经营权流转管理办法(修订草案征求意见稿)〉公开征求意见的通知》(2019年9月26日)。

查审核内容的规定——“就土地用途、受让主体农业经营能力，以及经营项目是否符合粮食生产等产业规划等进行审查审核”。[1] 之所以这样处理，很大程度上是考虑各地情况差异较大，不宜在部门规章中作出过于具体而简单划一的规定，而是宜由地方政府结合当地实际进一步制定实施细则。[2]

对于《农村土地经营权流转管理办法》(2021 年)的上述规定，主要有两个问题值得关注：一方面，对照行政许可法有关规章“对行政许可条件作出的具体规定，不得增设违反上位法的其他条件”这一要求，其规定的审查审核内容是否都有上位法依据；另一方面，值得思考，其中的“等”字是作等外还是等内理解？如果是作等外理解，地方在制定实施细则时还可增加规定哪些审查审核内容？

1. 既有规定中的审查审核内容是否都有上位法依据

应该说，对“土地用途”“受让主体农业经营能力”进行审查审核，有明确的上位法依据。这主要体现为，通过体系性解释，可将这两项审查审核内容与《农村土地承包法》(2018 年)规定的土地经营权流转应当遵循的两项基本原则对接，即“不得改变土地的农业用途”“受让方须有农业经营能力或资质”。[3] 只是从立法技术层面来看，相关规范表述值得优化。例如，在行政许可条件这一语境下，可如此规定这两项条件：不得改变土地的农业用途(或土地用途合法)；受让方具有相应的农业经营能力或资质。

相较而言，对“经营项目是否符合粮食生产等产业规划”进行审查审核，其上位法依据则不够明晰。在行政许可条件意义上，这是否属于部门规章“增设违反上位法的其他条件”，值得商榷。从立法条文来看，《农村土地承包法》(2018 年)没有规定“项目审核”的条件，而且无论是在土地经营权流转应当遵循的基本原则还是其他条文规定中，都没有明确体现需要符合产业规划的内容。因此，就这项审查审核内容而言，难以像前述两项内容那样，可轻易地通过体系性解释在农村土地承包法中找到直接对应的法条作为支撑。此外，产

[1] 参见《农村土地经营权流转管理办法》(2021 年)第 29 条第 3 项。

[2] 参见李慧：《农村土地经营权流转四问——解析〈农村土地经营权流转管理办法〉亮点》，载《光明日报》2021 年 2 月 5 日，第 4 版。《农村土地经营权流转管理办法》(2021 年)第 32 条亦明确规定：“县级以上地方人民政府可以根据本办法，结合本行政区域实际，制定工商企业等社会资本通过流转取得土地经营权的资格审查、项目审核和风险防范实施细则。”

[3] 参见高圣平：《农村土地承包法修改后的承包地法权配置》，载《法学研究》2019 年第 5 期。

业规划通常没有强制性，如果将符合有关产业规划设定为行政许可的条件，相当于变相地赋予了法律效力和强制性，这存在变相增设行政许可的嫌疑。

但是，从保证审查审核制度的功效发挥出发，对“经营项目是否符合粮食生产等产业规划”进行审查审核又具有重要意义。社会资本往往大面积、长时间流转取得土地经营权，其农业开发项目具有较强的溢出效应，需要根据当地资源禀赋、产业特征加以重点引导。如若不然，极易产生项目定位和布局不合理以致产业高度同质化、经营失败以致土地撂荒、业主跑路等问题。而这种局面无疑不利于落实《农村土地承包法》(2018 年)所确立的“保护土地资源的合理开发和可持续利用”和“促进农业、农村经济发展和农村社会和谐稳定”等宏观原则和目标。[1] 尤其是经营项目不符合有关产业规划容易破坏农业综合生产能力和农业生态环境，若此则使相应流转活动直接违反了《农村土地承包法》(2018 年)规定的土地经营权流转应当遵循的一项基本原则，即“不得破坏农业综合生产能力和农业生态环境”。[2] 很大程度上正是基于上述考虑，土地经营权流转审查审核探索实践中，通常将是否符合当地产业布局或产业发展规划纳为项目审核的核心内容之一；[3]《农村土地经营权流转管理办法》(修订草案征求意见稿)也曾将这些作了列举规定(第 36 条)。基于以上认知和逻辑解释，对“经营项目是否符合粮食生产等产业规划”进行审查审核，也可以说并不违反上位法，而是对上位法规则的细化落实。

面对上述两难境地，笔者以为，在规范文本上可以将“不得破坏农业综合生产能力和农业生态环境”规定为许可条件，而将是否符合有关产业规划作为具体判断的一项观测指标。

2. 既有规定之外是否还可增加规定审查审核内容

总体而言，应该可以在《农村土地经营权流转管理办法》(2021 年)已有规定基础上增加规定其他审核审查内容。同时，在行政许可条件这一语境中，需要注意相关规范的表述。

---

〔1〕 参见《农村土地承包法》(2018 年)第 1 条、第 11 条。

〔2〕 这一点可从立法部门专家的如下阐释中获得印证——项目审核是对流入方的具体开发项目予以把关审核，着重“确保项目开发不得改变土地的农业用途，不得破坏农业综合生产能力和农业生态环境”。参见黄薇主编：《中华人民共和国农村土地承包法释义》，法律出版社 2019 年版，第 194 页。

〔3〕 参见《工商资本租赁农地监管意见》《永川区通知》《永川区农村土地经营权流转管理实施办法》《巴南区意见》。

例如,既有规定中的“受让主体的农业经营能力”这一项内容稍显狭隘。2018 年修正之前的《农村土地承包法》对于流转受让方资格的规定是“受让方须具有农业经营能力”。《农村土地承包法》(2018 年)则调整规定为“受让方须有农业经营能力或资质”,其中增加了一个“资质”。从字面来看,具有农业经营能力或资质,属于“二选一”的事项,受让方只要满足其中一项即可。若在土地经营权流转审查审核中,仅将其中一项设置为许可条件(审核内容),将增加当事人通过审查的难度,不当限制了当事人的权利,亦与上位法规定相冲突。根据来自立法部门专家的解释,“须有农业经营能力”适用于受让方为自然人情形,“须有农业经营资质”则适用于受让方为非自然人的组织情形。[1]若按此种理解,则需要将这两项分别规定为受让人为自然人、非自然人时的审查审核内容(许可条件)。

此外,《农村土地经营权流转管理办法》的草案曾经拟将“经营项目明确”“有风险防范机制”“有利于农业生产安全和生态环境保护”明确规定为项目审核需要满足的条件。虽然最终通过的《农村土地经营权流转管理办法》(2021 年)没有将这三项予以规定,但地方在制定实施细则时能否规定?笔者以为,理论上可以,但实践中没有必要规定得这么细致,特别是没有必要将“经营项目明确”规定为一项条件。“经营项目明确”不仅很不容易把握,而且难以找到上位法依据,在一定程度上可以理解为不当限制当事人的经营自主权,涉嫌增设有违上位法的条件。

至于“有利于农业生产安全和生态环境保护”和“有风险防范机制”,相对来说容易找到上位法依据,如《农村土地承包法》(2018 年)第 38 条第 2 项规定土地经营权流转“不得破坏农业综合生产能力和农业生态环境”,第 45 条第 1 款规定县级以上地方人民政府应当建立社会资本通过流转取得土地经营权的“风险防范制度”。不过,从行政许可条件的角度,“有利于农业生产安全和生态环境保护”更宜调整为“不得破坏农业生态环境”。一方面,准入环节确定一个最低标准即可,“有利于”也涉嫌增设有违上位法的条件;另一方面,“农业生产安全”可被前述“不得破坏农业综合生产能力”一项所吸收。

值得特别指出的是,对于土地经营权流转审查审核内容(许可条件),在立

---

[1] 参见黄薇主编:《中华人民共和国农村土地承包法释义》,法律出版社 2019 年版,第 166 页。

法上不宜也难以规定得过于具体。相对于纷繁复杂的行政许可实践而言,以法律规范形式存在的行政许可条件具有统一性、浓缩性等特点。[1] 在理论上,许可条件的细致程度越高通常意味着准入标准更为确定,但也更为复杂。“更为确定”固然可以给许可机关更多的指导、更少的自由裁量权,并因此减少适用准入标准发生错误的可能性,但“更为复杂”也会导致更高的制定成本,并使许可机关面临更多困难,反而可能在使用标准时产生更多的错误。[2] 我国农村各地情况千差万别,社会资本流转取得土地经营权涉及的土地区位、特征、面积和农业经营项目性质、内容等也都不尽相同,在判断是否符合相应资格条件和项目条件上,不得不赋予审查机关较大的自由裁量权,因而在立法上就许可条件仅作原则性的规定是妥适而务实的选择。

(三)审查审核程序和期限

土地经营权流转审查审核程序和期限的设计需着眼在保障审查审核质量的基础上提高审查效率。现实中,出于公心抑或私益(政绩)考量,各级政府通常具有鼓励土地经营权流转又防范流转风险的内在动力,加之如果审查审核不严可能面临追责,审查机关一般会较为审慎,努力寻找平衡点,提高审查质量,避免决策错误。但为了避免决策错误特别是承担责任,审查审核机关会偏向于延长申请—审查过程和期限,在制度不健全的情况下,容易出现以“避免决策错误”为借口而久拖不决的现象,这在以往的土地经营权流转审查探索实践中便有不同程度的存在。基于以上认知,需要把提高审查审核效率作为土地经营权流转审查审核程序和期限设计的关注重点。

在以往土地经营权流转审查审核地方探索实践中,先由村级组织初审,再由村级组织报送乡镇政府评审(或再报送区县政府评审)是一种常见做法。按通常解释,这主要考虑组织层级越低对土地流转情况越熟悉,逐级报送、审查可以更好地保障决策的科学性,同时也降低当事人的申请成本。但是村级审查乃至一些情形下的乡镇级审查并无实质意义,加上对低层级组织审查、报送的时间缺乏规定,很多时候导致整个审查过程耗时非常长,当事人长期处于无意义的等待状态。若将土地经营权流转审查审核设定为行政许可,就没有必

---

〔1〕 参见王太高:《行政许可条件研究》,法律出版社 2014 年版,第 21 页。

〔2〕 参见张卿:《行政许可:法和经济学》,北京大学出版社 2013 年版,第 117 ~ 119 页。

要也不应再实行逐级报送审查的制度安排，而是由当事人直接向审查机关报送材料、申请审查。

《农村土地经营权流转管理办法》的草案大体上体现了直接向审查审核机关提出申请的设计思路，但没有就审查审核程序作出较为清晰的规定。[1] 针对这个问题，最终出台的《农村土地经营权流转管理办法》(2021 年)作了较大幅度的优化设计，第 29 条清晰地确立了土地经营权流转审查审核的一般程序，包括四个基本步骤：(1)当事人协商签订流转意向协议书。(2)受让主体按照分级审查审核规定向乡镇人民政府主管部门或县级以上地方人民政府主管部门提交申请及支撑材料。(3)县级以上地方人民政府或者乡(镇)人民政府依法组织进行审查审核并在受理之日起 20 个工作日内作出审查审核意见。(4)通过审查审核的，当事人签订流转合同。未按规定提交审查审核申请或者审查审核未通过的，不得开展土地经营权流转活动。该条不仅明确了基本步骤，同时明晰了申请义务主体、受理主体、审查审核主体、审查审核时限等关键要素，还考虑便民等因素，确立了分级审查审核的制度安排，这些都极大保障了审查审核效率。

尽管如此，从基层实践来看，地方在制定实施细则时可能需要着重对两个地方进行细化规定：其一，受让主体提交申请表格和材料清单及其规范要求，以及提交的申请材料不完备时的补正规则。关于后者，应根据《行政许可法》(2019 年)第 32 条的规定并结合地方实际进行明确。其二，分级审查审核的具体标准，核心是划定不同土地流转面积范围内的审查审核层级，由此进一步明确相应层级的受理部门、审查审核主体。例如，流转面积 ×× 亩以下，向乡镇政府主管部门申请，由乡镇政府组织进行审查审核；流转面积 ×× 亩至 ×× 亩，向县政府主管部门申请，由县政府组织进行审查审核……

最后，《农村土地经营权流转管理办法》(2021 年)第 29 条中有关审查审核时限的规定值得商榷，主要问题在于，没有预留可以延长审查审核时限的空间。诚然，既有规定非常有利于保障审查效率。但是，审查审核期限的设置同

---

[1] 《农村土地经营权流转管理办法(修订草案征求意见稿)》(2019 年 9 月)有关审查审核程序的规定主要体现为第 39 条："农地流转资格审查和项目审核采取书面报告、现场查看等方式。审查审核机构应当自申请人提出审查审核申请之日起 20 个工作日内作出是否通过审查审核的决定。"

样要考虑保障审查审核质量。考虑到土地经营权流转涉及的土地面积、开发项目等情况复杂多样，设定基本期限和延期规则，应该说是更为稳妥的一种做法。事实上，《行政许可法》(2019 年) 有关行政许可期限的规定总体上也体现了这样一种设计精神。[1] 这可为相应的制度设计提供上位法依据。

(四) 审查审核效力

尽管《农村土地经营权流转管理办法》(2021 年) 第 29 条规定，“未按规定提交审查审核申请或者审查审核未通过的，不得开展土地经营权流转活动”，但若当事人未经审查审核而径行签订流转合同，开展流转活动，究竟能课以何种不利后果予以阻断，如可否予以行政处罚、认定合同无效，立法文本和司法解释都未置一词，因而无从得知。一旦明确审查审核为行政许可，这个问题将得到有效解决。

我国《行政许可法》(2019 年) 第 81 条规定，未经行政许可擅自从事相应活动的，“行政机关应当依法采取措施予以制止，并依法给予行政处罚”。据此，当事人未经审查审核而径行开展流转活动，审查审核机关将有权依法采取措施制止并给予行政处罚。至于可给予何种行政处罚，虽然《农村土地承包法》(2018 年) 和《农村土地经营权流转管理办法》(2021 年) 都没规定相应的罚则，但依据《行政处罚法》(2021 年) 第 12 条第 3 款的规定，[2] 地方可通过其制定的有关实施《农村土地承包法》(2018 年) 的地方性法规设定相应的行政处罚条款，由此解决执法依据问题。

从实践来看，将前述情形中的流转合同认定为无效，能更好地保障审查审核制度的落实。根据我国《民法典》第 153 条的规定，只有“违反法律、行政法规的强制性规定”才可被认定为无效。《农村土地经营权流转管理办法》(2021 年) 只是规章，不能仅凭违反其第 29 条之规定就可认定相应的流转合同无效。但若明确审查审核为行政许可，因该项行政许可是由《农村土地承包法》(2018 年) 设定的，则可以说未经审查审核而径行签订的流转合同，属于违反法律的

---

[1] 例如，《行政许可法》(2019 年) 第 42 条第 1 款规定：“除可以当场作出行政许可决定的外，行政机关应当自受理行政许可申请之日起二十日内作出行政许可决定。二十日内不能作出决定的，经本行政机关负责人批准，可以延长十日，并应当将延长期限的理由告知申请人。但是，法律、法规另有规定的，依照其规定。”

[2] 《行政处罚法》(2021 年) 第 12 条第 3 款规定，“法律、行政法规对违法行为未作出行政处罚规定，地方性法规为实施法律、行政法规，可以补充设定行政处罚”。

强制性规定,从而获得认定其无效的有力依据。诚然,要依据“违反法律、行政法规的强制性规定”而认定合同无效,还需进一步说明此种强制性规定属于效力性强制性规定。应该说,依据有关区分效力性强制性规定和管理性强制性规定的主流识别方法,如利益识别法、对象识别法,将有关须经审查审核的规定认定为效力性强制性规定,并无障碍。鉴于本书研究重心和篇幅,这里不再展开讨论。

参考文献

一、著作类

1. 黄薇主编:《中华人民共和国农村土地承包法释义》,法律出版社 2019 年版。

2. 何宝玉主编:《〈中华人民共和国农村土地承包法〉释义》,中国民主法制出版社 2019 年版。

3. 高圣平、王天雁、吴昭军:《〈中华人民共和国农村土地承包法〉条文理解与适用》,人民法院出版社 2019 年版。

4. 黄茂荣:《法学方法与现代民法》(第 5 版),法律出版社 2007 年版。

5. 王泽鉴:《民法总则》(增订版),中国政法大学出版社 2001 年版。

6. 李昌麒主编:《经济法学》(第 3 版),法律出版社 2016 年版。

7.《经济法学》编写组编:《经济法学》(第 2 版),高等教育出版社 2018 年版。

8. 杨立新:《民法总则:条文背后的故事与难题》,法律出版社 2017 年版。

9. [日]关谷俊作:《日本的农地制度》,金洪云译,生活 · 读书 · 新知三联书店 2004 年版。

10. 黄薇主编:《中华人民共和国民法典释义》(上),法律出版社 2020 年版。

11. 杨合庆主编:《中华人民共和国土地管理法释义》,法律出版社 2020 年版。

12. 国家法官学院、最高人民法院司法案例研究院编:《中国法院 2021 年度案例 · 土地纠纷:含林地纠纷》,中国法制出版社 2021 年版。

13. 国家法官学院案例开发研究中心编:《中国法院 2019 年度案例 · 土地纠纷》,中国法制出版社 2019 年版。

14. 傅晨:《农村社区型股份合作制研究——一个制度分析方法的阐释和运用》,中国经济出版社 2003 年版。

15. 张笑寒:《农村土地股份合作制的制度解析与实证研究》,上海人民出版社 2010 年版。

16. 徐勇主编:《土地股份合作与集体经济有效实现形式》,中国社会科学出版社 2015 年版。

17. 刘云生:《农村土地股权制改革:现实表达与法律应对》,中国法制出版社 2016 年版。

18. 林乐芬等:《农村土地股份合作组织发育、运行绩效与响应研究》,中国社会科学出版社 2018 年版。

19. 高海:《土地承包经营权入股合作社法律制度研究》,法律出版社 2014 年版。

20. 吴义茂:《土地承包经营权入股有限责任公司法律问题研究》,法律出版社 2012 年版。

21. 中共六盘水市委、六盘水市人民政府主编:《六盘水“三变”改革:中国农村改革的新路探索》,人民出版社 2016 年版。

22. 中共贵州省委政策研究室编:《贵州农村“三变”改革导则》,贵州人民出版社 2017 年版。

23. 赵德健编著:《逼出来的改革:东平土地股份合作与乡村治理的实践探索》,中国社会科学出版社 2016 年版。

24. 杜万华主编:《最高人民法院公司法司法解释(四)理解与适用》,人民法院出版社 2017 年版。

25. 张春生、李飞主编:《中华人民共和国行政许可法释义》,法律出版社 2003 年版。

26. 章剑生:《现代行政法基本理论》(上卷)(第 2 版),法律出版社 2014 年版。

27. 朱最新、刘云甫:《行政备案制度研究》,知识产权出版社 2012 年版。

28. 王太高:《行政许可条件研究》,法律出版社 2014 年版。

29. 张卿:《行政许可:法和经济学》,北京大学出版社 2013 年版。

二、论文类

1. 韩长赋:《土地“三权分置”是中国农村改革的又一次重大创新》,载《农村工作通讯》2016 年第 3 期。

2. 吴晓佳:《“三权分置”的核心要义是放活土地经营权》,载《农村经营管理》2016 年第 12 期。

3. 陈小君:《我国农村土地法律制度变革的思路与框架——十八届三中全会〈决定〉相关内容解读》,载《法学研究》2014 年第 4 期。

4. 高圣平:《新型农业经营体系下农地产权结构的法律逻辑》,载《法学研究》2014 年第 4 期。

5. 冯海发:《对十八届三中全会〈决定〉有关农村改革几个重大问题的理解》,载《农业经济问题》2013 年第 11 期。

6. 张力、郑志峰:《推进农村土地承包权与经营权再分离的法制构造研究》,载《农业经济问题》2015 年第 1 期。

7. 高富平:《农地“三权分置”改革的法理解析及制度意义》,载《社会科学辑刊》2016 年第 5 期。

8. 高飞:《农村土地“三权分置”的法理阐释与制度意蕴》,载《法学研究》2016 年第 3 期。

9. 吴义龙:《“三权分置”论的法律逻辑、政策阐释及制度替代》,载《法学家》2016 年第 4 期。

10. 朱广新:《土地承包权与经营权分离的政策意蕴与法制完善》,载《法学》2015 年第 11 期。

11. 孙宪忠:《推进农地三权分置经营模式的立法研究》,载《中国社会科学》2016 年第 7 期。

12. 丁文:《论土地承包权与土地承包经营权的分离》,载《中国法学》2015 年第 3 期。

13. 蔡立东、姜楠:《承包权与经营权分置的法构造》,载《法学研究》2015 年第 3 期。

14. 李国强:《论农地流转中"三权分置"的法律关系》,载《法律科学》2015 年第 6 期。

15. 楼建波:《农户承包经营的农地流转的三权分置——一个功能主义的分析路径》,载《南开学报(哲学社会科学版)》2016 年第 4 期。

16. 卢代富、谭贵华、杨青贵:《农村土地"三权分置"的法理解读、问题解析与法治保障》,载吴大华主编:《农村"三变"改革法治保障研究》,法律出版社 2018 年版。

17. 谭贵华:《农村土地"三权分置"的法律表达》,载《北方法学》2018 年第 5 期。

18. 张晓山:《关于农村土地承包经营权确权登记颁证的几个问题》,载《上海国土资源》2015 年第 4 期。

19. 许明月:《论农村土地经营权市场的法律规制》,载《法学评论》2021 年第 1 期。

20. 陈小君:《土地改革之"三权分置"入法及其实现障碍的解除——评〈农村土地承包法修正案〉》,载《学术月刊》2019 年第 1 期。

21. 谭贵华:《承包地"三权"分置中土地承包权的法解释》,载刘云生主编:《中国不动产法研究》2019 年第 2 辑,社会科学文献出版社 2019 年版。

22. 丁文:《论"三权分置"中的土地承包权》,载《法商研究》2017 年第 3 期。

23. 高圣平:《农地三权分置视野下土地承包权的重构》,载《法学家》2017 年第 5 期。

24. 高海:《"三权"分置的法构造——以 2019 年〈农村土地承包法〉为分析对象》,载《南京农业大学学报(社会科学版)》2019 年第 1 期。

25. 高飞:《土地承包权与土地经营权分设的法律反思及立法回应——兼评〈农村土地承包法修正案(草案)〉》,载《法商研究》2018 年第 3 期。

26. 刘云生、吴昭军:《政策文本中的农地三权分置:路径审视与法权建构》,载《农业经济问题》2017 年第 6 期。

27. 高圣平:《承包地三权分置的法律表达》,载《中国法学》2018 年第 4 期。

28. 蔡立东、姜楠:《农地三权分置的法实现》,载《中国社会科学》2017 年第 5 期。

29. 蔡立东:《土地承包权、土地经营权的性质阐释》,载《交大法学》2018 年第 4 期。

30. 雷磊:《法律概念是重要的吗》,载《法学研究》2017 年第 4 期。

31. 邓大才:《家庭土地承包权当前所面临的困难》,载《农业经济问题》1999 年第 2 期。

32. 陈小君等:《农村妇女土地承包权的保护和完善——以具体案例的解析为分析工具》,载《法商研究》2003 年第 3 期。

33. 陈忠明、姜会明:《从耕者有其田到耕者耕其田——基于土地承包权的流转》,载《新疆社会科学》2019 年第 1 期。

34. 张红宇、李冠佑:《准确把握农业农村经济运行新动向——对相关重要问题的分析与判断》,载《农业经济问题》2012 年第 7 期。

35. 叶兴庆:《从"两权分离"到"三权分离"——我国农地产权制度的过去与未来》,载《中国党政干部论坛》2014 年第 6 期。

36. 申惠文:《农地三权分离改革的法学反思与批判》,载《河北法学》2015 年第 4 期。

37. 陈小君:《土地经营权的性质及其法制实现路径》,载《政治与法律》2018 年第 8 期。

38. 李伟伟:《"三权分置"中土地经营权的性质及权能》,载《中国党政干部论坛》2016 年第 5 期。

39. 高圣平:《论农村土地权利结构的重构——以〈农村土地承包法〉的修改为中心》,载《法学》2018 年第 2 期。

40. 温世扬、吴昊:《集体土地"三权分置"的法律意蕴与制度供给》,载《华东政法大学学报》2017 年第 3 期。

41. 孙宪忠:《推进农村土地"三权分置"需要解决的法律认识问题》,载《行政管理改革》2016 年第 2 期。

42. 房绍坤:《〈农村土地承包法修正案〉的缺陷及其改进》,载《法学论坛》2019 年第 5 期。

43. 高海:《论农用地"三权分置"中经营权的法律性质》,载《法学家》2016 年第 4 期。

44. 许明月:《农村承包地经营权抵押融资改革的立法跟进》,载《比较法研究》2016 年第 5 期。

45. 刘振伟:《进一步赋予农民充分而有保障的土地权利——关于〈中华人民共和国农村土地承包法修正案(草案)〉的说明》,载《农村工作通讯》2017 年第 21 期。

46. 刘振伟:《完善农村集体土地"三权"分置制度》,载《中国人大》2017 年第 21 期。

47. 高圣平:《论承包地流转的法律表达——以我国〈农村土地承包法〉的修改为中心》,载《政治与法律》2018 年第 8 期。

48. 宋志红:《土地承包经营权入股的法律性质辨析》,载《法学杂志》2010 年第 5 期。

49. 高海:《土地承包经营权入股的法律性质探析》,载《法学论坛》2011 年第 3 期。

50. 温世扬、张永兵:《土地承包经营权入股之法律性质辨析》,载《河南财经政法大学学报》2014 年第 1 期。

51. 王琳琳:《土地经营权入股法律问题研究》,载《中国政法大学学报》2020 年第 6 期。

52. 卢代富:《经济法中的国家干预解读》,载《现代法学》2019 年第 4 期。

53. 谭贵华:《"三权分置"背景下土地承包经营权转让管理制度的调适》,载刘云生主编:《中国不动产法研究》2017 年第 1 辑,法律出版社 2017 年版。

54. 肖顺武:《政府干预的权力边界研究——以消费者选择权为分析视角》,载《现代法学》2013 年第 1 期。

55. 魏振华:《土地承包经营权"转包"与"出租"流变考》,载《财经法学》2017 年第 2 期。

56. 丁关良:《土地承包经营权转包有关法律问题的探讨》,载《南京农业大学学报(社会科学版)》2010 年第 4 期。

57. 焦思颖:《改进设施农业用地政策 促进现代农业健康发展——〈自然资源部农业农村部关于设施农业用地管理有关问题的通知〉的解读》,载《中国自然资源报》2019 年 12 月 10

日,第1版。

58. 徐干忠:《识别效力性强制性规定的方法》,载《人民司法》2011年第12期。

59. 石一峰:《效力性强制性规定的类型化分析》,载《武汉大学学报(哲学社会科学版)》2018年第3期。

60. 傅晨、杨钢、郭晓鸣:《农村集体经济组织管理体制改革的探索——广州市天河区社区股份合作制考察》,载《社会科学研究》1994年第1期。

61. 温铁军、阎辉:《社区合作经济组织内部的产权设置——中国农村改革试验区的股份合作制研究》,载《农村合作经济经营管理》1997年第6期。

62. 刘云生:《农地股份制改革:双向目标定位与民间法权表达》,载《东方法学》2018年第5期。

63. 洪梅香:《公平抑或效率:合作社的异化及辨析——兼论土地股份合作社的发展》,载《东岳论丛》2019年第5期。

64. 解安、周英:《土地股份合作制股权设置与实现研究——以京郊为例》,载《河北学刊》2016年第4期。

65. 赵翠萍等:《传统农耕村的土地股份合作社实践——豫省L村案例》,载《农业经济问题》2018年第12期。

66. 文婷、张应良:《土地股份合作社内部能形成利益联结机制吗?》,载《西北农林科技大学学报(社会科学版)》2020年第1期。

67. 张沁岚等:《土地股份合作制背景下推进承包经营权确权的农户意愿、难点与对策——以广东省为例》,载《农业经济问题》2014年第10期。

68. 杨璐璐:《减贫"造血"能力提升与农村土地股份合作》,载《改革》2016年第8期。

69. 孙东升、孔凡丕、钱静斐:《发展土地股份合作与三产融合是保障粮食安全和粮农增收的有效途径》,载《农业经济问题》2017年第12期。

70. 石敏、李大胜:《土地股份合作制下的农民就业与职业选择——基于广东南海的实证研究》,载《经济经纬》2018年第3期。

71. 唐焱、韩欢、吴群:《土地股份合作对农村劳动力非农转移的影响研究:理论框架与作用路径——基于安徽省4市农户调研数据的实证分析》,载《南京农业大学学报(社会科学版)》2021年第4期。

72. 郑永君、王美娜、李卓:《复合经纪机制:乡村振兴中基层治理结构的形塑——基于湖北省B镇土地股份合作社的运作实践》,载《农业经济问题》2021年第5期。

73. 张理恒等:《土地承包经营权入股机制研究》,载《农村经济》2014年第11期。

74. 荣振华:《农民理性对土地经营权入股决策及制度构建影响——以2018年〈农村土地承包法〉为分析对象》,载《重庆大学学报(社会科学版)》2020年第1期。

75. 文杰、李显冬:《土地承包经营权作价出资农民专业合作社的法律思考》,载《法学杂志》2010年第4期。

76. 高海:《农地入股中设置优先股的法律透析》,载《现代法学》2012年第5期。

77. 高海:《农地入股合作社的组织属性与立法模式——从土地股份合作社的名实不符谈

起》,载《南京农业大学学报(社会科学版)》2014 年第 1 期。

78. 杨红朝:《土地承包经营权入股农民专业合作社法律问题探讨》,载《河北法学》2011 年第 6 期。

79. 吴义茂:《土地承包经营权入股与农民专业合作社的法律兼容性》,载《中国土地科学》2011 年第 7 期。

80. 温世扬、张永兵:《土地承包经营权入股农民专业合作社法律问题探析》,载《甘肃政法学院学报》2014 年第 3 期。

81. 董景山:《"三权分置"背景下土地承包经营权入股合作社的地方立法介评与建议》,载《西部法学评论》2017 年第 4 期。

82. 任大鹏、吕晓娟:《土地经营权入股农民专业合作社的法律问题》,载《中国农民合作社》2018 年第 7 期。

83. 李燕、赵吟:《土地承包经营权入股公司的法律分析》,载《农村经济》2010 年第 9 期。

84. 王力理:《城乡统筹发展中土地承包经营权入股公司的法律制度研究》,载《河北法学》2011 年第 6 期。

85. 吴义茂、吴越:《土地承包经营权入股有限责任公司问题研究——以农民股东与债权人的利益冲突与平衡为视角》,载《北方法学》2013 年第 3 期。

86. 陈彦晶:《"三权分置"改革视阈下的农地经营权入股》,载《甘肃政法学院学报》2018 年第 3 期。

87. 冯曦:《家庭土地承包经营权入股公司的法律建构——基于公司双重资本制》,载《法学杂志》2013 年第 2 期。

88. 文杰:《"三权分置"下土地经营权入股公司的法律问题探讨》,载《中国土地科学》2019 年第 8 期。

89. 李灿、阳荣凤:《农地经营权入股公司的差异化股权配置及其实现路径构想》,载《中南大学学报(社会科学版)》2021 年第 1 期。

90. 谭贵华:《农村土地经营权入股的制度困境与对策》,载《嘉兴学院学报》2021 年第 4 期。

91. 王乐君、禤燕庆、康志华:《土地经营权入股的实践探索与思考启示》,载《农村经营管理》2018 年第 11 期。

92. 王洪平:《民法视角下土地经营权再流转的规范分析》,载《吉林大学社会科学学报》2020 年第 1 期。

93. 任大鹏:《土地经营权入股合作社的法律问题》,载《农业经济与管理》2015 年第 5 期。

94. 米新丽、姚梦:《农村土地承包经营权出资法律问题研究》,载《法学杂志》2010 年第 12 期。

95. 刘振伟:《完善农村集体土地"三权"分置制度》,载《中国人大》2017 年第 21 期。

96. 房绍坤:《论土地承包经营权抵押的制度构建》,载《法学家》2014 年第 2 期。

97. 王冠玺、李仁莹:《土地承包经营权抵押范围的再探索》,载《山东大学学报(哲学社会科学版)》2010 年第 4 期。

98. 高圣平:《农地金融化的法律困境及出路》,载《中国社会科学》2014 年第 8 期。

99. 高圣平:《承包土地的经营权抵押规则之构建——兼评重庆城乡统筹综合配套改革试点模式》,载《法商研究》2016 年第 1 期。

100. 焦富民:《"三权分置"视域下承包土地的经营权抵押制度之构建》,载《政法论坛》2016 年第 5 期。

101. 谭贵华、吴大华:《农村承包地经营权抵押权的实现方式》,载《农业经济问题》2020 年第 6 期。

102. 曾大鹏:《土地承包经营权抵押的法律困境与现实出路》,载《中国农村观察》2017 年第 2 期。

103. 韦福:《农村土地承包经营权抵押关系主体及其权利义务的立法构想》,载《广西社会科学》2012 年第 6 期。

104. 韦福:《论农村土地承包经营权抵押权实现的法律规制》,载《农业经济》2012 年第 5 期。

105. 冯华、陈仁泽:《农村土地制度改革,底线不能突破(权威访谈 · 学习贯彻十八届三中全会精神)——专访中央农村工作领导小组副组长、办公室主任陈锡文》,载《人民日报》2013 年 12 月 5 日,第 2 版。

106. 耿卓:《农地三权分置改革中土地经营权的法理反思与制度回应》,载《法学家》2017 年第 5 期。

107. 房绍坤:《民法典物权编用益物权的立法建议》,载《清华法学》2018 年第 2 期。

108. 许明月:《改革开放 40 年我国农地制度的变迁与展望》,载《东方法学》2018 年第 5 期。

109. 崔建远:《民法分则物权编立法研究》,载《中国法学》2017 年第 2 期。

110. 丁文:《论"三权分置"中的土地经营权》,载《清华法学》2018 年第 1 期。

111. 吕兵兵:《一头挑起农民"身家" 一头撬动各路"金家"》,载《农民日报》2017 年 7 月 18 日,第 7 版。

112. 高圣平:《农地信托流转的法律构造》,载《法商研究》2014 年第 2 期。

113. 徐海燕、张占锋:《我国土地经营权信托模式的法律思考》,载《法学杂志》2016 年第 12 期。

114. 陈敦:《土地信托与农地"三权分置"改革》,载《东方法学》2017 年第 1 期。

115. 马建兵、王旭霞:《农村土地信托受托人主体性分析及立法选择》,载《社会科学家》2018 年第 12 期。

116. 袁泉:《中国土地经营权信托:制度统合与立法建议》,载《重庆大学学报(社会科学版)》2018 年第 6 期。

117. 房绍坤、任怡多:《新承包法视域下土地经营权信托的理论证成》,载《东北师大学报(哲学社会科学版)》2020 年第 2 期。

118. 于海龙、张振:《土地托管的形成机制、适用条件与风险规避:山东例证》,载《改革》2018 年第 4 期。

119. 陈义媛:《土地托管的实践与组织困境:对农业社会化服务体系构建的思考》,载《南京农业大学学报(社会科学版)》2017 年第 6 期。

120. 孙新华:《村社主导、农民组织化与农业服务规模化——基于土地托管和联耕联种实践的分析》,载《南京农业大学学报(社会科学版)》2017 年第 6 期。

121. 胡凌啸等:《农资零售商转型驱动的土地托管模式实现机制研究——基于产业链纵向整合理论的解释》,载《中国农村观察》2019 年第 2 期。

122. 孙小燕、刘雍:《土地托管能否带动农户绿色生产?》,载《中国农村经济》2019 年第 10 期。

123. 孙小燕等:《土地托管与兼业农户粗放种粮的缓解机制及效果检验》,载《中国人口·资源与环境》2021 年第 6 期。

124. 豆书龙、张明皓:《中国特色土地托管实践的多元理论分析》,载《西北农林科技大学学报(社会科学版)》2021 年第 4 期。

125. 豆书龙、张明皓:《供销部门土地托管何以遭遇困境?——以山东省共享县为例》,载《中国农村经济》2021 年第 1 期。

126. 李慧:《农村土地经营权流转四问——解析〈农村土地经营权流转管理办法〉亮点》,载《光明日报》2021 年 2 月 5 日,第 4 版。

127. 李永生、程鸿飞:《工商企业租赁农户承包耕地要监管》,载《农民日报》2013 年 2 月 2 日,第 2 版。

128. 赵俊臣:《警惕基层政府操纵农地流转》,载《改革内参》2011 年第 10 期。

129. 韩松:《新农村建设中土地流转的现实问题及其对策》,载《中国法学》2012 年第 1 期。

130. 农业部经管总站体系与信息处:《2016 年农村家庭承包耕地流转情况及纠纷调处情况》,载《农村经营管理》2017 年第 8 期。

131. 张云华:《规范农地租赁 谨防土地兼并——关于工商企业大规模租赁农地行为的调研报告》,载《中国土地资源报》2011 年 12 月 19 日,第 7 版。

132. 李长健、杨莲芳:《三权分置、农地流转及其风险防范》,载《西北农林科技大学学报(社会科学版)》2016 年第 4 期。

133. 沈岿:《食品安全企业标准备案的定位与走向》,载《现代法学》2016 年第 4 期。

134. 刘振伟:《巩固和完善农村基本经营制度》,载《农村工作通讯》2019 年第 1 期。

135. 陈惠珍:《许可抑或备案:我国碳排放准入监管的法制进路》,载《法学评论》2016 年第 5 期。

136. 冯娟:《工商资本参与乡村振兴的内涵与路径》,载《西北农林科技大学学报(社会科学版)》2021 年第 5 期。

后　记

本书是在我的博士后出站报告的基础上修改而成的,同时也是我主持的国家社科基金项目“土地经营权入股的风险管控与制度构造研究”(项目编号:19BFX148)、中国博士后科学基金面上资助项目“农村土地经营权抵押的地方实践与法律构造”(项目编号:2019M653324)、重庆市社会科学规划项目“‘三权分置’背景下农村土地经营权流转制度重构研究”(项目编号:2017QNFX42)的阶段性或延伸性研究成果,在某种程度上也是沿着博士学位论文研究主题“农村双层经营体制”进一步思考的阶段性成果。

大概从攻读博士学位起的一段时间里,我主要围绕农村双层经营体制的改革创新与法制完善这一较为宏大的主题开展研习,并以“农村双层经营体制的法律制度完善研究”为题写作博士学位论文,之后在此基础上出版了我的第一部个人专著。该项成果的主要目标是,在对农村双层经营体制的形成与确立以及其确立后的制度变迁历程加以较为全面、系统爬梳的基础上,立足新时期农村双层经营体制所处的内外部制度环境,揭示出其当前所存在的突出法律问题,并寻求应对之策,以期为我国农村双层经营体制法律制度的完善提供思路。尽管研究主题是农村双层经营体制,但鉴于土地制度建设在农村基本经营制度建设中处于基础性地位,不少研究内容直接或间接涉及土地制度,只是不够聚焦。

从事高校教师工作之后,基于前期研习情况,我越发认识到土地问题是认识、研究和破解“三农”问题的关键抓手,遂将研究重心逐步投向农村土地制度。在国家推进承包地“三权分置”改革背景下,2017 年以“农村土地经营权流转制度重构”为主题成功申报了重庆市社会科学规划项目;2018 年成为西南政法大学和贵州省社会科学院联合培养博士后研究人员,以农村土地经营权流转制度为主要研究课题。在研究过程中进一步聚焦,分别以“土地经营权入股”“土地经营权抵押”为主题,于 2019 年成功申报国家社科基金项目、中国博士后科学基金面上资助项目。在前期研究的基础上,于 2021 年完成博士后出站报告《农村土地经营权流转法律制度研究》,顺利出站。

自我审视,如果说本书尚有一些进取,那么主要体现在以下方面:一是方法与材料。通过调研或数据库收集了一定数量的一手资料,包括判决书、实践案例、地方规范性文件等,在此基础上着力开展实证分析,力求揭示我国土地经营权流转制度的现实运行、建设情况,找准“真问题”展开研究,也为规范分析和政策建议提供客观基础。二是内容与观点。着力围绕承包地“三权分置”框架下的土地经营权流转制度展开较为系统的专门研究,加之收集和切实应用了诸多一手资料,一些内容和观点应该说具有一定的新颖性。需要说明的是,本书的部分内容作为博士后研究和相关课题的阶段性成果已发表在《农业经济问题》《北方法学》《中国不动产法研究》等期刊,感谢期刊编辑部的认可与支持,感谢编辑、评审专家提出的宝贵意见。

当然,对于农村土地制度这样一个备受国情制约的制度体系和备受诸多学科、专家关注的传统研究领域,要想在研究上有大的创新并不容易。即便自认有所进取,更多也是自我纵向比较的安慰,能否真正成立,我内心忐忑。此外,土地经营权流转法律制度虽然表现为一个法学研究课题,但实际上涉及经济学、政治学等诸多学科知识,我以法学为专业而其他学科的系统知识较为匮乏,囿于研究水平和时间,不少地方的探讨不够深入,一些观点是否站得住脚,有待进一步的实践检验。最后,作为一部专著,虽然勉强算是相对系统的研究,但也不可能探讨所有的问题;我虽然试图立足实证找出所谓真问题、重要问题进行探讨,但难免仍带有一定的主观性。在日常研习交流、博士后出站考核等场合,诸多师友不同程度地指出了这些不足。我虽有心改进,但力有不逮。总之,研无止境,尚需继续进取。

不知不觉,临近不惑之年。虽然心中仍有诸多困惑,不时心生挫败感,但通过自我安慰,让自己有动力继续前行,亦时时宽慰自己至少总是在进步。非常清晰而不困惑的一点是,自己所取得的任何一点进步,实乃诸多良师益友不倦教诲和热心帮助的结果。借此,谨向给予我教诲、帮扶的师长和亲友致以最诚挚的谢意。

感谢博士后导师许明月教授、吴大华研究员。自开展博士后研究以来,许老师和吴老师在研究选题、课题申报、课题调研、学术交流和研究报告写作等诸多方面,都给予了我大力指导和支持。特别是,两位老师都非常强调立足调研和一手资料探究真问题,勤思考、多写作、多交流,并提供了大量调研和学术交流的机会。在研究过程中,两位老师也一再提醒注意实证分析方法的运用。此外,两位老师的谦和、勤奋也深深感染着学生,不敢轻易懈怠。

感谢攻读硕士学位和博士学位阶段的导师卢代富教授。无论是在求学期间还是从事高校教师工作之后,无论是在工作上还是生活中,卢老师一直给予了我极大的关心和帮助。我从事博士后研究工作,也是在卢老师的建议和支持下才下定决心。回头来看,时时倍感庆幸,在人生诸多岔路口得遇恩师指点。

感谢盛学军教授、叶明教授、黄茂钦教授、胡元聪教授、肖顺武教授、万江教授、赵学刚教授、张波副教授、曹泮天副教授、王冬副教授等诸位老师在博士后开题、出站考核和课题研究等方面提出的诸多宝贵意见。感谢西南政法大学博士后流动站的江艳老师和贵州省社会科学院博士后工作站的朱玙含老师提供的各种支持、帮助。感谢西南政法大学经济法学院、经济法学科为本书的出版所提供的支持。

特别感谢我的父亲和母亲。本该好生休养的二老为了帮我们兄弟俩照顾小孩长期两地分居;为了让我们安心工作,很多时候默默承受各种病痛;实在无法承受而需要我们照顾时,还总是把自责挂在嘴上,觉得给我们添麻烦了……对于父母的恩情,实在无以为报。感谢我的妻子和两个"小魔王",为我的工作所给予的理解、支持。我经常想着把手上这件事做完,就好好陪陪家人,很多时候并没有怎么兑现,似乎总在忙碌中,尽管也没做出点让自己和他们欣慰的成绩。

感谢法律出版社法治与经济分社社长助理陈妮编辑,张思婕编辑、黄筝编辑为本书的出版所付出的辛劳。

感谢所有帮助过我的人,囿于篇幅,未能一一列出名字,但我铭记在心。